本书系根据中共河南省委书记楼阳生的指示，列入中共河南省委全面深化改革委员会"2022年全面深化改革工作重点任务"之42（豫改发〔2022〕1号），也是河南省教育科学规划2022年度委托课题（2022WT001）的研究成果

基于『双减』的

基础教育

高质量发展研究

成光琳　周宝荣　等　著

郑州大学出版社

图书在版编目（CIP）数据

基于"双减"的基础教育高质量发展研究／成光琳
等著.—郑州：郑州大学出版社，2022.12
ISBN 9787-5645-9262-2

Ⅰ.①基… Ⅱ.①成… Ⅲ.①基础教育-教学
研究-中国 Ⅳ.①G632.0

中国版本图书馆 CIP 数据核字（2022）第 224050 号

基于"双减"的基础教育高质量发展研究

JI YU "SHUANGJIAN" DE JICHU JIAOYU GAOZHILIANG FAZHAN YANJIU

选题策划	王卫疆	封面设计	王　微
责任编辑	宋妍妍	版式设计	王　微
责任校对	席静雅	责任监制	李瑞卿

出版发行	郑州大学出版社	地　　址	郑州市大学路 40 号（450052）
出 版 人	孙保营	网　　址	http://www.zzup.cn
经　　销	全国新华书店	发行电话	0371-66966070
印　　制	河南大美印刷有限公司		
开　　本	710 mm×1 010 mm　1/16		
印　　张	14.75	字　　数	236 千字
版　　次	2022 年 12 月第 1 版	印　　次	2022 年 12 月第 1 次印刷
书　　号	ISBN 978-7-5645-9262-2	定　　价	62.00 元

本书如有印装质量问题,请与本社联系调换。

基于"双减"的基础教育高质量发展研究
项目组

组　长　成光琳　周宝荣

副组长　徐万山　韩和明　李海龙

　　　　王振存　杨光钦

内容提要

SYNOPSIS

　　"基于'双减'的基础教育高质量发展研究"系根据中共河南省委书记楼阳生的指示,列入中共河南省委全面深化改革委员会 2022 年度重点改革任务的综合性研究项目。整个项目由河南省教育厅厅长毛杰牵头,河南省教育科学规划与评估院具体负责,河南省基础教育课程与教学发展中心、郑州大学、河南大学等多家单位的 58 名专家学者共同完成。在宏观结构上,该项目紧紧围绕楼阳生书记指示的"五双"来架构研究内容,除绪论外,正文其他四章内容涵盖了"双提"(提高师资水平、提高教学质量)、"双改"(改革课程教材、改革教学方法)、"双考"(中考、高考)、"双评"(评价教学质量、评价育人质量)四个方面。整个研究以"双减"审视"双提""双改""双考""双评",倒逼"双提""双改""双考""双评",从不同方面发力共塑基础教育新生态。本书系近年来河南基础教育综合性研究成果,部分成果已经转化为有关教育政策,正在推动河南基础教育综合改革走向纵深。

中共河南省委书记楼阳生 2022 年年初在河南省委常委会上做出"把'双减'作为牛鼻子,对我们的教育来一个全面的系统的研究"的重要指示,宋争辉同志(时任河南省教育厅厅长,现任河南省人民政府副省长)就落实这一指示给予明确的指导意见。中共河南省委全面深化改革委员会印发的《2022 年全面深化改革工作重点任务》(豫改发〔2022〕1 号),将直接指向"五双"的"深化基础教育综合改革"放在"切实加强民生领域改革"的首位。根据《2022 年河南省教育厅重点工作责任分工方案》和河南省教育厅"能力作风建设年"活动领导小组办公室印发的《关于开展"比学习、比干劲、比能力、比超越"活动的通知》,河南省教育科学规划与评估院(省直事业单位重塑性改革前为河南省教育科学研究院)成立项目专班,组织专家团队,与河南省教育厅有关处室部门及高校携手攻关,如期完成研究任务。本书即为其研究成果。

项目紧紧围绕"五双"架构研究内容,设立了"双减"背景下的"双提""双改""双考""双评"研究四个子课题,分别由河南省教育科学规划与评估院、河南省基础教育课程与教学发展中心、郑州大学、河南大学等单位承担。整个研究旨在通过"双提""双改""双考""双评"的协同推进,使"双减"政策真正落地落实,发挥最大效能,推动河南基础教育综合改革走向纵深。

作为该项目的研究成果,本书既尝试回答了河南省基础教育改革的重要理论命题,也贴近河南实际解答了教育改革的相关战略决策问题和实践操作难题,意在为"双减"的进一步推进架桥铺路。项目研究着力于"教育内部",并未从"社会支持"的视野来更为宽泛地探讨"双减",以便更加聚焦于"五双"的行动主体。

在研究中,我们竭力走出理念有余、操作不足的藩篱,警惕"五双"研究概念化,防止"双减"过程和"双减"结果的异化,同时力避将之"窄化"和"泛化",避免使基层学校和一线教师无所适从。我们试图从中原大地的教育实践出发,寻找真问题,认真区分问题的实质,突破"双减"推进中的疑点、痛点、堵点,突出"双减"的实践性思维取向,以利于解决深层次的教育问题,有效改进教育实践。

我们提出的对策建议,不仅与河南省委、省政府已出台的《关于进一步减轻义务教育阶段学生作业负担和校外培训负担的措施》、河南省教育厅关于《河南省进一步提高义务教育学校教育教学质量的实施方案》等文件对接,而且与《河南教育现代化 2035》《河南省教育事业发展"十四五"规划》等教育改革发展蓝图相呼应,以保持与相关政策精神的一致性和实施操作上的可持续性。

本书既立足当下,更放眼未来,又在研判形势上下功夫。尽管"双减"工作取得了初步成效,但必须充分认识到这项工作的复杂性、艰巨性和长期性,老问题解决了,新情况新问题会不断出现,因此本书把"谋远虑难解近忧"作为一大原则,不仅精确把握阶段性特征,而且科学预判"后减负时代"的教育常态,树立"双减"一直在路上的意识。

"双减"既体现现阶段基础教育治理体系建设的目标性,也具有鲜明的工具性,是目标适宜性、工具选择性以及价值导向性的统一。着眼于落实立德树人根本任务,必须超越"双减"看"双减",对整个基础教育进行系统性研究,紧紧抓住"双提""双改""双考""双评",从不同方面发力,共塑河南基础教育新生态。

"基于'双减'的基础教育高质量发展研究"项目组

2022 年 12 月

目录 CONTENTS

第一章 绪论 ·· 001

▶ 第一节 构筑基础教育新生态 ······························· 001

▶ 第二节 学术界对"双减"的多点透视 ······················· 007

▶ 第三节 从"双减"的视角研究"双提""双改""双考""双评" ······ 027

第二章 提高师资水平,提高教学质量,

突出"双减"本质要求 ································· 037

▶ 第一节 "双提"工作的河南举措 ························· 037

▶ 第二节 河南"双提"存在的问题 ························· 044

▶ 第三节 国内外"双提"相关经验 ························· 049

▶ 第四节 全面加强"双提"改革的政策建议 ················· 057

第三章 改革课程教材,改革教学方法,

保障"双减"落地生效 ································· 079

▶ 第一节 我国"双改"的核心议题和发展趋势 ··············· 079

▶ 第二节 河南"双改"现状分析 ························· 083

▶ 第三节 省外"双改"相关经验 ························· 086

▶ 第四节 系统推进"双改"的政策建议 ····················· 092

第四章　积极推进新中考，稳步实施新高考，

破解"双减"难点堵点 ·································· 098

▶ 第一节　"双考"政策价值导向与趋势研判 ·············· 098

▶ 第二节　"双考"存在的问题 ·························· 104

▶ 第三节　国内外"双考"相关经验 ···················· 116

▶ 第四节　同步深化"双考"实施的政策建议 ·············· 121

第五章　优化教学质量评价，完善育人质量评价，

彰显"双减"价值取向 ·································· 127

▶ 第一节　"双评"内容及政策解读 ···················· 127

▶ 第二节　"双评"工作的河南举措 ···················· 133

▶ 第三节　"双评"存在的问题 ·························· 138

▶ 第四节　国内外"双评"相关经验 ···················· 140

▶ 第五节　统筹优化"双评"改革的政策建议 ·············· 145

附录一　典型案例 ···································· 152

附录二　调查问卷 ···································· 195

附录三　访谈提纲 ···································· 208

参考文献 ·· 215

后记 ·· 226

第一章 | 绪论

"双减"是重塑教育生态,提升教育质量,办人民满意教育的系统工程。当前,建设高质量教育体系已成为深化教育改革的战略性任务,"双减"既涉及教育增长方式和路径的转变,其自身也构成教育体制改革和机制转换的过程。要有效破解"双减"推进中存在的难点、痛点、堵点,必须以落实立德树人根本任务为核心,坚持目标导向,与培养什么人、怎样培养人、为谁培养人联系起来,与教育的高质量发展同向同行。① 找准"双减"时代教育高质量发展的生长点,在师资水平、教学质量提升方面下功夫,在作业建设、课后服务方面有突破,在课程教材、教学教法改革方面动脑筋,在中考、高考变革上出实招,在教学质量评价标准、育人质量评价体系构建上有创新,进而实现基础教育育人质量的全面提升。

第一节 构筑基础教育新生态

2021年7月,中共中央办公厅、国务院办公厅印发《关于进一步减轻义务教育阶段学生作业负担和校外培训负担的意见》之后,"双减"作为义务教育阶段减轻学生作业负担、减轻校外培训负担的简称,正式成为普遍共识,中国基础教育从此进入"双减"时代。经过一年的努力,河南的"双减"在取得一些成效的同时也面临着诸多问题,这些问题都是教育改革发展过程中必须认真面对并加以科学解决的。

---

①毛杰、余孟孟:《"双减"之下,教育向何处去?》,《新课程评论》2022年第6期。

一、"双减"政策及其时代意蕴

为了有效解决"质量"与"负担"的矛盾,中共中央办公厅、国务院办公厅 2021 年 7 月印发了《关于进一步减轻义务教育阶段学生作业负担和校外培训负担的意见》,明确提出减过长的学习时间、减补课、减书面作业、减考试测验。此后中央 19 个部门联合建立"双减"工作专门协调机制,截至 2022 年 5 月,相继出台了 30 多个配套文件,基本建起了"1+N"政策制度体系。随着"双减"政策在各地落实落细,校外学科类培训大幅缩减,义务教育学校教育教学质量有效提升。为推动"双减"工作走向纵深,中共河南省委办公厅、省政府办公厅印发了《关于进一步减轻义务教育阶段学生作业负担和校外培训负担的措施》,河南省教育厅也出台了一系列办法,目前的河南基础教育生态正处于重塑期和转型期。

我国实行"双减"政策的时代机遇恰逢其时。"双减"开始于全面建成小康社会与完成"十三五"规划任务之际,经济实力、科技实力、综合国力和人民生活水平迈上了更高台阶。2020 年,我国高等学校毛入学率达 54.4%[①],正式步入高等教育普及化阶段,即进入大学学习并非遥不可及的"奢侈品",这为减轻义务教育阶段考试竞争奠定了先决条件。2020 年暴发的新冠肺炎疫情让世界认识到中国治理、中国制度的强大优越性。新冠肺炎疫情暴发以来,社会经济发展困难重重,国家明知治理教培行业将会带来民众择业、企业发展等一系列问题,但当教培行业威胁到民众根本利益时,国家仍然下决心加强治理,即宁可牺牲少部分人的短期利益,也要保障大多数民众的长远利益,这体现出我国始终坚持以人民为中心的价值追求和我国政府的改革决心,基础教育的公共性挑战及其背后的结构性矛盾构成了"双减"政策出台的宏观背景。[②] "双减"政策作为国家教育发展的重大战略,深刻回应了"培养什么人、怎样培养人、为谁培养人"的根本方向问题,通过系统性举措治理校外培训行业中存在的违背国家教育方针乃至意识形态安全问题,并

---

①教育部网站:《2020 年全国教育事业发展统计公报》,http://www.moe.gov.cn/jyb_sjzl/sjzl_fztjgb/202108/t20210827_555004.html,2021-08-27。

②余晖:《"双减"时代基础教育的公共性回归与公平性隐忧》,《南京社会科学》2021 年第 12 期。

以此为抓手维护教育的社会主义办学方向,有效贯彻党的教育方针,落实立德树人根本任务。

　　义务教育阶段的学生作业负担和校外培训负担成为减负的重点,且越来越成为减负政策的核心指向,这还与 PISA 测试①有关。上海市教委教研室副主任王月芬将 PISA 测试作为"双减"研究中不可回避的一个现实视角。2009 年上海参加 PISA 测试,上海学生的学业成绩位居世界前列。2012 年、2015 年、2018 年,不管中国有几个省市参加 PISA 测试,学业成绩整体上都表现优异。但是,有一个始终不变的数据不容忽视,那就是学生的作业时间也居世界前列,学习效率几乎是世界倒数。2018 年教育部等九部门联合向省级人民政府印发了《关于印发中小学生减负措施的通知》(也简称《减负三十条》),其中强调"严控书面作业总量""严格校外培训机构管理""支持做好课后服务"等。这其实是 2021 年 7 月"双减"政策正式出台前的一次"预热"。

二、"五双"缘起及其内在关联

　　中共河南省委书记楼阳生同志高度重视"双减",站在赢得人才、赢得民心的战略高度,明确指出:要把"双减"作为一个"牛鼻子",围绕贯彻党的教育方针,落实立德树人,对整个教育进行系统性研究,将其作为一个系统工程来做。楼阳生强调要立足"双减",聚焦"双提"(提高师资水平、提高教学质量)、"双改"(教材改革、教法改革)、"双考"(中考、高考)、"双评"(评价教学质量、评价育人质量),通过深化改革来提升河南的教育水平,提高河南的人才质量。中共河南省委全面深化改革委员会印发《2022 年全面深化改革工作重点任务》,在第 42 条将"深化基础教育综合改革"直接指向"五双"。目前,"五双"在河南教育界既是热度很高的公共话题,也是广受关注的学术话题,正在触发一场聚焦"双减"的深刻教育革命。

---

①PISA 测试,是经济合作与发展组织(OECD)于 2000 年发起的对基础教育进行跨国家(地区)、跨文化的评价项目,主要是对 15 岁在校生的科学、数学、阅读等核心素养进行测评,并对影响学生素养的关键因素进行问卷测查,以科学反映学生参与未来社会生活的能力,为教育教学改进提供有效证据。

不管是意义关联的价值逻辑,还是结构关联的实践逻辑,在"五双"的逻辑关系中,"双减"具有明显的统摄性,是推动"双提""双改""双考""双评"的"撬杠"。要立足于"双减"认识"双提""双改""双考""双评",在以"双减"牵引"双考""双评"的同时,以"双减"驱动"双改""双提"。力图通过"双提""双改""双考""双评"的结构化,突出"双减"的动态化,在集成、协同、联动上下功夫,推动河南基础教育改革走向纵深。由此而言,"双提""双改""双考""双评"联为一体,相互支撑,不可分割,"双评"为牵引,"双改"为驱动,"双提"为支撑,"双考"为保障。这次从"双减"导入的基础教育改革不是小修小补,而是具有组合拳功效的系统性改革,"双提""双改""双考""双评"从不同方面发力共塑基础教育新生态。

就实践逻辑而言,"双提"既是"双减"的目的,也是"双减"的保障,是"双减"的本质要求。以"双减"倒逼"双提"是防止"双减"在价值上被异化、在实践上被窄化的推进战略。经过一段时间的努力,眼下的"双减"已经从着力抓"减"的"速效模式"切换到使劲"提"的"慢工模式",必须在"治本"上下功夫。因为实施"双减"之后,提升课堂学习质量、作业建设质量、课后服务质量成为家长最为关心的问题。从某种程度上讲,只有这三个方面的质量得以提升,家长才能放心并接纳和配合"双减"政策的实施。因此,要巩固和深化"双减"成果,必须在"双提"上铆足劲。

"双改"虽然一直未曾停止过,教材结构性变革和教法颠覆性革新也在持续性地分别回应着"教什么"和"怎么教"的问题,但与"双减"推进相伴随的本轮基础教育课程教材改革,强化课程育人导向,基于核心素养重新组合人力、资源、内容等要素,关注时空转换,从课程数量、课程设置、课程结构、课程管理等方面建立系统性、结构性的实施方案,将为学校落实立德树人根本任务提供更加精准的定位和导航。以核心素养为导向的教法改革,引导教师走出"教材、考试、分数"的小天地,研究更宽广视域下新的教与学的方式,河南将探索出符合国家课程标准要求的学科课堂实践,走出一条扎根中原大地、面向未来的基础教育高质量发展之路。"双减"背景下的"双改",在路径选择上,从内部变革结构,以课程内容结构化来引领教学实践变革,以基于学科基本结构的教学来驱动教学方法变革,加大"教师对学科的正确理解"，以及对"知识与能力""学习与发展"等课堂教学"原点"问题的关注，从而促进"减负"提质增效。

"双考"是"双减"路上的"铁锁关"，"双考"关口不开，"双减"将止步不前。二者"相向而行"，必须协同推进。一方面，"双减"的有效落实，将全面改变基础教育生态，从而影响中考、高考改革的进程与成效；另一方面，中考、高考改革反过来又能保障"双减"的实效。"双考"改革这一"指挥棒"效应必然会传导到义务教育阶段，引导和规范初中、小学的课程体系改革以及课堂教学和校内外课后服务活动。"双考"具有牵一发而动全身的功效，"双考"改革直接关系到教育品质的提升，不仅牵引教师如何教、学生如何学，还关联着整个教育系统乃至全社会的神经。"双减"减到痛处是"双考"，尽管疼痛是不可避免的，但要尽量缩短疼痛期，减缓疼痛度，消除疼痛根，做好"双考"改革风险防控。所以，"双考"改革就是引正、纠偏、防风险，促使教育回归五育并举和立德树人的本质。

"双评"作为教育改革的指挥棒，为"双改""双提"和"双考"提供共同的价值导向。因此，无论是"双减"，还是"双提""双考""双改"，它们都旨在让教育回归育人的本质。以"双减"为手段，以"双评"为价值导向，以评促改，让课堂教学回归育人原旨的内在逻辑，便是"双减"推进过程中的实践路径。从长远来看，在后"双减"时代，对教育各部门的绩效考核将要更加注重教育过程，淡化教育结果，注重常态监测，减少突击检查，杜绝只以考试分数作为教育结果的考核指标，以绿色评价体系引导各方面致力于良好教育生态的构建。

三、"五双"研究的价值指向

我们站在"为党育人，为国育才"的政治高度，以习近平总书记提出的"九个坚持"等有关教育的重要论述为指引，全面贯彻全国教育大会和全国"双减"工作会议精神，以河南省为例分析"减负提质"的现状、存在的问题，在理论和实践的双重探索中，形成"基于'双减'的基础教育高质量发展"河南方案，从推进"双减"到优化"双提""双改""双考""双评"，深耕细作，精准施策，使"双减"在河南的实践成效最大化，使"双提"在河南由理想变为现实。

深入推进"双减"工作,需要从更高的站位、更宽的视野、更深的层次审视河南省的基础教育发展。用改革的思路和方法破解"双减"推进中的难点、疑点、堵点问题迫在眉睫。基于"双减"的实质是提质增效,河南省提出通过"双提""双改""双考""双评"巩固"双减"成果,深化基础教育综合改革,目的是改变基础教育质量获取方式,将工具理性的质量观转化为价值理性的质量观,促进基础教育持续健康发展。

第一,丰富"双减"理论,树立教育发展新理念。影响"双减"政策落实的因素很多,但是必须善于抓主要矛盾和矛盾的主要方面,必须明白:学校是减负的核心主体,课堂是减负的主阵地,教师是减负的主力军。因此,最重要的挑战是"双提",最大的难点是"双改",最大的痛点是"双考",最大的堵点是"双评",它们从不同方面构成"双减"的不同发力点。贯彻新发展理念,构建新发展格局,推进高质量发展,促进学生健康成长,重塑教育良好生态,既是其共同的价值追求,也是"双减"实践中的必然选择。本研究正是在上述新的教育发展理念引领下,找准"双减"时代教育高质量发展的生长点,探寻以"双减"推进"双提""双改""双考""双评"的实现路径,进而促进河南省基础教育育人质量的全面提升。

第二,明晰政策演进,服务教育改革宏观决策。新中国成立以来,减轻中小学生学业负担是全社会持续关注的焦点,国家先后出台30余项"减负"相关政策,较有代表性的有《关于减轻中小学校学生过重负担的指示》(1955)、《关于在小学减轻学生过重负担的紧急通知》(2000)、《小学生减负十条规定》(2013)、《关于印发中小学生减负措施的通知》(2018)。2021年7月,中共中央办公厅、国务院办公厅印发《关于进一步减轻义务教育阶段学生作业负担和校外培训负担的意见》后,"双减"作为义务教育阶段减轻学生作业负担、减轻校外培训负担的简称,逐渐成为普遍共识。与此前多次"减负"不同的是,2021年"双减"政策着重提升课堂教学质量,提出"应教尽教""确保学生在校内学足学好"的总体思路,并且将教育教学质量和考试评价改革紧密结合,试图将"育人"的初衷与"应试"的需求合而为一。[1] 而这正

---

[1] 周序、付建霖:《"双减"背景下如何实现课堂教学的应教尽教》,《中国教育学刊》2021年第2期。

是现阶段深化基础教育综合改革的核心靶向。本研究以之为出发点,在"双提""双改""双考""双评"诸方面同时发力,为河南教育深层治理和新机制构建提出既服务当下又面向未来的政策建议。

第三,丰盈"双减"实践,推动基础教育高质量发展。为推动"双减"工作取得新成效,教育部把"双减"作为教育"一号工程",加大督办、通报、约谈和问责力度。"双减"政策的推进,需要来自国家层面"自上而下"疾风暴雨的刚性;"双提"则更需要地方和学校层面"自下而上"久久为功的韧性。"自上而下"的政策工具一致性较强,对本土政策探索不足,而"双减"政策的"本土化"能够兼顾地方情况,提升国家政策和地方政策文化、空间及受众的契合性。① 以丰盈的"双提""双改""双考""双评"来巩固"双减"、优化"双减",避免"双减"推进中的盲目对标,可以有效改变基础教育质量获取方式,构筑高质量发展的基础教育新体系。

第二节 学术界对"双减"的多点透视

根据研究的需要,我们必须将学术界对"双减"的关切与透视纳入我们的视域并予以梳理综述。相关研究综述主要从"双提""双改""双考""双评"四个方面展开,涉及师资水平、教学质量、课程教材、教学方法、新中考、新高考、教学质量评价、育人质量评价等关键点。

一、"双提"研究综述

提升师资水平和教学质量的研究是义务教育长期关注的焦点问题,国内外学者对此进行了大量研究。利用 CNKI 学术期刊总库对公开发表的期刊论文进行查阅,通过对师资水平和教学质量研究成果的分析,了解该领域学术研究的脉络和走向,为本研究的顺利开展奠定理论基础。

关于师资水平的研究,以"师资水平""教师培训""教学能力"为关键词搜索并归纳分析,主要集中在师资政策与制度化、教师培养模式、教学能力

---

① 张熙、高翔:《"双减"背景下省市级减负政策工具选择研究——基于政策工具和减负类型双维度的分析》,《基础教育》2021 年第 5 期。

提升等方面;关于教学质量的研究,分别以"教学质量""课堂教学""作业建设""课后服务"为关键词搜索并归纳分析,发现有关教学质量的研究主要集中在教学质量的内涵研究、提高教学质量的方法路径、教学质量评价等方面。我国对义务教育阶段作业建设和课后服务的研究起步较晚,所以国外学者的观点与成果对我们有较高的借鉴意义。作业建设方面的现有研究主要集中在作业设计与模型建构、现存问题及解决对策上;课后服务方面的研究主要集中在政策解读与梳理、发展现状与对策上。

"双减"政策颁布以来,我国学者开始重新思考在此背景下教育的本质回归,探索师资水平与教学质量提升的标准、实践路径与有效措施,但总体研究较少,这为本研究提供了角度方向和价值意义。影响育人质量提升有诸多因素,比如教学实践、教学管理、教学文化、教学服务、教学媒介、学生个体等,通过对已有研究的借鉴和反思,着重于师资水平、课堂教学、作业建设、课后服务对育人质量影响以及提升策略的研究。

(一)提高师资水平研究

1. 提高教师的入职门槛

越来越多的国家对教师的选择逐渐走向制度化、专业化,努力提高师范院校培养未来教师的质量,构建了严格的教师资格制度。英国自 2008 年起要求中小学教师具有硕士学位才能任教,致使教师入职的学历资格大幅提升,促进教育教学质量进一步提升。美国颁布实施"高质量教师"法案旨在提高师资素质,在实施过程中通过教师互动计划,创设教师专业发展电子化平台,建立开放的、科学的教师交流制度。

2. 创新教师培养模式

俄罗斯重视教师培养的传统由来已久,致力于师范教育变革和发展,提出了符合时代发展要求的教师职业能力观,制定了第三代师范教育国家标准,从知识本位范式向能力本位范式转型,包括重新定位教师培养目标、修订教师培养方案、强化教师培养实践、调整教学技术手段以及改进教师培养质量评价体系等几方面。英国对教师发展有四种培养模式,包括高等院校培训模式、专门协会和地方教育部门培训模式、中小学校本培训模式和线上培训模式,多元化的培训模式满足教师不同的成长需求。法国重视教师队伍建设,2008年起根据教师数量减少趋势,出台激励政策提高教师社会和经济地位,如教师成为国家公务员、带资培训、提高薪酬等,激发了教师从业积极性。

3.提升教师教学能力

国内外学者对教师教学能力进行了大量研究,形成了较为科学、详细的标准。基于多个国家、多个大学专家共同开发、认证教师能力标准,完成了教师能力评价的国际性标准,制定了《教师能力标准》,对课堂计划与准备、教学方法与策略、评估与评价等教学能力进行了阐释。[1] 国内对教学能力的研究以申继亮教授(现任教育部教材局一级巡视员)的"教学能力结构模型"为代表,提出要以智力为基础,包含了教学认知能力、一般教学能力和具体学科教学能力等方面,建构了由一般到具体具有层级性的教学能力结构模型理论。[2] 国家出台相关标准,明确指出了教师从业应具备的能力。在2011年颁布的《教师教育课程标准(试行)》中,明确了小学职前教师能力包括理解、教育学生以及发展自我的知识与能力。2012年颁布的《小学教师专业标准(试行)》中,明确了小学教师应具备的四种专业知识(小学生发展知识、学科知识、教育教学知识、通识性知识)和五种专业能力(教育教学设计、组织与实施、激励与评价、沟通与合作、反思与发展);在2012年颁布的《中学教师专业标准(试行)》中,明确了中学教师应具备的四种专业知识(教育知识、学科知识、学科教学知识、通识性知识)和六种专业能力(教学设计、教学实施、班级管理与教育活动、教育教学评价、沟通与合作、反思与发展)。[3] 2021年12月,在第六届中国教育创新成果博览会的卫星会议系列活动上,北京师范大学中国教育创新研究院联合探月教育者发展中心发布了《卓越教师教学能力标准》,清晰地描述了教师胜任核心素养教育应具备

①刘蝶:《小学全科教师跨学科教学能力指标体系建构研究》,西南大学硕士学位论文,2020年。

②申继亮、王凯荣:《论教师的教学能力》,《北京师范大学学报》(人文社会科学版)2000年第1期。

③教育部关于印发《幼儿园教师专业标准(试行)》《小学教师专业标准(试行)》和《中学教师专业标准(试行)》的通知,http://www.moe.gov.cn/srcsite/A10/s6991/201209/t20120913_145603.html,2012-09-13。

的关键能力,从能力结构、能力内容方面提出教师在各种教学场景中开展教与学活动所必需的知识、技能、态度、价值观等,从而引领教育高质量发展。综上,研究基于不同视角对教师教学能力进行了有益探讨,明确了以教学活动过程为中心教师应具备的各种能力,以达到全面育人的目标要求。

(二)提高教学质量研究

1. 课堂教学

关于教学质量的内涵与要素,教学理论研究中不同教育理念导致对教学质量的不同理解和把握。杨小微以新一轮课程改革为时间节点,提出"大教学观"时代作为主流的"双基落实"教学质量观和"大课程"时代逐渐被接受的"三维目标"教学质量观。[1] 以曹大文、程凤春、李玉、许祥云等为代表的一批学者所持的观点是从"满足需求"视角界定教学质量,其基础源于ISO9000质量标准提出的质量定义:一组固有特性满足要求的程度。李颖、黄进尝试从实现方式和具体内容规定教学质量,其最终指向仍是满足学生内在发展需求和国家规定的要求。在教学质量要素方面,王嘉毅提出教学系统论的输入、过程、输出三要素,林金辉、刘梦今则从教学质量保障角度分析了师资、生源、课程、教学条件、教学环境、教学管理六个要素。

国际上关于课堂教学质量评价的研究始于 Hiller、Fisher 和 Kaess。自 20世纪 80 年代,我国中小学开始出现课堂教学评价量表,以期对课堂教学质量、教师教学水平做出公正、客观的评估。根据李营、常磊、魏宏聚、任玉丹等学者的观点,目前,我国学校教学质量评价已由单一诊断功能逐步向改善性和导向功能转变,但依然存在评估指标学科特点不突出、评估指标制定较为随意、忽视对学生学习过程和能力素养的评价等问题。西方比较有代表性的课堂教学质量评价是 OECD 在全球范围内开展的教师教与学国际调查TALIS2018,其评价指标包括课堂管理、教学清晰度、认知激发和学生评价与反馈;非官方的教学质量评估包括 Danielson 团队的教学评价框架(A frame work for teaching)、美国匹兹堡大学开发研制的教学质量评估系统(Instructional quality assessment)、美国得克萨斯州立大学 UTeach 教师中心

---

①杨小微、张权力:《教学质量改进的再理解与再行动》,《课程·教材·教法》2016 年第 7 期。

开发的教学观察方案及德国基础教育"标准—计划—培训—教学—管理—监测"循环改进系统,这些研究为我国课堂教学研究和教师专业发展提供了借鉴。

2.作业建设

国外关于作业建设的研究主要集中在作业功能、作业类型、作业量和效果之间的关系、以"整合"理念来设计作业等方面。我国已逐渐重视作业功能研究,在作业设计研究上的步伐也在加快,作业研究的区域化探索正在强化。

国外学者对作业建设的研究比较超前,不同时期的学者对作业建设的关注点各有侧重,这些经验为我国优化中小学作业实践、减轻学生作业负担提供了一定启示,但是还没有形成系统的、可操作的体系。我国关于作业建设的研究起步较晚,随着"双减"政策的深入实施,无论是专家学者还是一线教师都意识到作业在学生发展中的重要地位,作业的功能认识方面逐渐被重视。谢翌等人以当前作业超载、异化、窄化的现状为逻辑前提提出了大作业观的概念,认为作业的本质是学生创造性的探究活动。[1] 以王月芬为代表的研究者提出了作业体系建构的四步骤:整体规划学科单元、研制单元作业目标、设计单元作业、调整完善作业体系[2],为作业设计提供了方向。但有关作业建设的研究还滞后于实际教学中师生对作业的需求,作业建设研究还不成体系。目前立德树人的观念还未真正落实,育人的方式还需拓宽,综合治理体系尚未形成,全方位联动的有效机制还有待建构,高效有序的管理机制不健全,尤其是监控机制还没有发挥应有的作用;科学的作业观还没有深入人心,对作业建设的路径研究还缺乏行之有效的策略,作业设计的有效性和科学性还需要定位,作业实施和评价的诊断机制还需要健全,信息化对作业的支持系统尚未到位,"一校一案"的校本作业还没有建立[3],那些个性鲜明、共性不足的案例并不能广泛应用于教学一线当中,还未形成可复制可推

①谢翌、杨志平:《大作业观:主要内涵与实践路径》,《课程·教材·教法》2022年第1期。

②王月芬:《高质量学校作业体系建构的价值与策略》,《中小学管理》2021年第10期。

③教育部基础教育司义务教育高质量基础性作业体系建设项目组:《学科作业体系设计指引》,教育科学出版社,2022年。

广的成形整套经验;学生的主动参与还未被激活,学生自主参与作业的空间还很有限,学生作业压力评价管理还未被重视。因此,在新政策背景下,很有必要对作业建设进行系统研究。

3. 课后服务

国外关于课后服务的研究较为成熟,在课后服务的政策方面,日本相继颁布了《放学后儿童计划》(2007 年)、《将不再作为普通教室的教室活用到"放学后儿童计划"》(2008 年)、《放学后儿童综合计划》(2014 年)、《放学后儿童俱乐部运营指针》(2015 年)等政策;美国的《不让一个孩子掉队》(2002 年)、《每个学生成功》(2015 年)都从法律层面对课后服务进行了政策性指导,对课后服务工作提供了立法保障。在从业人员方面,法国规定课后托管活动的组织者必须满足下列条件中的一项:持有法令规定的允许从事活动组织管理工作的文凭和职业资格证书,或正在接受相关文凭或职业证书的培训;特定公职人员;持有活动组织者职业能力证书。[1]澳大利亚联邦政府和州、地方政府每年对课后服务的参与教师名单进行审核,以保证课后服务参与者的资质、素质。[2] 在课后服务的评估和监督方面,美国还专门建立了课后服务循证评估的数据库,一是课后服务项目效果数据库(after school impacts database),由美国课后服务联盟创建,收集了约 100 个课后服务有效性评估的证据;二是课后服务研究与评估数据库(out-of-school time program research and evaluation database),收录了数十个课后服务项目的评估数据。[3] 澳大利亚儿童教育与看护质量管理局对课后服务实施循证评估(evidence-based evaluation),并严格规定循证评估的实施步骤和评估分级。[4]

我国对课后服务关注较晚,2010 年后关于课后服务相关主题的研究逐渐增多,尤其是 2014 年、2017 年、2021 年及以后是课后服务作为"热点

---

[1]纪俊男:《致力于提供人人可负担的课外托管》,《上海教育》2016 年第 11 期。

[2]代俊、庞超:《澳大利亚儿童课外看护教育服务与启示》,《外国中小学教育》2012 年第 7 期。

[3]杨文登:《美国课后服务循证评估研究,《比较教育研究》2021 年第 8 期。

[4]史自词、李永涛:《澳大利亚中小学课后服务的发展之路和基本经验》,《比较教育学报》2022 年第 1 期。

词"的研究年。在课后服务政策上,分析中小学课后服务政策的价值①,比较各国对课后服务的界定、法规和政策、服务时间、内容、师资、经费来源、评价标准等方面,以借鉴国际经验制定合理有效的政策。② 在课后服务的发展现状上,总结实施过程中的问题,提出校内托管服务工作的改进建议,其中探索"政府—企业—学校"搭台合作的托管模式的创新意义③;选取课后服务的典型案例进行调研,发现学校和教师积极性不高,课后服务内容较为单一,场地有限,服务时间较短,家长满意度不高等问题。④ 在课后服务的发展策略上,就师资而言,通过培训、指导和制定制度等措施来提升课后服务教师的综合素质⑤,实施岗位轮换和补贴策略,以激发教师参与课后托管的热情⑥,建立规范的家校合作机制,加强社会志愿力量的组织和管理,建立对第三方机构的评价和监督体系⑦,以此保障课后服务的师资质量。综上所述,国内外关于课后服务的相关观点为本书的研究起到了重要的借鉴作用。

总体而言,提高师资水平、提高教学质量是"双减"政策背景下义务教育有效开展的经典议题,是"双减"政策指导推动下所面临的新的机遇与挑战。现阶段将提高师资水平、提高教学质量与"双减"政策联系起来的理论研究较少,缺乏以区域为特色的义务教育质量整体提升路径,这些不足也是本书力求突破的地方,即在深挖"双减"相关理论基础上探寻河南在师资水平、教学质量的"双提"方面的突出问题,进而构建具有普遍指导意义的"双减"优化方法和"双提"实现路径。

---

①顾艳丽、罗生全:《中小学课后服务政策的价值分析》,《教育科学研究》2018 年第 9 期。

②徐杨:《小学课后服务学生满意度研究》,四川师范大学硕士学位论文,2020 年。

③刘馨:《小学生课后校内托管服务现状调查研究——以石家庄市为例》,河北师范大学硕士学位论文,2018 年。

④陈星星:《小学生校内课后服务政策执行的问题与对策研究——以湖南省长沙县 S 小学为例》,湖南师范大学硕士学位论文,2021 年。

⑤吴开俊、孟卫青:《治理视角下小学生课后托管的制度设计》,《教育研究》2015 年第 6 期。

⑥闫佳坤:《略论课后托管新模式——以长春市"蓓蕾计划"为例》,《南昌教育学院学报》2018 年第 1 期。

⑦蒋冬梅等:《"弹性离校"可行性路径探寻》,《教学与管理》2019 年第 7 期。

二、"双改"研究综述

(一)国外课程教材改革现状

国外基础教育课程改革研究中对课程本质的认识经历了逐渐深化的过程,认为课程改革是一种社会变革。课程改革需要多方条件的配合与支持,改革决策的制定是多元主体协商的结果。课程改革方案的实施既要考虑地方差异,也要调动教师的积极性。改革效果的评估不仅要关注目标达成度,更要注重实践问题的解决。基础教育课程改革的研究需要兼顾理论和实践,注重课程改革效果的评估研究和课程与社会改革的协同研究。[1] 与此同时,纵观各国课程改革的现状,有以下几个主要理念:一是注重教育与国家需要和时代发展密切接轨。例如英国基础教育课程改革的基本理念是"为学生毕业后生活做更好的准备"和"造就有教养的公民"[2];加拿大不列颠哥伦比亚省新一轮基础教育课程改革以培养"有教养公民"为根本遵循,以读写与计算基础、精要学习和核心能力为三大中心着力。[3] 二是注重对学生进行个性化的培养。在美国,各州、市、区以至学校根据自己的实际情况多层次分别管理和确定自己的课程,普遍实行的选修制和学分制,有效保证了课程适应学生的不同需求和不同发展倾向[4];在法国,普通高中课程进行了多样化改革,革新高中课程设置,重视科学技术教育,提供多学科整合课程,提供多样化课程选择,为学校的特色化发展和学生的个性化成长提供了政策空间和丰富的课程选择。[5] 三是注重学生核心素养和综合素质的培养。在

---

① 程龙:《国外基础教育课程改革研究:进展与展望》,《基础教育课程》2019 年 17 期。

② 李凯:《走向核心素养为本的英国基础教育课程改革——一种课程结构视角的评述》,《外国教育研究》2018 年第 9 期。

③ 张胜、王光明:《加拿大不列颠哥伦比亚省新一轮基础教育数学课程改革评介及启示》,《比较教育学报》2021 年第 2 期。

④ 徐兆兰、陆洋:《美国普通高中的课程设置及其启示——以美国华盛顿州为例》,《基础教育课程》2018 年第 3 期。

⑤ 何珊云、周子玥:《法国普通高中课程多样化改革:国家方案与学校行动》,《全球教育展望》2020 年第 11 期。

芬兰,课程改革将素养融入课程,强调学生能力、兴趣等综合素养的培养,淡化学科界限,基于现象教学,以学生为主体进行评估。① 在加拿大,不列颠哥伦比亚省 2016 年以来实施了基于核心素养的新课程,形成了分阶段转化、分领域转化、以核心素养为依托探索学科统整的三条转化路径。② 四是注重信息素养养成。在英国,课程改革聚焦将关键技能融入国家课程体系,并在新的国家课程中,将以前的"信息技术"升级为"信息和交流技术"(ICT)。③

(二)国外教法改革现状

美国教育家从美国政治、经济、科技、社会发展的需要出发,创立了许多符合时代要求的新教学方法。这些教学方法主要有斯金纳的程序教学法、布鲁纳的发现教学法、布卢姆的掌握学习教学法、奥苏贝尔的意义接受学习教学法、罗杰斯的非指导性教学法、兰本达的探究-研讨教学法、塔巴的归纳思维教学法、小组协同教学法、个别规定教学法、批判性思维教学法以及创造教育的教学方法等。④ 这些教学方法在美国中小学都不同程度地被运用,并对其他国家的教学方法研究及学校教学产生了重大影响。

英国在教学方法上的一大创新是"问题导向式学习",该教学方法常常与实地考察和现实情境或模拟情境体验相结合,鼓励学生把所学理论知识运用到实践当中,并学会与他人合作,增强时间观念,提高学习效率。⑤ 除了问题导向式学习之外,英国还注重将传统的理论授课与小组研讨、一对一指导等形式相结合,通过讨论培养学生的分析能力和沟通能力。整体上,英国的教学方法改革呈现以下特点:一是注重公民素质提高;二是将先进的技术手段和教学相结合;三是同时使用多种教学方法。

俄罗斯教育继承了苏联时期的主要成果,如赞可夫的发展性教学理论、

---

①王茵:《将素养融入课程——来自芬兰课程改革的经验》,《世界教育信息》2018 年第 1 期。

②同上。

③李凯:《走向核心素养为本的英国基础教育课程改革——一种课程结构视角的评述》,《外国教育研究》2018 年第 9 期。

④柳绪池:《美国中小学教学法及改革特点》,《基础教育》(重庆)2005 年第 2 期。

⑤北京师联教育科学研究所:《教学方法的基本原理与各国教学方法改革》,学苑音像出版社,2004 年。

凯洛夫的教育学体系、苏霍姆林斯基的教学论、马卡连科的集体主义教育思想等,在世界上产生广泛影响。[①] 其教学方法可简单划分为口述法、巩固法、独立工作法、应用法、评价法五种,每种方法都有利有弊。在文化历史学派基础上强调多种教学方法融合使用,注重个体发展,成为俄罗斯教学方法改革的显著特点。

澳大利亚持续致力于探讨如何保证、提高教学质量,制定了"教学专业国家标准"。该标准并不是具体学科的教学标准,它旨在提供一个结构框架,在此结构框架中展示各标准得以发展的参照,概括标准的核心范畴及特征,建立公认的有效教学的基本要素,从而使各具体学科的专业标准在国家和地方层次得到发展。[②]

(三)国内课程教材改革历程

新中国成立 70 多年来,我国基础教育课程改革成就卓著。基于课程教材自身历史发展脉络,可划分为三个阶段:一是全国统一的教学规范的初创与受挫(1949—1977 年);二是教育教学规范的重建与课程制度的试验(1978—2000 年);三是育人为本的课程探索制度基本确立(2001 年至今)。[③]

第一阶段:全国统一的教学规范的初创与受挫(1949—1977 年)。新中国成立初期,基础教育改革的首要任务是围绕社会主义教育的性质,建立全国统一的教育教学规范体系。1949—1965 年,基础教育改革逐渐建立起全国统一的教学规范,表现在创建全国统一的教学计划、教学大纲和规范教材编写。从 1966 年开始,我国进入"文化大革命",历时十年,之前所建立起来的教育教学规范遭遇重大挫折。

第二阶段:教学规范的重建与课程制度的试验(1978—2000 年)。1978—1984 年,改革开放后,我国基础教育教学规范进入了重建期。[④] 主

---

①北京师联教育科学研究所:《教学方法的基本原理与各国教学方法改革》,学苑音像出版社,2004 年。

②缪苗、许明:《澳大利亚教学专业国家标准框架述评》,《外国教育研究》2005 年第 10 期。

③崔允漷、雷浩:《中国基础教育课程改革的 70 年历程——从规范为先的教学体系到育人为本的课程制度》,《人民教育》2019 年第 22 期。

④同上。

要表现为重新制订教学计划,重新制订教学大纲和重新编制和出版教材。1985—2000 年,以上海"一期课改"为起点,我国开始初步探索课程制度,推进课程教材改革。1992 年印发的《九年制义务教育全日制小学、初级中学课程计划(试行)》首次将"教学计划"更名为"课程计划",将课程分为学科类和活动类,为地方课程预留空间。1996 年,《全日制普通高中课程计划(试验)》首次明确提出了"普通高中课程由中央、地方、学校三级管理"。2000 年,《全日制普通高级中学课程计划(试验修订稿)》以培养目标、课程设置、课程实施、课程评价和课程管理为框架进行编制。尽管如此,在顶层教育政策中,教学话语仍占主导地位,各构成要素均由教学话语体系组成,仍采用"教学大纲"的表述,统编教材仍占主导,三级课程处于试验阶段。

第三阶段:育人为本的课程探索制度基本确立(2001 年至今)。2001年,国务院《关于基础教育改革和发展的决定》以及教育部《基础教育课程改革纲要(试行)》的颁布,标志着我国基础教育改革已经进入课程教材时代,育人为本的课程制度正在逐步确立。[①] 2001—2012 年,在以下三个方面探索育人为本的课程制度:一是编制课程方案。特别强调课程的综合性和选择性,凸显课程四要素,课程属性明显。二是研制课程标准。颁布了学科课程标准,更加注重人的素质的发展。三是确立新的教材制度。鼓励多主体以实际需求为出发点编写教材。2012 年至今,基本确立育人为本课程制度。党的十八大以来,我国基本建立育人为本的课程制度。其特点:一是坚持"五育并举",赋予全面发展教育方针的时代内涵;二是坚持立德树人,创新育人为本的课程制度;三是履行教材建设国家事权,建立新时代教材制度。

(四)国内教学方法改革历程

我国当代教法研究和改革已有百年历史。梳理其中历程和脉络,大致可以划分为五个阶段。第一阶段:西化到本土化发展(20 世纪初到新中国成立前);第二阶段:引入和实验研究(新中国成立初期);第三阶段:理论与科学化探索(改革开放初期到 20 世纪 90 年代初);第四阶段:模式化与整合化

①汪丽梅:《我国教学方法改革的历程、经验与方向》,《教学与管理》2010 年第 1 期。

发展(20 世纪 90 年代末);第五阶段:内部结构优化与外部应用推广并行(21 世纪以来)。①

第一阶段:西化到本土化发展(20 世纪初到新中国成立前)。欧美教育学者来华讲学,掀起了学习西方教育的热潮,在教学方法上影响最大的是克伯屈的"设计教学法"和帕克赫斯特的"道尔顿制"等,我国相关教育团体将其教学方法付诸实践。我国学者结合国情进行了创新,教学方法开始了本土化的历程,其中,陶行知的"教学做合一"、陈鹤琴的"活教育"理论等都是借鉴西方教育的成果。

第二阶段:引入和实验研究(新中国成立初期)。新中国成立之初,我国借鉴苏联的教学理论,其主要在于讲授和练习;改革开放后,我国引进并实验大量的现代西方教学理论和方法,如"程序教学法""问题教学法""个别教学法""单元教学法""自学辅导法""掌握学习法""设计法"等。② 20 世纪80 年代,在借鉴西方教学方法的基础上,我国开始了中小学学科教学法的改革实验,涌现出了许多具有特色的教学方法,有上海育才学校的"读读、议议、讲讲、练练"八字教学实验、北京卢仲衡的初中数学自学辅导教学法等。

第三阶段:理论与科学化探索(改革开放初期到 20 世纪 90 年代初)。20 世纪 90 年代末,中小学教学实践倡导素质教育理念,教学方法的目标取向转向学生的素质和能力培养;借鉴心理学的相关成果,结合学生不同的智力特点,不断创新教学方法;运用现代教育技术变革教育教学方法,打破教育教学时空界限。

第四阶段:模式化与整合化发展(20 世纪 90 年代末)。21 世纪初,"基础教育课程教学改革"实行,教学方法改革是主要的改革内容之一,注重学生的"学"和教师的"教",倡导自主学习、合作学习、反思学习等教学方式;重视学生的非智力因素,更加关注学生的学习兴趣、情感、体验等,倡导启发式教学法和探究式教学法。③

第五阶段:内部结构优化与外部应用推广并行。经过前期的大量积淀,

---

①汪丽梅:《我国教学方法改革的历程、经验与方向》,《教学与管理》2010 年第 1 期。

②同上。

③陈旭远:《新一轮基础教育课程改革的基本理念》,《现代中小学教育》2001 年第 7 期。

各种教学方法百花齐放;尤其是 2014 年,随着基础教育被纳入"国家级教学成果奖"评选范围,各种本土化教学方法类成果如雨后春笋,蓬勃发展。围绕独创性、新颖性、应用性等要求,各地对各自的教学方法,从内部不断调整结构,优化方案;从外部不断加强应用推广,如杭州市天长小学的差异化教学、常州市尝试教学法、上海市静安区后"茶馆式"教学等优秀教法改革成果不断涌现,我国对于以学生为主体的教学方法实践取得了相当大的成效。2021 年"双减"政策实施以来,全国各地针对"双减"的政策不断落实、落细、落小,重提"有效课堂"和"高效课堂"。此时教学方法改革的重点在于唤醒学生学习的热情,变"要我学"为"我要学",培养学生的自主学习能力。在这一阶段,单元整体教学法、项目化教学法、案例教学法、情景模拟法、翻转课堂等教学方法不断创新发展,迭代升级。

三、"双考"研究综述

(一)新中考相关研究

我国在新课程改革背景下积极推行的中考制度改革以发展性评价观为指导,各地在促进学生全面发展、弱化升学竞争压力、优化教育资源配置和保障教育公平等方面迈出了实质性步伐。但在改革过程中,面临初中毕业生学业考试与中招考试"两考合一"如何兼具评价和选拔功能问题、综合素质评价指标的制定及操作化问题、高中招生制度中的"指标到校"问题、高中阶段教育招生录取顺序的精英化导向问题。[①] 结合新中考改革背景,总结、分析部分地区指标到校政策内容与实施效果,发现各地区指标到校政策报考条件基本一致。部分地区有户籍门槛;指标分配以区(县)为基本单位,注重县域内基本分配均衡;指标分配规则首先强调均等,兼顾办学质量激励;普遍设定最低录取标准,但标准各异。同时指出,指标到校政策实施仍然存在减弱民间资本办义务教育的积极性,优质高中教育资源空间布局不均衡,指标分配规则有待进一步完善,随迁子女普遍面临更多的政策门槛等问题。[②]

---

①冯川钧:《中考制度改革的现状、问题及对策分析》,《教学与管理》2017 年第 21 期。

②赵景辉、张旭:《新中考改革背景下"指标到校"探究》,《上海教育科研》2017 年第 12 期。

目前,我国各地因地制宜,探索适合促进学生全面发展和教育公平的中考改革实践模式。考试招生政策改革的根本坚守应是公平选才与科学选才,政策改革既要促进人的全面发展又要关注人的个性化发展,既要突出普适性又要秉持选拔性原则。考试招生模式由统一走向多样化是政策创新的必然选择,考试招生政策的规范化与法治化是发展的必然。[①] 要把培养学生核心素养作为育人目标,根据核心素养及权重合理设置课程,在情境中运用问题解决方式学习,加强和改进组织制度保障,开发和运用多元的评价方式及方法。[②]

(二)新高考研究

2014 年,国家关于考试招生制度改革的实施意见颁布后,新一轮高考正式实行,新高考改革从考试科目、高校招生录取机制等方面做出了重大调整。近年来,基于新高考改革,国内外学者对选课走班制、生涯规划教育、综合素质评价等方面进行了较为详细的研究。

1.国内研究述评

关于选课走班制的研究。结合已有相关文献和目前新高考的形式,为了深化高考改革,普通高中必须实施走班制,引起区别于传统班级管理的相关问题。目前大部分学校都处于走班制的摸索和探索的初级阶段,亟须选课管理理论和走班制管理理论的指导。作为基础教育的中坚力量,必须跟上时代的步伐,以改变固有的班级管理模式为目标,结合实践做好相关理论研究。教育改革者和研究者们对于新高考改革背景下的教学形式变革持肯定态度,研究者们提出的建议为选课走班的未来发展起到了参考借鉴作用。

关于生涯教育的研究。此类研究主要集中在三个方面。一是生涯教育的地区研究,即主要研究某国家、某地区或某省份的生涯教育现状。对国外的研究主要集中在发达国家,如美国、日本、英国等,包括生涯教育的现状、

---

①郑程月:《我国考试招生政策演进研究(1977—2017)——以高考、中考为例》,天津师范大学博士学位论文,2018 年。

②蔡歆、赵艳平、张理智:《北京市中考改革政策对中小学的影响及对策建议》,《北京教育学院学报》2017 年第 1 期。

政策、体系、课程等。二是生涯教育的实践研究,主要集中在对生涯教育实施过程中的技术和理论进行研究探索,例如对 MBTI 理论在生涯教育中的应用进行探索,为生涯教育的实践提供宝贵经验。① 三是学校生涯教育体系构建研究,此类研究主要探索学校的生涯教育体系,通过各种途径完善生涯教育,包括团队构建、顶层设计、课程开发、生涯活动等。对已有文献梳理发现,我国当下对生涯教育研究仍存在一些局限,从总体研究来看,研究内容多偏向于理论思辨,生涯教育实践类研究相对较少。

关于综合素质评价的研究。由于我国新高考政策的出台与实施时间较为短暂,国内相关研究的产出集中在近几年,并且已经取得了一些颇有价值的研究成果,主要在综合素质评价实施困境与策略、综合素质评价与高校招生相融合等几个方面。学术界现有成果为本课题的研究提供了良好的基础,然而,研究重点偏向高中综合素质评价如何有效实施,对高校招生中如何使用综合素质评价关注不足。具体而言,已有的相关研究存在以下不足:一是偏重高中学校为评价主体的综合素质评价困境与对策研究,以及新高考背景下综合素质评价纳入高校招生的困境与对策,而对高校招生中如何使用综合素质评价的研究极少;二是有关高校招生中如何使用综合素质评价的研究所提出的策略较为零散,未能全面、系统、深入地提出综合素质评价使用的完整方式分类与对应策略;三是偏重理论分析,缺乏实证调查,部分调查范围偏小,样本量偏少,不足以反映全国新高考实施省区综合素质评价的整体应用情况。

2. 国外研究述评

关于选课走班制的研究。西方发达国家义务教育阶段采用"弹性教学"和"小班教学"。美国实行小班化走班制教学模式。有美国学者指出,该模式实施后虽然提高了教室利用率和教师的工作效率,但也出现了学生缺乏归属感、集体感等问题。英国中小学实施的分层教学主要有结构化分层、学科分层、混合能力分层、垂直分层(跨年龄分层)等。这种实践影响了整体的

①王淑晓:《MBTI 理论在个性化职业生涯规划教育的应用(案例分析)》,《出国与就业》(就业版)2012 年第 6 期。

教育理念,重建了师资,丰富了学校的分层管理经验,提高了各部门的协作能力。芬兰自1999年开始实施"无班级授课制"。这种制度下,芬兰的班级和学生管理看似宽松,但背后却有自上而下的整套保障措施和制度。[①] 差异化、个性化教学是许多发达国家普遍采取的教育模式。我国新高考之后的走班制不能生搬硬套,需要根据新高考的政策和各地区各学校的走班实施情况,为促进学生全面发展,针对性地扬长避短,创新地形成具有中国特色的走班制模式。[②]

关于生涯教育的研究。从当前美国的具体实施来看,一方面是由生涯发展指导课程、生涯与技术课程组成的生涯课程。基础性的生涯发展指导课程能够帮助高中生进行学业规划以及毕业后的发展规划,将认知、探索、实践、决策等生涯发展过程中的各环节相连接;以生涯群为基础的生涯与技术教育课程是以较为宽泛的特征将职业分类,按照性质相近的原则将职业归为一群或一组,将其作为课程编制的基础,生涯群下再设立更为精细的生涯路径,旨在培养学生的职业意识,明确职业方向,开展职业探索。[③] 另一方面是由综合实践活动和早期大学生涯路径构成的生涯实践。早期大学生涯路径是让学生根据自身兴趣在高中阶段提前学习、体验大学的部分内容,提早进入大学学习状态。[④] 综合国内研究文献发现,多数发达国家的生涯教育实践起步较早,理论扎实,且有相应的政策和法律制度支持,在全社会有较为广泛的影响,其经验做法值得我国借鉴学习。

关于综合素质评价的研究。国外在学生评价活动中重视学生的综合素质发展及其表现,蕴含了综合素质评价的理念与做法。20世纪30年代,当时以泰勒为首的美国教育评价委员会第一次提出"教育评价"的概念;80年代末,教育评价关注不同的价值观,倡导多元化的评价主体,主要包括评价内容的探索、评价方式的探索、评价结果运用的探索三个方面。可见,各国

①陈才凤:《新高考背景下走班制班级管理研究》,青岛大学硕士学位论文,2021年。
②同上。
③程思远:《新高考背景下普通高中生涯教育现状调查研究》,曲阜师范大学硕士学位论文,2021年。
④同上。

非常重视学生评价,经过多年探索,形成了符合本国实际的评价体系和评价标准,推动了学生综合素质的提升。国外的典型做法和有益经验,对于我国探索和推进综合素质评价改革具有重要的借鉴意义。

四、"双评"研究综述

(一)国内"双评"研究

2013 年颁布的《教育部关于推进中小学教育质量综合评价改革的意见》,为我国中小学教育质量综合评价改革指明了方向。需要不断完善和更新评价标准,改进评价方法,正确合理利用评价结果,完善教育评价体系,切实推动改革向纵深方向发展。《中小学教育质量综合评价指标框架(试行)》突出"绿色评价",具体内容和指标包括学生品德发展水平、学业发展水平、身心发展水平、兴趣特长养成、学业负担状况五个方面共包含 20 个关键性指标。徐金寿在所写的《教学督导和教学质量评价》中对教学评测进行了全面分析,分章节论述了师生的教学理念和学习理念,为我国教育部门建立教学评测体系指明了方向。樊涛同样也认为教学评测体系具有重要作用,他认为教学评测体系的逐渐完善能够大大提高学校的教学水平,从评价中得到的反馈信息,进而修正教学过程中的不足,进一步推动我国的素质教育改革。[1]

《国家中长期教育改革与发展规划纲要(2010—2020)》中明确提到"改革教育质量评价和人才评价制度"。改革创新,更新完善教育教学评价,以培养目标和人才理念为依据,建构更加科学、合理的评价标准,这不仅为教育质量综合评价指明了方向,而且提出了明确的要求。2010 年 3 月,教育部和上海市人民政府在北京签署了《教育部上海市人民政府共建国家教育综合改革试验区战略合作协议》,上海市教育委员会向国家教育体制改革领导小组申报并获批 27 项教育体制改革试点项目,改革教育教学质量综合评价办法即为其中之一。[2] 2020 年 6 月 30 日,中央全面深化改革委员会第十四

---

[1]张东:《"绿色评价"扭转传统教育质量观》,《中国教育报》2013 年 6 月 19 日第 2 版。

[2]徐倩、薛婷彦:《评价,何以绿色? 上海市中小学学业质量"绿色指标"综合评价 10 年之探》,《上海教育》2021 年第 31 期。

次会议审议通过了《深化新时代教育评价改革总体方案》,强调"教育评价事关教育发展方向",要"改进结果评价,强化过程评价,探索增值评价,健全综合评价",建构科学的、符合时代要求的教育评价制度和机制。从 2011 年起,浙江省就将"构建素质教育质量评价体系"纳入省教育体制改革试点项目,在探索教育综合评价制度改革上做出了表率。[①]

综上,在我国特殊国情的影响和传统教育制度的束缚下,加之长期以来"高考""分数"等评价指标的深入人心,我国的教育教学工作受到阻碍,教学评价科学发展缓慢,缺少全面、科学的考察研究,存在诸多不足,相关专业评价机构不完善,教学评价软件系统少而不精,能准确对教学进行评价的少之又少,因此在"双减"背景下进一步优化评价标准和完善评价体系还有很大的空间。

(二)国外"双评"研究

西方国家经济基础雄厚,教育事业起步早发展快,他们大多有相当完善的教学质量评价系统。美国的教学评价体系创新之一就是利用民间机构来实施评价,通过整合探究,对教育进行改革,效果十分显著,从而使美国的教育居于领先地位。正是因为他们有科学完整的教学质量评价体系,所以评价结果能准确反映教学成果,及时查漏补缺、修改完善。基于网络的实时在线评估和测试在美国已经很普遍,借助这些系统软件,可以更加方便地收集学校、学生和教师的相关信息并进行统计分析,不仅节省了人力物力,也大大提高了教学评价的准确性。

随着世界各国教育改革的发展,越来越多的国家对教育教学质量进行监控与评价,其中美国教育部建立了"国家教育进步评价系统"(NAEP),英国建立了"中等教育质量评价体系"(GCSF)。值得一提的是,1998 年以来,国际经济合作发展组织(OECD)发起建立的"国际学生质量评价项目体系"(PISA)吸引了全世界的注意,有 30 多个国家已经参加了该项目。

早在 2001 年,卡塔尔就开始了对教育改革的探索,教学质量评价取得的成绩最为突出。卡塔尔的教学质量评价体系首先可以使更多学生认识到他们的学习行为与表现结果之间的关系,其次还可以使学校认识到彼此之间

---

①张丰、沈启正:《教育质量综合评价改革的浙江实践》,《基础教育课程》2020 年第 14 期。

的差异,特别是在教学质量等方面的差距,进而促使教学质量水平较低的学校做出科学有效的反应。这项改革不仅促成卡塔尔制定了具有国际先进水平的教育制度,而且大大提高了学校的教育质量水平。因此,卡塔尔教学质量评价的成功经验值得我国借鉴。

Hamilton David 认为在进行评价时,与教学相关的各个方面都要兼顾,从教学目标和理念到社会给出的反馈,都是在进行评价时所要考虑到的因素,内容包括教育理念和目标、接受学生、关心学生生活、教育课程设置、教育教学指导方法、成绩和学分的认定、毕业生的出路情况、研究活动、教师组织、设施设备、国际交流、与社会联携、管理经费与财政、自我评价机制。John Heywood 认为教学质量评估的参与主体是多样化的,包括学校、政府、社会等,每个参与者都有各自的作用。Price Margaret 提出了一种以目标为中心的行为评价模式,通过观察学生的行为化成绩来评价教学以及教学效果,并评定教学目标的实现程度。

值得一提的是,目前,芬兰围绕国家基础核心课程,以教学为中心,正在不断进行国家和国际级的教师评估。芬兰捷瓦斯基拉大学教育研究学院的彭缇·尼喀努(Pentti Nikkanen)教授和朱尼·威利亚威(Jouni Valijarvi)教授曾参与过欧盟八国的"高效能学校改进(effective school improvement)"项目,在此基础上又参加了由美国路易斯安那州立大学主持、17 个国家参与的"国际教师观察与反馈国际体系"项目。在经过五次翻译、回译、提炼、整合以及反复修订的基础上,该项目产生了比较成熟的"教师课堂观察与反馈量表",两位芬兰学者用这一量表对芬兰的专家学者、中小学教师和学校管理者进行了多次调查和测试,得出了芬兰教师课堂教学评价中的 7 项一级指标和 21 项二级指标。[1]

(三)趋势预判

构建更加科学的教育质量评价标准。成绩不再是教学质量评价的唯一标准,未来的教育评价体系将更加科学和完善,教学质量和育人质量评价同

---

[1]孙河川、刘文钊、郝妍:《芬兰教师课堂评价指标在中国的可行性研究》,《中国教师》2011 年第19 期。

样会更加科学和完善。质量评价标准的制定更具科学性、权威性以及专业性,此外,评价标准的制定不仅要遵循国家教育评价政策导向,还要凸显学校自身文化和育人实践特性,使评价更科学、合理和独特。

更加充分地发挥现代信息技术作用。2015年国务院教育督导委员会办公室印发《国家义务教育质量监测方案》,标志着我国义务教育质量监测制度正式成立,初步形成从国家、省市到县区的工作体系。在监测评估中,运用了信息技术实现数据的精准处理与推送,为科学的教育评价提供有效的监测结果,以促进评价质量的提升。[1]

建立线上线下相结合的信息平台数据库。在计算机技术和软件技术飞速发展的今天,建立一套完善的教学质量评价软件系统来协助管理已经成为教学评价的发展趋势,在线教学得到了广泛的推广与应用。基于这样的背景,教育质量评价也将尝试着推行"线上+线下"相结合的评价模式。

评价主体多元化,评价方式多样化。多元评价遵循"育人为本、德育为先"的理念,以实现"五育并举"的目的,"双评"应更加注重县域、学校全面育人和学生德智体美劳全面发展,尤其重视劳动教育,将劳动教育评价作为未来教育评价的重要组成部分。因此,科学完善、系统有序、运行有效的内部评价机制必然是以评价主体更多元、评价方式更多样为特征,并且形成上下联动、内外结合、相互协调的动态评估格局。在评价主体上,开展学生、学校和县级党委共同参与评价;在评价方式上开展常态化自我评价和及时改进。构建主体多元、统整优化、责任明晰、组织高校效外部评价工作体系。[2]

评价与反馈相结合,实现以评促改。各地教育督导机构要注重发现各地好的做法和成效,针对发现的问题及时与被督导单位沟通,及时发现、及时解决、及时反馈。通过召开座谈会、听取汇报等形式了解情况,掌握第一手资料。在调查研究基础上,制定切实可行的实施方案,要及时向被督导单位反馈督导意见,指出发现的问题,提出整改要求,优化教育教学质量。反

①李勉、刘春晖:《国家义务教育质量监测:素质教育实施的制度突破口》,《中国教育学刊》2016年第12期。
②韩斌:《五育并举,多元评价,促进师生发展——开展深化新时代教育评价改革的思考和实践》,《广东教育》(高中版)2022年第5期。

馈为评价提供了修整的思路和方向,及时反馈有助于评价的全面性和可靠性,从而实现以评促改。

以"双评"为指挥棒,促使减负真落地。自"双减"提出以来,我国出台了35项中小学减负的政策文件,其中专项政策有11项,体现了国家对教育教学改革的决心。目前,"双减"工作已初见成效,长远来看,要使"双减"政策持续发力,则需要改革当前基础教育教学质量评价和育人质量评价体系,从价值导向上推进"双减"真正落地。教学质量评价和育人质量评价作为"双减"有效落地的指挥棒或者说是价值导向,真正发挥其以评促学、以评促教的功能,从而助力中小学真正实现减负。

第三节 从"双减"的视角研究"双提""双改""双考""双评"

本研究立足于河南省域,研究视野面向全国乃至世界,不求对河南教育发展的方方面面进行全景式的梳理,也不求对河南教育发展的历史进行系统的溯源,着眼点在于借助"双减"政策的落地实施,对河南基础教育在新时代的改革发展进行深入分析,对河南基础教育的未来发展进行预测,以此揭示河南基础教育发展的规律性,进一步促进河南教育的改革发展。整个研究在理论性与实践性相结合的基础上不过分强调理论性,做到既有学术研究自身的逻辑自洽,更有助于"双减"难题的有效解决;在现实性与历史性相结合的基础上更加突出现实性,在大趋势中把握"双减"与社会各领域间的关系,既提出服务当下的解决办法,也要有面向未来的中长期战略性对策;在普遍性与地域性相结合的基础上务必彰显地域性,要在借鉴域外"双减"好做法的基础上,基于河南基础教育改革的实际进行二次创新。

一、研究内容

(一)"双提"研究内容

1. 提高师资水平的研究

通过查阅、梳理"双减"、教师队伍、师德师风、师资水平、教学能力等相关文献、政策文件、典型案例,界定基本概念,关注"双减"背景下的教师队伍发展,结合相关政策,从中发现存在的问题和可能的研究思路;通过对 11 个市 19 个样本地区教师队伍在"双减"政策颁布后的实际现状和发展期待展开调研,发现真问题,探究真缘由,解决真痛点;基于已有的理论基础和调查所得的现实依据,对比分析、总结借鉴兄弟省份的先进做法,探索"双减"背景下教师队伍水平提升的最优路径;结合实践结果、相关理论与典型案例,重视现状与时代要求相呼应,从教师自身发展动力、信息化手段建设与应用、教师减负、教师培训、激励与保障五个方面提出具有可行性的改善策略与建议。

2. 提高教学质量的研究

(1)课堂教学。一是义务教育教学质量相关理论研究,探讨义务教育教学质量内涵,探寻教学质量评价基本维度,比较借鉴西方课堂教学质量评价标准,梳理我国教学质量观"效率取向—公平取向—创新取向"的演进历程;二是提升学校教学质量的国际比较和外省经验研究,重点比较美国、英国、日本、澳大利亚等国家提升中小学教学质量的有益经验和我国发达省份提高学校教学质量的方法措施;三是结合河南省义务教育阶段学校办学情况,通过抽样调查、分析学校教学现状,发现河南省义务教育教学质量的现状与困境;四是依据样本学校课堂教学现状,对标我国义务教育课程方案和课程标准,结合新发展阶段教育高质量发展总体要求,探寻符合河南省特点的义务教育教学质量提升路径。

(2)作业建设。一是"双减"文件政策研究,研究解读已经出台的相关文件,准确把握"双减"的精神实质与实践指向,明确思路,为本书研究提供政策依据;二是"双减"背景下作业建设现状研究,采用问卷、座谈、访谈等方式,对河南省"双减"实施中作业建设情况的现状及问题进行量化与质性相结合的总结与分析,找准"双减"背景下作业建设的问题;三是兄弟省份作业建设经验研究,重点突出上海、浙江、广东、山东等先进省(市)作业建设的经验;四是河南省内作业建设案例研究,郑州作为国家作业建设试点城市,济源、沁阳、新县、光山作为省级作业改革示范区,在作业建设实践中创造的经验体现在实际案例中,将案例进行研究和推广,作为作业建设"本土化"的重要抓手,推动作业优化取得实效;五是作业育人体系构建研究,引导县区和学校构建多样化、有特色的作业育人体系,让作业真正实现从"量"的减少到"质"的提升,切实减轻学生作业负担;六是政策建议,在理论分析及实证研究的基础上,结合河南省作业实施的现状及问题,提出推进作业建设的战略举措,推动"双减"走深走实走细。

(3)课后服务。一是课后服务体系的理论研究,着重厘清课后服务、校内课后服务、课后服务体系等概念,探讨中小学课后服务的目标取向、价值意蕴、理念倾向,研究中小学课后服务的类型、内容、形式等基本理论问题;二是课后服务体系的现状研究,通过调研,总结中小学课后服务体系建设的创新举措和典型经验,梳理中小学课后服务体系建设存在的问题,全面了解中小学课后服务体系建设的现状;三是课后服务体系的比较研究,通过学习借鉴国外、我国部分地区中小学课后服务的先进典型经验,深入研究其课后服务理念、课后服务管理、课后服务内容、课后服务保障、课后服务评价等方面的创新举措,为构建河南省科学规范的课后服务体系把脉定舵;四是河南省中小学课后服务体系构建研究,应用系统论的观点,从服务体系构建参与主体及其角色、服务理念的树立、服务过程的实施、服务保障的完善、服务科学评价等方面形成并完善河南省中小学课后服务体系。

(二)"双改"研究内容

1. 课程教材改革的研究

一是义务教育阶段课程教材改革的理论研究,整理、归纳课程、教材的发展脉络和学术走向;二是国内外义务教育课程教材的经验借鉴,搜集、整理国内外典型课程教材、课堂教学改革案例,分析案例,总结经验,主要借鉴国外义务教育课程教材方面的先进理念、做法,重点借鉴我国发达地区义务教育课程教材的先进之处;三是通过问卷调查和访谈结果,整理河南省义务教育课程教材的发展现状和存在的问题;四是结合调研结果,提出符合河南省义务教育课程教材改革的政策建议。

2. 教学方法改革的研究

一是义务教育教学方法的理论研究,搜集、整理国内外相关文献和政策文本,梳理教学方法的学术走向发展脉络,把握国家教学方法改革的方向,为课题研究提供理论依据;二是义务教育教学方法改革先进经验研究,搜集、整理国内外典型的教学方法改革的案例,重点借鉴美国、英国等发达国家教学方法改革的先进做法和我国北京、上海、江苏等发达地区教学方法改革的策略;三是通过深入调查研究,分析河南省义务教育教学方法改革和实施现状、问题及成因;四是结合河南省省情,提出系统推进教学方法改革的政策建议。

(三)"双考"研究内容

1. 中考改革研究

一是现状分析研究。通过线上问卷调查、线下座谈会与实地调研等多种调查研究,聆听一线初中教师、初中校长、义务教育行政管理人员的声音,分层次多维度进行数据搜集,探寻社会热议、群众关切的实情现状。通过分析、判断、类比、归纳、总结等手段对调研进行数据分析,确保中考改革研究数据的客观性和准确性,为本书的实证研究提供科学依据。二是存在问题研究。作为一个地处中部地区的人口大省,河南新中考综合改革面临自身的省情、教情、考情,如何兼顾选拔性考试与合格性考试的双重功能、如何解决全科开考与有效减轻学生负担之间的矛盾等诸多问题。针对这些问题,寻求好的解决思路和办法是本研究面临的一项重要任务。鉴于此,本研究坚持问题导向,深入了解中考改革现状,反思河南省中考改革必须重点关注解决的问题,摆脱困境,稳步推进中考改革。三是实施路径研究。本研究参照我国先进省份中考改革的有益经验,选取相应的典型案例,剖析各省新中考的创新举措,对标高中招生制度政策文件精神,结合河南省实情及4个中考改革试验区的经验建议,从完善综合素质评价、增加英语口语考试等方面建构规范的高中阶段学校招生录取模式,在实践探索中不断调整方向,深化高中阶段学校招生录取改革。

2. 新高考综合改革研究

新高考综合改革包括教学(高中教育教学)、考试(统一高考)、招生(高校招生评价和录取)等重点环节。具体而言,在高中教育教学环节,涉及育人方式、师资队伍、课程设置、课堂教学、学生选课、班级管理、学业评价、综合素质评价等问题;在统一高考环节,涉及考试科目、考试内容与形式、考试的组织管理和机构建设等问题;在高校招生环节,涉及评价制度、志愿填报制度、录取制度等问题。基于此,本研究聚焦于选课走班制、综合素质评价、生涯规划指导等新高考综合改革所涉及的几个关键问题。

(四)"双评"研究内容

1. 教学质量评价研究

一是教学质量评价的理论研究,包括政策文本的解读、内涵剖析,在此基础上,明晰教学质量评价实施的理论依据;二是教学质量评价的现状研究,通过访谈,全面了解河南省"双减"实施中教学质量评价的情况,找准其存在的问题;三是教学质量评价的经验借鉴,重点突出美国、英国先进的评价方式和我国浙江、上海等发达地区在教学质量评价方面的先进做法;四是教学质量评价的政策建议,结合河南省教学质量评价的现状和问题,构建科学合理的教学质量评价体系。

2. 育人质量评价研究

一是育人质量评价的理论研究,解读育人质量评价方面的政策文本,了解育人质量评价的目标取向、理念倾向,研究育人质量评价落实落地的难点与焦点等基本理论问题;二是育人质量评价的现状调查,对河南省基础教育育人质量评价展开调研,并对调研的结果进行分析,明晰存在的问题以及影响因素;总结河南省育人质量评价方面的创新举措和典型经验,全面了解河南省育人质量评价的现状;三是育人质量评价的比较研究,通过学习借鉴国外、我国部分地区落实育人质量评价的先进典型经验,深入研究其创新举措,为我所用;四是育人质量评价的政策建议,结合河南发展现状,从党委政府层面、学校层面、教师层面讨论河南省育人质量评价高效落地的对策。

二、相关概念界定

"五双"指的是"双减""双提""双改""双考""双评"。其中,"双减"是指减轻义务教育阶段学生过重的作业负担和校外培训负担;"双提"指的是提高师资水平,提高教学质量;"双改"指的是改革课程教材、改革教学方法;"双考"指的是新中考、新高考;"双评"指的是教学质量评价和育人质量评价。

"双提"指的是提高师资水平,提高教学质量。本研究中的教学质量包含课堂教学、作业建设和课后服务。师资建设是指教育行政部门和学校对教师的任用、培养、考评、待遇、晋升、奖惩等工作进行管理的过程,包括教育行政部门对教师的管理和学校对教师的管理两个方面;效能理念认为师资建设的最终目的是以发挥教师的自主性、主动性和创造性为核心的教师工作能力、效益和职业精神的全面提高,而培养教师的自我效能感仅是提供教师自我发展动力的一种手段。作业建设是指以大作业观为指引的作业立体化系统性改革,它包括但不局限于作业设计与实施,注重前瞻思考、系统规划,通过政府部门出台行之有效的政策,师训方面的系列能力培训、各级各部门联动的作业管控督导、教师层面的作业设计与实施、教研层面的检测反馈提升、信息技术赋能等,各方协同发力,避免传统的路径依赖,促进形成监控有力的机制,出台操作有效的措施,不仅要解决作业超载问题,而且要克服作业的窄化、泛化和异化,进而释放作业的育人价值,促进学生健康全面成长。中小学课后服务体系是指在国家政策指导下建构的、旨在服务于学校课后服务工作的人、财、物紧密配合的有机循环系统。主要包括以下内容:一是课后服务体系构建的主体,包括政府、社会、学校、教师和家长等;二是课后服务科学理念的树立,包括课后服务的指导思想、目标、任务等;三是课后服务的实施,包括为谁服务、由谁来服务、拿什么服务、怎样服务等;四是课后服务的保障,包括政策支持、队伍建设、经费来源、场所设备等;五是对课后服务的科学评价,包括对政府、学校、教师、学生等多维评价。这些因素共建共生、连为一体、相互促进,构成了一个相对完善的系统。

"双改"指的是改革课程教材、改革教学方法。课程教材改革是指因社会变动,对各级各类课程做出适当调整,以回应国家需要和社会关切,并籍以促进教育目标与教育理想实现的综合性改革行动。其中教材作为课程内容的集中体现、教师教与学生学的主要媒体,在整个课程教材改革中占有举足轻重的地位。课程教材改革既是一种思想活动,也是一种有目的、有计划、有深度的实践活动,重点解决好教师教什么、怎么教,学生学什么、怎么学的问题;其基本思路是明确课程性质,转变课程功能,改革课程内容,改进教师的教学方式,转变学生的学习方式,建立完善的课程评价体系,进而发挥教育培根铸魂、启智增慧的作用。教学方法改革是指在去旧立新的过程中,旨在促进教法优化,促进教育进步,提高教学质量而进行的教学内容、方法、制度等方面的改革。教学方法改革往往靶向两个基本目标：一是提高教学质量，即变革不适合学生全面发展的教学方式，创造或选择适合学生发展的教学方式，使每个学生的各项素质全面发展，个性潜质得到开发彰显；二是提高教学效率，即减少或降低单位时间里对学生发展无效或低效的教学要素及其作用，优化教学条件和教学过程，使它们在规定时间里最大限度地发挥促进学生发展的作用。

"双考"指的是新中考、新高考。本书对新中考、新高考主要界定中招分配生、新高考、综合素质评价。中招分配生：中招分配生是为了全面推进素质教育和促进区域教育均衡发展，将优质高中的部分招生计划按各初中学校生源在一定区域内所占比例平均分配到各初中学校，是一种高中招生录取的方式。它在招生方式上与"统招生"有一定的区别，该招生方式的出台，是为了保证薄弱初中的优秀学生也能进入优质高中学习。新高考：2014年9月4日，作为全面深化改革的重大举措之一，国家关于考试招生制度改革的实施意见正式发布。这是我国恢复高考以来最全面系统的一次考试招生制度改革，被称为"新高考"。此轮高考改革从考试科目、高校招生录取机制等方面做出了重大调整。综合素质评价：指的是在每个学期的期末或每个学年的期末，全国各地的中等学校组织的一次对全体在校学生全面的综合素质和能力评价的测评，一般分为七个维度（不同地区或学校的结构略有差异），分别是"道德品质""公民素养""学习能力""交流合作与实践创新""运动与健康""审美""表现能力"。

"双评"指的是教学质量评价和育人质量评价，是对教育现象属性、本质、规律等的认识导向，在系统、科学和全面搜集、整理、处理和分析教学和育人信息的基础上，对教学和育人的价值做出判断的过程，目的在于促进教学改革，提高教学和育人质量。

三、研究方法

（一）文献研究法

根据课题研究的需要，搜集和整理师资水平、教学质量、教材教法、评价方式等方面的相关文献资料，并对文献资料深入分析比较，探索其中能为本研究提供借鉴的内容,为后续的研究奠定理论方面的基础,力求在"双减"背景下对"双提""双改""双考""双评"的研究有较为全面系统的把握。

(二)调查研究法

结合实际研究需要,自主编制一套"基于'双减'的基础教育高质量发展研究"的调查问卷(涵盖初中年级、小学中高年级、小学低年级三个学段的教育管理和教研人员、教师、学生及其家长)和访谈提纲①,获取第一手研究资料,深入了解当前河南基础教育的现状,探讨制约"双提""双改""双考""双评"的内外部因素,为深入推进"双提""双改""双考""双评"提供强有力的数据支撑。

(三)个案研究法

通过案例生动直观地呈现教育理念,为研究提供可靠的事实基础。本书选取实际教学过程中有关具体案例进行分析研究,根据案例体现出来的一般原则、方法和个性特征,分析其意图、思路,最终从优秀案例中获得启发,汲取经验,并论证其可推广性。

(四)比较研究法

通过比较研究,能够更好地认识"双提""双改""双考""双评"的路径选择,把握其发展规律。本书对河南基础教育"双提""双改""双考""双评"进行省域比较,这种比较是一个更高形式的提炼和概括的过程,而不仅仅是地区间差异的概述和简单类比。通过比较来深刻认识河南与发达地区存在的特点以及二者间的差距,能够为河南省"双提""双改""双考""双评"提供可借鉴的经验。

---

①"基于'双减'基础教育高质量发展研究"项目的调查问卷包括:"双减"背景下教师队伍水平提升的调查问卷、"双减"背景下的作业建设调查问卷、中小学课后服务体系构建的调查问卷、基础教育课程教材教法改革调查问卷、"双减"背景下新中考改革调查问卷等。"基于'双减'基础教育高质量发展研究"的访谈提纲包括:基于"双减"政策的教学质量提升问题的访谈提纲、"双减"背景下的作业建设访谈提纲、基础教育课程教材教法改革访谈提纲、"双减"背景下的中考改革访谈提纲、关于新高考综合素质评价的访谈提纲等。

四、研究过程

"基于'双减'的基础教育高质量发展研究"分为4个子研究项目,由河南省教育科学规划与评估院成光琳教授、周宝荣研究员总负责,按照总体要求,制定实施方案,组织原河南省教育科学研究院、原河南省基础教育教学研究室、郑州大学、河南大学有关研究力量,具体开展相关研究。

研究团队运用文献法对师资队伍建设、教学质量提升、课程教材改革、新中考和新高考的实施、教学质量和育人质量评价等方面的政策和理论进行搜集整理,了解相关领域在政策与学术上的脉络和走向。通过对国家、河南省相关政策的梳理,明确教育质量、教学评价、新中考新高考等方面在以上两级层面的做法和进程,明确其核心议题和发展趋势,并为下一步行动做趋势研判;主要通过CNKI学术期刊总库对相关主题进行理论研究,关注有关问题已有研究状况和最新研究动态,发现在教师的培养与选用、课堂教学的行为与方法、作业建设的理念与形式、教育评价的目标与机制等方面值得借鉴和参考的文献资料。

我们运用问卷法、座谈法、访谈法,借助问卷星平台发放问卷,深入学校组织召开专题座谈会,约请专家开展深度访谈等方式进行调查。考虑地区特点、教师年龄、职称和学科结构等因素,采用随机、整体取样法,选定新乡市、郑州市二七区、兰考县、南阳油田等25个样本区域,调查对象包括教育行政管理人员、校长、教研员、教师、家长、学生等,共收回有效问卷近15万份,座谈、访谈资料200多份。在较为丰富的调查资料基础上,课题组梳理出河南省基础教育在教师队伍、课堂教学、课程教材、教学方法、中考高考、教育评价等方面存在的问题和不足。

我们运用案例法搜集了上海、天津、浙江、山东等教育发达地区的相关做法,主要关注了这些地区在落实"双减"政策方面采取的方法措施,按照省、市、县、校不同层级对案例进行梳理,归纳出有关方面政策措施的一般原则、方法和个性特征,分析案例的设计意图和思路,讨论案例的可推广价值,对教师培训、为教师减负、中考高考改革、教学质量评价等方面的典型做法进行了重点研讨。

　　研究团队对美国、英国、日本、澳大利亚等国家的师资队伍建设、课堂教学质量提升、课程教材改革、教学质量和育人质量评价等方面的做法进行了比较研究,梳理出不同国家在严把教师入职资格、注重教师个人规划、加强职后培训、个性化教学、信息技术融入课堂、设计作业的整合理念、跨学科作业设计、课后服务征询评估、教育评价体系、教育督导评价机制等方面的有益经验。

　　在总课题组协调下,各子课题研究目标明确,研究过程扎实,按时提交了相关研究成果。总课题组研究人员多次召开专题研讨会,讨论各子课题研究报告尤其是政策建议部分,经过多次修改完善,形成了《基于"双减"的基础教育高质量发展研究报告》及以政策建议为核心的《基于"双减"的基础教育高质量发展研究纲要》。

第二章 | 提高师资水平，提高教学质量，突出"双减"本质要求

国兴必先强师，教师担负着塑造灵魂、塑造生命、塑造新人的神圣使命，统筹解决好教师能力提升，建设一支高素质专业化创新型教师队伍尤为迫切。教学质量是促进基础教育内涵发展的重要突破口，是建设高质量教育体系的关键要素，是减轻中小学生学业负担的有力杠杆，是实施新时代人才强国战略的重要载体。河南省素来十分重视师资水平和教学质量的提升，出台多项举措推动"双减"工作真正落地生效，实现河南基础教育促优提质的目标。

第一节 "双提"工作的河南举措

由师资水平提升和教学质量提升构成的"双提"，其价值导向是让课堂教学回归育人的原旨。无论是提高教学质量还是提高师资水平，其最终目的是要提高育人质量。

一、政策明确，措施得力，促进师资水平显著提升

(一)加强政策引领

1. 全面布局新时代教师队伍建设

河南省委、省政府印发《关于全面深化新时代教师队伍建设改革的实施意见》，从师德师风、专业能力、地位待遇、综合改革以及服务保障等方面做

出了规定,明确提出加强教师队伍建设,拿出"真金白银"提高教师待遇。

2. 深化教师培训体系改革

河南省教育厅联合省委编办等五部门印发《河南省教育厅等五部门关于全面深化新时代中小学教师培训体系改革的实施意见》,系统部署了重构教师培训组织体系、完善教师发展学科体系、健全教师培训内容体系、建立教师智能研修体系和规范教师培训管理体系等方面的内容,要求各项配套文件和措施稳步协同推进。

3. 加强教师人才队伍建设

河南省教育厅印发《河南省新时代中小学教师梯队攀升体系建设方案》明确提出,经过 5 年左右努力,培育认定中原名师 300 名、省级名师 8000 名、省级骨干教师 4.2 万名,引导市县培育相应层级、相当规模的名师和骨干教师;修订层级教师培育标准,完善教师人才培育模式,健全教师培养培训体系,优化教师人才培育基地;增强教师梯队攀升,豫派实践型教育名家群体效应初步显现,师资水平能够满足教育发展需要。

4. 加强师德师风建设

河南省实施《中小学教师违反职业道德行为处理办法》细则,强化中小学师德师风长效机制建设,健全教师管理机制,规范教师职业行为,为教师严格自我约束、加强自我修养提供基本遵循。河南省教育厅联合省委组织部等 7 部门印发了《关于加强和改进新时代师德师风建设的实施意见》,从站位发展全局、坚定政治方向、加强师德教育、倡导师道尊严、严格师德管理、完善责任体系等 6 个维度提出 19 项任务举措,力争通过 3 年的努力,建立规范化、制度化、科学化的师德师风建设长效机制。

(二)开展实践探索

1. 省级层面,实施名校长领航工程

校长是学校发展的第一责任人,校长的管理水平与教育理念影响教师队伍发展。河南省组织开展中小学名校长培育工程,构建了省级卓越校长—名校长—骨干校长三级培养体系,联合省内外各有关高校、中小学名校、干训中心,通过深度学习、教育研究、专家指导、示范提升等形式,促进培育对象教育思想、理论素养和实践创新能力全面提升,成长为豫派教育家型校长和基础教育领军人才,辐射带动河南省中小学校长业务能力和业务水平提升。①

2.市级层面,创新实施校长职级制

为了让中小学校长走上专业化、职业化的道路,激发办学活力,2021年开始,洛阳市着力推动中小学校长职级制改革,出台《关于推行中小学校长职级制改革的实施意见》《洛阳市中小学校长职级资格评审认定办法》等文件,对职级管理、聘任交流、考核评价、职级薪酬等做出详细规定,建立了校长职业发展的4级9档职级制度体系,通过年度考核和任期考核,实现职级能上能下、待遇能高能低,改变校长的官员身份,实现教育家办学的改革目标。②

3.学校层面,打造专业团队

为切实提升"双减"工作的创新性和科学性,着力打造专业教师队伍,河南省实验小学成立了"卓越学院",设立了课堂教学、德育思政、教育科研、现代教育技术4个研究团队。他们着力研究课堂教学,提高课堂教学水平;着力研究学生需求,引导学生快乐学习;着力教育科研能力,科学评价学习过程;着力教育现代技术,变革智能化时代"教与学"。此举快速提升了教师的专业化水平和创新能力。③

二、聚焦提质,多维发力,探索教学质量提升特色路径

(一)课堂教学

1.出台教育教学质量提升总体方案,实施提质工程

按照"双减"工作总体要求,河南省先后出台《河南省进一步提高义务教育学校教育教学质量的实施方案》《关于推进大中小学思政课一体化建设的实施意见》《河南省义务教育学科课堂教学基本要求(试行)》《关于进一步

---

① 根据河南省教育厅教师教育处提供的师资建设方面的相关材料整理。
② 根据洛阳市教育局官网资料整理。
③ 根据河南省教育厅微信公众平台的资料整理。

加强"双减"和"五项管理"工作的通知》等文件,努力实现"减负提质"工作目标。

河南省教育厅关于《河南省进一步提高义务教育学校教育教学质量的实施方案》指出,要坚持"五育并举"、质量提升、均衡发展等原则,遵循教育规律,发展素质教育,深化教育教学改革,全面提高义务教育质量,努力培养德智体美劳全面发展的社会主义建设者和接班人。《河南省义务教育学科课堂教学基本要求(试行)》涵盖了小学和初中 22 个学科,从各学科教学准备、教学实施和教学效果三大环节进行整体设计,每个环节从不同维度对教学前、教学中和教学后的教学行为提出了具体要求,明确规范和建议,以期引导和规范课堂教学行为,进而大幅度提高河南省义务教育课堂教学质量。河南省教育厅《关于进一步加强"双减"和"五项管理"工作的通知》指出,要全面落实"双减"政策要求,大力实施教育教学提质工程,推进课堂教学改革;切实加强督促检查,各地教育部门要切实发挥统筹协调作用,履行主体责任,建立常态化监督检查制度,利用"双减"工作监测平台,持续跟踪监测相关指标数据,督促指导学校认真落实"双减""五项管理"要求,确保相关政策落地落实。为贯彻落实中共中央、国务院《关于深化教育教学改革全面提高义务教育质量的意见》及相关文件精神,切实提高学校课堂教学质量,促进学生全面发展。2021 年 12 月,河南省举办"双减"背景下线上课堂教学展示活动,活动由河南省教育厅指导,河南省基础教育教学研究室、郑州市教育局主办,郑州市教育局教学研究室承办。时任河南省教育厅党组成员、副厅长毛杰出席开幕式并讲话。福建师范大学教育学院教授余文森对活动展示的课例表示肯定,并做课堂教学改革的专题报告,具体阐释了高质量课堂教学的机制和原理。

2. 开展"减负提质"区域实践,探索质量提升特色路径

郑州市持续开展义务教育质量再提升工程,充分发挥教育大数据的驱动作用,绘制教育质量发展数据图谱,以数据驱动教学改进,以样本带动全域学校育人质量提升。郑州市教育局与北京师范大学合作,连续多年在全域范围开展教育质量监测与数据分析反馈活动,工具和数据覆盖品德行为、学业成绩、身心健康、兴趣特长、学业负担等关乎学生综合发展的五大维度

14 项具体指标。①

　　新乡市全面落实"双减"要求,围绕学校教学质量提升采取了系列措施。一是以"研"促减,为教学提质。把教学研究作为"减负提质"的关键路径和有效保障,全面推进课堂教学结构性变革。各学校充分发挥学科备课组作用,扎实开展集体备课活动,定期进行微型课展示,集中研讨教学问题解决策略,通过集体教研、主题教研、协同教研等形式助力课堂提质增效。二是以"赛"促减,为课堂赋能。在全新乡市范围内持续开展教学技能暨教师业务素质提升大赛活动,着力发展教师专业素质,提高课堂教学质量。三是以"思"促减,为教学增效。各校各学科教师定期开展教学质量评思活动,发现问题、分析原因、寻求改进对策,探索教学质量提升有效路径,达到在实践中反思、在反思中改进、在改进中提高的目的。②

　　为促进学校教学质量提升,南阳油田教育中心探索构建学生发展核心素养教育质量导向机制,进一步明确学校育人目标。制定了《中小学教育教学工作评价改革实施意见(试行)》《中小学教育教学特色发展目标评估细则(试行)》等文件,以此引领学校办学水平和育人质量提升。南阳油田教育中心还完善了《小学素质教育质量目标考核体系》《初中素质教育质量目标考核体系》《学业成绩等级制评价与考核办法》等,确保学校教学面向全体学生,促进每一个学生的全面发展。高度重视学校全面育人过程管理,建立并不断完善义务教育阶段学生体质健康检测、思政教育及艺术教育质量抽测、教育教学管理调研等机制,开展"教育质量优胜学校"评选活动,设立"质量目标管理奖",努力把学校教学质量目标落到实处。③

(二)作业建设

　　减轻义务教育阶段学生作业负担是"双减"的核心内容,强化作业建设是"双减"这个"一号工程"的重头戏。早在"双减"政策出台之前,针对作业管理中"控总量、调结构、提质量"关键环节,河南省教育厅、河南省发展和改革委员

---

①根据基于"双减"政策的教学质量提升问题的访谈结果整理。

②同上。

③同上。

会、河南省公安厅等九部门于 2019 年 5 月颁布了《河南省中小学生减负措施实施方案》,强调作业总量平衡,严禁要求家长批改作业,强调作业的层次性、针对性和有效性,明确了政府、学校、家庭等各主体在中小学减负中的责任。

2021 年 7 月"双减"政策颁布之后,河南省迅速落实,积极行动,采取了一系列有力措施,强化作业建设。一是细化措施促规范。2021 年 10 月,中共河南省委办公厅、河南省人民政府办公厅印发《关于进一步减轻义务教育阶段学生作业负担和校外培训负担的措施》;2021 年 11 月,河南省教育厅印发《河南省进一步提高义务教育学校教育教学质量的实施方案》,为作业改革提供了政策保障。二是开展调研查实情。对河南省 23 个样本县的学生、教师、家长、教学管理人员和教研员开展问卷调查,全面了解河南省义务教育阶段学校作业设计、作业布置、作业难度、作业完成指导、作业批改与反馈以及学生完成作业时长、学生睡眠时间等方面的状况,为下一步有针对性做好作业评价工作提供了有力的数据支撑。三是专家指导提能力。组织专家研制下发《义务教育阶段 15 个学科的作业设计与实施指导意见》,提升了教师的作业设计与实施能力;以"提高作业设计质量"为主题,开展河南省教研员基础性作业设计指导能力提升培训工作。四是案例评选树典型。开展"基础性作业设计与实施"典型案例征集活动,形成好作业案例资源库,面向河南全省宣传推广。五是启动示范区(校)建设促引领,按照"一年起步,两年见效,三年铺开"的思路,加强省级义务教育学校作业改革示范区(校)和实验区(校)建设,从河南省内遴选 4 个试点市县,选定 20 所学校作为作业评价试点学校,利用信息技术手段进行作业分析诊断,促进义务教育学校开展作业科学评价,探索作业减负落地的有效策略。

经过 10 个月的强力推进,河南省作业改革成效显著。在思想意识上,教师对作业改革有了新的定位,意识到作业改革对课堂改革的支撑作用;在研训模式上,以市级教研员、县区教研员、学校年级组备课组、学科骨干教师为主体的作业改革工作坊研训模式,协同联动、分层实施,推进了中小学作业设计减量与提质;在管理机制上,学校建立联动作业统筹管理机制,构建学科模块和课程作业体系,采用多元评价方式,利用信息技术赋能作业改革。

河南省各地以作业改革为突破口,积极跟进,贯彻落实,多措并举积极探索作业管理与设计,构建市域内作业管理、统筹设计、监督落实制度体系,减轻学生课业负担,有效破解减负提质难题。比如郑州市作为全国首批"双减"工作试点城市,作为全国优秀教育教学成果推广应用示范区,以建立以发展素质教育为导向的作业质量评价体系为目标,探索出"双减"落地的"十二条郑州路径";开封市各学校均建立统筹作业总量机制,聚焦提升作业设计质量,研究制定分学科的作业设计指南,开展优质作业设计案例评选活动;南阳市在强化学校作业管理主体责任上下功夫,在作业管理上落实校长负责制;焦作市充分利用监测平台数据推进作业改革,各学校实行"每周一日无书面作业"制度,给学生提供自主学习、发展特长、参与社会实践的时间和机会;濮阳市召开提升作业设计质量国家级课题成果推广会,强调作业建设一校一案,同研共进。①

(三)课后服务

在国家"双减"政策指引下,河南省各级、各部门积极响应。河南省教育厅等多部门出台了《关于做好中小学生课后服务工作的指导意见》《关于进一步加强中小学生课后服务条件保障有关事宜的通知》,河南省委、省政府印发《关于进一步减轻义务教育阶段学生作业负担和校外培训负担的措施》。这些文件强调了课后服务工作在减负中的重要地位,对提升各级党委政府的认识水平、完善课后服务工作的领导体制、明确有关课后服务工作的重大问题提供了指引,进一步推动了河南中小学课后服务工作的开展。各市、县(区)党委政府、教育行政部门发挥主体责任,结合当地实际情况,细化落实有关政策,切实推进辖区内中小学课后服务活动的开展。

在各级党委政府领导下,河南省中小学校课后服务普遍开展起来,并取得许多好的经验。一是加强课后服务组织领导管理。开封市第一师范附属小学成立课后服务工作领导小组,出台了课后服务工作实施方案、课后服务工作管理制度、安全应急预案、课后服务课程表、未参与课后服务学生的接送办法等一系列方案措施;通过发放《致家长的一封信》,主动向家长告知服务方式、服务内容、安全保障措施等,建立家长申请、班级审核、家校签订协

①根据作业建设的访谈结果以及各地提供的基于"双减"的作业建设方面的相关材料整理。

议、学校统一实施的工作机制;学校分时间段组织各年级学生放学,成立了由科任教师和家长志愿者组成的护学岗,制定并落实严格的考勤、监管、交接班制度,完善应急预案,实施错峰放学。二是强化课程建设。郑州市郑东新区艺术小学从课后服务到课后教育小课程展开大教育,学校将课后服务社团课程扩充为两大门类28种,并分"基础素养"和"特长提升"两个层级,鼓励所有学生参与社团课程的学习;"基础素养"类社团课程一二年级学生全员参与,学习各门类基础知识和技能,发展思维,开发潜能,帮助孩子发现特长;"特长提升"类社团课程主要接收三至六年级的学生,鼓励学生根据自己的爱好,选择各门类课程,在学习中发展特长,全面提升核心素养。三是凝练服务特色。平顶山市宝丰县杨庄镇马街是我国著名的曲艺之乡,马街小学制定了"1+N"的工作思路:以曲艺特色为主,N种社团活动为辅,学校充分发挥地域优势;以曲艺特色社团为基础,整合中华曲艺馆、刘兰芳纪念馆、县曲艺社、家长志愿者、曲艺非遗传人等周边资源,到校入班手把手指导学生学习河南坠子,积极开展曲艺特色研学活动,与老艺术家们面对面交流,形成了曲艺特色学校。四是创新服务方式。郑州市金水区文化绿城小学打破课后服务空间限制,采取"请进来""走出去"的创新课后服务方式,"请进来"即融合社会家长资源,邀请医生、警察、律师、检察官、魔术师等各行业专家来校做讲座,满足学生的多样化需求,实现课程立体化;"走出去"即到附近社区考察探究、社会服务、职业体验、参观学习,通融音乐、美术、科学等学习内容,在真实场景中发现、探究、解决问题,提高学生综合素质。[1]

第二节　河南"双提"存在的问题

提高师资水平,提升教学质量,已经呼吁了很多年,也努力做了很多年,并且成效显著。但是,随着教改的深入推进,新问题不断地出现,有的原来不是问题的问题现在也成为凸显问题。这是正常现象,要正视这些问题,问题导向式的研究有利于破解改革的难点和堵点。

---

[1]根据河南省教育厅公布的河南省2021年中小学生课后服务工作典型案例整理。

一、师资水平问题

(一)优质师资不足

"双减"政策的实施使校外培训等部分职能回归学校,此举措对教师队伍整体提出了更高的要求,但目前存在着优质师资供给不足的问题。从职前教师培养来说,当前大多师范院校培养中小学教师采取单一学科专业培养模式,不符合"双减"对教师综合能力的要求。从在职教师的数量与培训来说,当前存在小学教师整体缺编与教师复合型岗位能力不足的问题。截至 2021 年,河南省教师编制按照生师比配备标准,初中符合国家规定,小学因为教学点过多等因素导致整体缺编,同时因为城乡学生数量差距、产假式缺编等原因产生了教师编制不均、编外教师占比大等问题;调查发现,45.54%的教师不能够完全有效地利用不同学科知识、学科资源进行跨学科教学,不能呼应"双减"政策实施后课后辅导等系列措施的需求(如图 2-1 所示)。

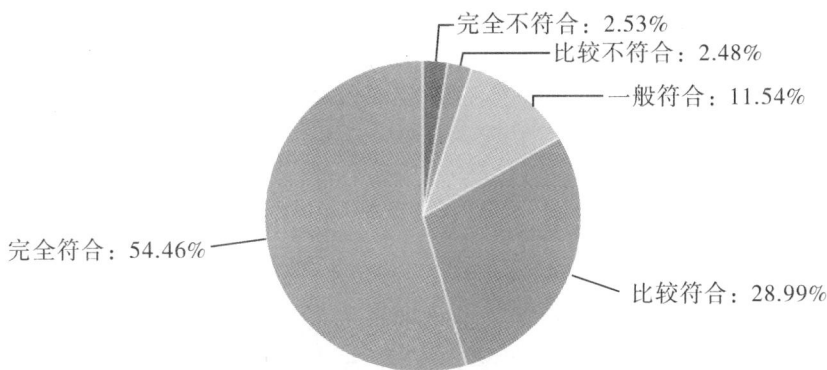

图 2-1 教师有效利用不同学科知识、学科资源进行跨学科教学的情况①

①图 2-1、图 2-2、图 2-3、图 2-4、图 2-5 的数据来源于"基于'双减'的基础教育高质量发展研究"项目调查问卷。

（二）信息化教学能力有待提升

实现教育信息化2.0的关键是提升中小学教师的信息化教学能力,其中教育信息化已不仅仅指技术手段的应用,而是更强调融合与创新,将信息技术与设备作为实现资源共享、教学内容与教学模式变革、师生关系重塑的工具手段。多数教师经常使用的教学方法是讲授法、启发式、讨论法、情境法、直观演示法,对项目式学习和翻转课堂关注度低,在跨学科教学、教育技术运用和教学内容深度融合等方面有较大提升空间。不论是发展核心素养还是2022新课标,都较为注重学生综合素质的发展,而在调查中发现,仅有59.79%的教师能够常态化应用信息化教学手段,54.55%的教师能够把信息化教学手段与教学内容深度融合(如图2-2、图2-3所示),这说明教师在信息化教学能力上仍有较大的提升空间。

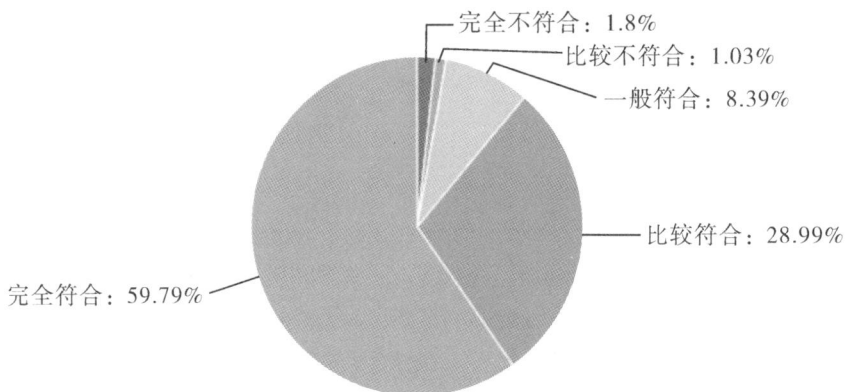

完全不符合：1.8%
比较不符合：1.03%
一般符合：8.39%
比较符合：28.99%
完全符合：59.79%

图2-2　教师常态化应用信息化教学手段的情况

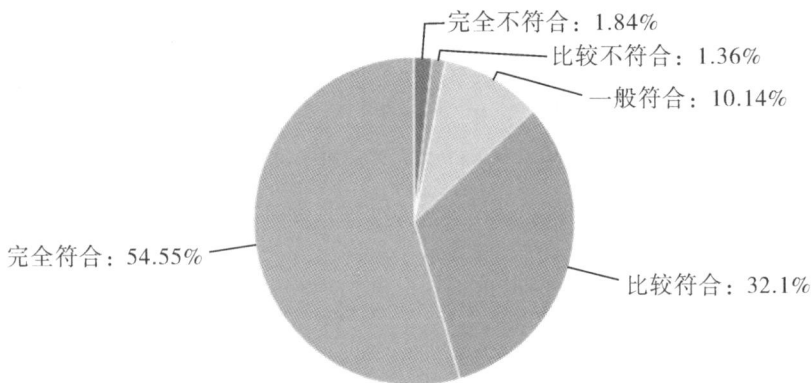

完全不符合：1.84%
比较不符合：1.36%
一般符合：10.14%
比较符合：32.1%
完全符合：54.55%

图2-3　教师把信息化教学手段与教学内容深度融合的情况

(三)教师压力增大

大部分学校存在教师编制不足和职业倦怠问题,导致其教学专注度降低。究其原因,一是"双减"政策实施后教师的压力来源多元,其中检查、会议等非教学压力占据了教师过多的精力,导致其无法集中于教育教学和教育科研;二是"双减"政策实施后,课后辅导也成为教师较为主要的工作负担,开展课后服务后,教师在校时间增加,中小学教师每天在校工作时间普遍为 10 个小时左右,平均每周增加超过 4 个小时,在校用于课后服务的时间挤占了备课尤其是集体备课以及个人研修的时间,致使其教学专注度降低,直接影响教学质量。

(四)培训针对性亟待提升

在职培训是教师专业发展的重要途径。目前河南省教师培训存在浮于形式、脱离实际、学时有限等问题。调研中发现,不少教师希望专业培训能够"送培到县、送培到乡",希望为他们提供定期与专家面对面交流互动,希望培训不脱离工作岗位、不耽误教学工作、不过多占用寒暑假。

(五)激励措施不足

激励措施恰当与否影响教师工作的积极性。调查发现,教师对于"双减"政策实施后教师编制补充、弹性工作机制、课后辅导待遇、意见反馈渠道等方面的激励与保障措施满意度较低。这说明很多学校未结合本校实际情况和教师的真正需求出台相关措施,把"减"变成了教师的"增"。

二、教学质量问题

(一)课堂教学观念陈旧

调查发现,河南中小学学科课堂教学依然存在着重"教"轻"学"现象。教师只管讲,学生一味听;教师不停写,学生埋头记。没有让学生真正学起来、习起来、动起来、忙起来,课堂上缺少情感的表达和思维的碰撞,教学陷入"满堂灌"模式。有些教师对于"双减"政策重视程度不够,重"结果"轻"过程",没有遵循学生的身心发展规律去精心设计教学环节和运用恰当的教学手段,抱着短视化、功利化的观念,追求教育的"短平快",使学生的学习流于表面。一些教师在课堂上急于求成,讲课过程中重视知识灌输,轻视学生对知识的自主探究,没有留给学生充足的思考时间,学生的积极性调动不起来,主体作用得不到发挥,教学效率低下。

(二)作业建设水平较低

作业设计遵循老习惯、老传统,无效或低效作业较多;传统的作业设计模式根深蒂固,不能有效设计出开发学生多元智能的作业形式;作业设计教研不够深入,缺乏专家指导,缺少对教师系统的培训与引领;在作业反馈、作业公示、作业效果达成度方面的管理仍有待加强;作业设计忽视学生的个体差异性,缺乏多元化的作业评价体系;缺乏学习过程性评价,教师根据作业精准判断学情、判断家长对作业满意度等方面的意识和能力较为欠缺;对作业类型、作业内容的认识较为传统、片面,更倾向于对学科知识的练习与巩固,对实践操作类、活动类作业的设计兴趣偏低;作业建设资源有待丰富,现代信息技术对作业资源库建设的支撑不足;家校缺乏有效沟通,作业监督与管理成效欠佳。

(三)课后服务问题较多

一是认识水平有待提升。对课后服务是落实"双减"政策、建设高质量教育体系的必然选择认识不足。二是制度建设需要加强。相关政策不完善,有关制度不健全,导致政策执行无所适从,学校制度无法及时与"双减"后时代政策相适应。三是课程建设尚处浅层阶段。有关课程设置不能满足学生个性化发展、学生综合素养提高的需要。四是教师参与缺乏激励和保障。一些学校存在强制安排教师参与课后服务现象,缺乏相应激励和保障措施。五是校外资源利用不够。如图 2-4 所示,当前河南中小学课后服务76.94%依靠的是"在校教师"。六是经费分担机制有待完善。如图 2-5 所示,69.29%的课后服务经费仍依靠家长承担,与其准公益性质有较大差距。七是督导评价制度体系尚未形成。许多学校的课后服务评价制度尚未建立,政府部门对所辖区域中小学课后服务工作的督导体制也需要进一步完善。

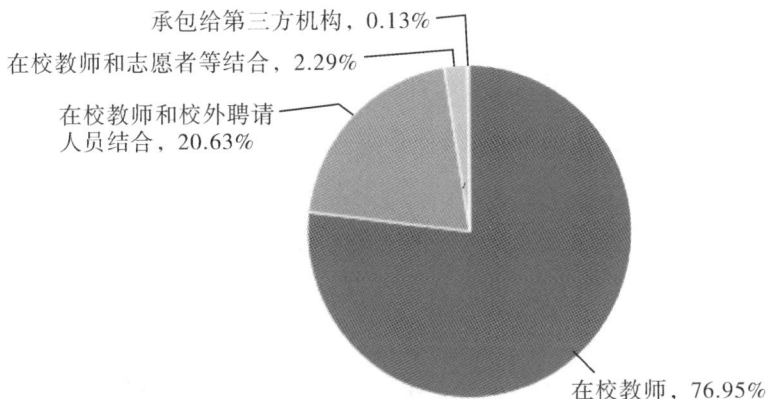

图 2-4 中小学课后服务的师资来源 (教师卷)

承包给第三方机构,0.13%
在校教师和志愿者等结合,2.29%
在校教师和校外聘请人员结合,20.63%
在校教师,76.95%

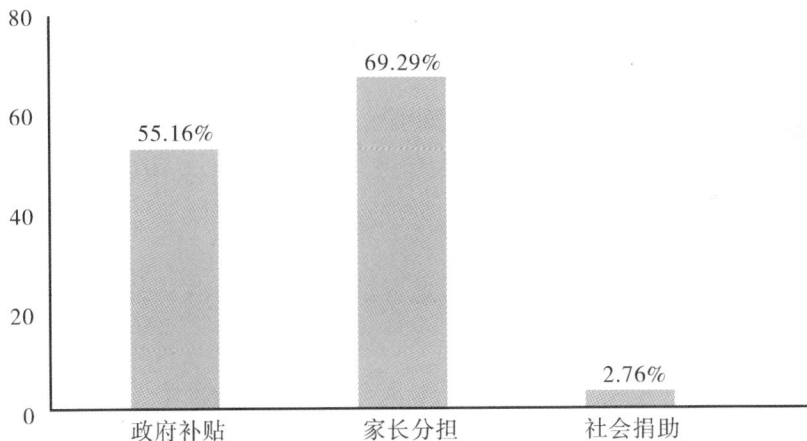

图 2-5 中小学课后服务的经费来源 (教师卷)

55.16% 政府补贴
69.29% 家长分担
2.76% 社会捐助

第三节 国内外"双提"相关经验

提高师资水平、提升教学质量是世界各国发展基础教育的普遍行动策略,也是我国发达省市驱动教育高质量发展的关键因素。

一、提高师资水平的国内外经验

(一)提高师资水平的国外经验

发达国家关于提高师资水平的经验主要包括重视教师教育、严审入职资格、注重个人规划、加强职后培训等几个方面。

1.重视师范教育,拓展教师教育渠道

近年来,为进一步提高教师教育质量,美国许多综合性大学建立了教育研究生院,培养高级专门人才、教育管理人才及教育学科教学和研究人才。目前美国3000多所大学中,一半左右的教育机构以各种形式提供师资培养课程,发展教师教育已成为绝大多数美国综合性大学的重要内容。20世纪80年代以来,特别是《1988年教育改革法案》公布实施以来,英国教师教育开始出现由中央制定统一监督机制,发挥各地方、各大学办学的积极性,鼓励到中小学校去培训教师,加强实践环节,强化教师职业技能训练,提高师范生的真才实学和操作能力。现阶段,英国实施教师教育的机构主要有大学教育系、多科技术学院、高等教育学院和艺术教育中的艺术学院等,形成了多种机构并存的局面。日本教师教育大学化不仅是为了提高师范生的学历水平,还为了充分利用大学的资源和加强教师教育的学术性。目前日本的师资培训机构包括大学、短期大学和教育大学,均招收高中毕业生。[①]

2.教师资格认定程序严格,学历标准不断提高

世界几个主要发达国家都严格掌握教师资格认定过程,使教师资格认定程序严密有序,这不仅能有效阻止非专业人员进入教师队伍,而且能使教师不断地通过教育培训获取资格证书提高自己的专业能力,从而促进教师专业发展,提高学校教育质量。20世纪80年代末,美国绝大多数州要求应聘中小学教师的基本条件是具有学士学位,同时越来越多的州开始要求中小学教师具有硕士或博士学位。英国公立中小学教师任职基础资格为学士学位或教育证书、研究生教育证书。法国1989年《教育方针法》规定,中小学教师主要由大学教师培训学院(IUFM)培养,招收至少受过三年高等教育且获得相应学位者。日本教育职员养成审议会提出,中小学教师入职资格应该以硕士研究生为主。[②]

[①]张灵:《国外教师教育发展的历史沿革及经验启示》,《河南职业技术师范学院学报》(职业教育版)2006年第3期。

[②]刘慧芳、丛英姿:《国外部分发达国家中小学教师资格认定制度及启示》,《当代教育科学》2008年第8期。

3. 重视个人发展规划,促进教师专业发展

20 世纪 80 年代,英国逐渐兴起的"以中小学为中心"的教师发展模式,改革了原有"以课程为中心"的教师进修体系,开始逐步关注教师个体的专业自主性,注重教师的个性品质及专业精神的培养,突出教师作为专业主体在自身专业发展中的作用。20 世纪 90 年代又出现"以课堂为本"的教师发展形式,其理念都是试图真正使教师成为自我发展的执行者,而不仅仅是有关方案和计划的参与决策者和筹划者。在此背景下,英国提出了"个人专业发展计划"这一教师专业发展范式。"个人专业发展计划"将教师的发展置于一个宽广的发展情境中,并将其落实于教师个体发展的层面,把教师的自主实践活动看作是教师专业成长的根本动力。这样所形成的教师发展路径会给教师带来自我生命活力的体验和专业满足感,进而增强教师对专业更为内在和执着的热爱之情,并进一步推动自觉的专业发展。①

4. 完善职后培训机制,提升师资专业水平

当今全球性教育改革背景下,提高教育质量的突破口主要在于提高师资质量,而提高师资质量的重点则集中在职后培训阶段。一直以来,各国都在积极尝试与探索教师职后教育和培训模式,以提高各级教师业务水平,促进其专业发展。英国教师培训由师资培训署负责,每个郡至少设立一所设备齐全的教师中心作为大学与中小学协作的场所和纽带。澳大利亚的州教育与培训部是教师培养与专业发展的专门管理机构,具体工作由各州的大学、学院及其他教师教育机构共同负责,并成立教师质量与领导组织委员会,以提高教师专业地位和质量。此外,出于客观现实和教师自身职业发展的需求,各国逐渐重视教师职前准备与职后培训这一连续性、系统性的进程。法国自 1990 年起在全国各学区设立统一专门化的大学层次的教师培训学院,统一负责管理从幼儿园到大学各层次的教师培养、任用和培训。美国推行的"教师驻校培养计划"集合了城市学区、高校和非政府机构三方,在一年的教师驻校培养期间将教育理论与实践在课堂环境中紧密结合,有机统一了职前培养和在职培训,开创了教师教育的新模式。

---

① 段晓明:《简介英国教师的"个人专业发展计划"》,《外国中小学教育》2004 年第 10 期。

(二)提高师资水平的国内实践

我国一些省市在提高师资水平方面的做法体现在很多方面,以下主要从师德师风建设、教师专业培训、为教师工作减负三方面进行梳理。

1. 重视师德师风建设

辽宁省在全省中小学校(含民办学校)教师范围内实行"双减"工作承诺制,组织开展签订承诺书活动,要求教师保证遵守教师职业道德,坚决杜绝违规有偿补课行为;保证"零起点"教学,做到应教尽教,坚决杜绝随意增减课时、提高难度、加快进度等行为;保证改进考试方法,降低学生考试压力,坚决杜绝违规统考、考试排名等行为;保证亲自批改作业,按要求控制作业量,坚决杜绝给家长布置作业;保证注重学情分析和差异化、个性化教学,提高课堂教学质量,坚决杜绝课上不讲课下讲。

2. 重视教师专业培训

山东省的教师培训活动注重轻负高质、研训一体。潍坊市通过打造的轻负高质研训体系,针对青年教师、骨干教师、优秀教师设定不同的培训目标,并且把三者融在一个体系里,兼顾普遍性与特殊性。以"调整教学关系、坚持以学定教、减负提质增效"为工作导向,建立校级培基、基地固本、区级提标的三级联动研训体系,按照青年教师规范化、骨干教师优质化、优秀教师卓越化的"三化"培训模式,针对不同教师群体的业务水平实际和专业发展需求,分类分级组织开展系统性培训活动。

3. 重视为教师工作减负

辽宁省印发《关于落实义务教育学校校内"双减"三年行动计划》,提出10条针对性举措,明确规定减轻教师与教育教学无关的工作负担,激发教师教育教学内生动力。福建省晋江市印发《关于"双减"工作关心关爱教师十条措施》,开展关心关爱教师行动,切实为教师"减负",要求提高政治站位,让教师"定心"从教;整合各方资源,让教师"乐心"从教;提升服务效能,让教师"暖心"从教;丰富业余活动,让教师"悦心"从教;规范入校事务,让教师"顺心"从教;完善评价机制,让教师"安心"从教;调适身心健康,让教师"舒心"从教;广开沟通渠道,让教师"畅心"从教;优化资源平台,让教师"用心"从教;确保待遇保障,让教师"全心"从教。

二、提升教学质量的国内外经验

(一)提升教学质量的国际比较

国外提升基础教育教学质量的探索很多,以下主要从课堂教学、作业建设、课后服务三个方面进行比较。

1. 课堂教学方面

美国中小学课堂高度关注教学时效、教师教学行为和教学决策,具体表现在:将信息技术充分融入课堂;多样化教学方案和课堂教学方式;树立高质量教学观;建立健全课堂教学质量评估系统。英国是世界上最早实行班级授课制的国家之一,其中小学课堂教学具有双轨并行的教学组织形式、灵活多样的教学方法、促进人的发展的分层教学等特点。在英国,课堂教学是一种面向个体与人的发展的教学,课堂是学生学习与实践的场所,是培养和发展个性的过程。具体表现在:构建思维教育课堂教学模式;以课堂为主的教师发展;以课堂教学表现为标准的绩效评价。在多种教育改革理念作用下,日本中小学课程实践在课程资源、课堂教学、教师发展以及家校合作等方面发生了重大转变。相较于中国的义务教育而言,日本中小学体现出更明显的开放性和合作性特征,主要关注课例研究和合作学习。澳大利亚中小学课堂教学质量提升主要关注结构主义教学、课堂观察和师生双主体的课堂互动。

2. 作业建设方面

美国政府对作业没有统一明确的规定,作业的设置由各州制定甚至各学校制定。美国不对作业的容量和时间进行一刀切的规定;韩国、日本也强调中低学段的教师尽量不给学生布置家庭作业;英国的作业政策对时间有明确的要求。美国的中小学非常强调用整合的理念来设计作业,特别是在作业设计中强调跨学科整合,强调知识技能、思维方法和情感态度的整合,强调课堂学习与学生日常生活的整合。国外的作业比较多元,强调的是"整合"而不是"单一"。关于家长参与,美国提出交互式家庭作业,倡导在学生完成作业的过程中邀请家长参与作业讨论并提出修改的建议;德国教师是不建议家长检查作业的。在作业评价方面,加拿大教师在作业上做的评价符号从来不用"×",总是用善意的评价符号去保护学生的自尊心;美国教师在评价学生作业时善于挖掘学生作业中合理的地方,发现闪光点;日本的作业评价强调的是充分理解学生的内心感受,重视在评价学生作业中和学生进行思想感情的交流。

3.课后服务方面

一是政策保障。日本近年来制定了《放学后儿童综合计划》(2014年)、《放学后儿童俱乐部运营指针》(2015年)等政策,出台了《关于放学后计划推进事业的国库经费辅助》的政策,已经建立了与受益人一起分担托管费用的课后服务机制。"放学后儿童俱乐部"的运营成本,由家长负担50%,其余50%由国家、县以及乡镇共同承担。课后服务教师要求是被授予专门资格的"支援人员"担任。美国的《改善美国学校》(1994年)、《初等和中等教育法》(1998年)、《不让一个孩子掉队》(2002年)、《每个学生成功》(2015年)都从法律层面对课后服务进行了政策性指导,对课后服务工作提供立法保障。二是经费来源。澳大利亚政府对儿童课后服务的财政补助由专项财政、经济补贴和税收补贴三部分组成,以此保障儿童享受优质的课后服务。三是师资保障。美国的"放学后项目"参与人员主要有学校教师、大学生与社会工作者,招募的时候很关注是否与专业对口的问题。澳大利亚对课后服务人员的规范要求主要表现在两个方面,一方面是师生比例应符合标准;另一方面是课后服务机构员工的雇佣流程格外严格[1],对课后服务参与人员的资质、知识、技能、品行、道德进行全方位考察,以保证课后服务的师资质量。四是服务评估。美国主要由联邦教育部、放学后联盟(After-School Alliance)、全美放学后教育质量研究中心(National Center for Quality After School)等政府机构和专门的课后服务教育研究机构进行,其评估机构涉及自我评估、政府评估与第三方评估。[2]澳大利亚儿童教育与看护质量管理局对课后服务实施循证评估(Evidence-

①史自词、李永涛:《澳大利亚中小学课后服务的发展之路和基本经验》,《比较教育学报》2022年第1期。

②张亚飞:《主要发达国家中小学课后服务研究》,《外国教育研究》2020年第2期。

based Evaluation),并严格规定循证评估的实施步骤和评估分级,通过基于证据的课后服务循证评估,建立课后服务发展评估质量等级,完善课后服务的数据,评估结论可以更好地用于教育部门的科学决策,从而让学生享受更优质的课后服务。[1]

(二)提升教学质量的国内实践

1. 课堂教学方面

天津市聚焦课堂深化教学改革,11 个委局联合印发《提升新时代义务教育教学质量的若干举措》,从完善"五育并举"课程体系、深化课堂教学改革、减轻学生过重学业负担、完善教育评价体系、加强教育教学研究等方面出台17 条举措,明确 21 项重点项目和 17 项负面清单。各中小学校以"分学科教研""学科内专题教研"、学校内部"双教研"、校与校之间"联合教研"等多种形式展开教研,提升教师业务能力水平,带动提升课堂教学质量。山东省致力于构建更加完善的教研工作体制,建设"教研活动常规化制度""教研员任教制度""四级教研联动制度""教学视导制度"等教研工作机制,不断提升教研人员的专业化水平,吸纳优秀教师和研究能力强的人才进入教研队伍,通过教学研究深化对教育教学改革规律的认识,探索适应新时代要求的教书育人方式。《山东省普通中小学强课提质行动实施方案》从"学校、教师、学生"三个维度及"课程、教学、课堂"三个层面提出增强师资能力、落实课程方案、开发精品课程、打造高效课堂、改进教学方法、注重因材施教、丰富教学资源等针对性举措。浙江省利用信息技术创设新型教学空间,积极建立学校首席信息官(CIO)机制,探索基于大数据、人工智能、5G 网络、虚拟现实等技术支撑的精准教学、个性化学习和智能服务。浙江省人民政府办公厅印发《浙江省新型基础设施建设三年行动计划(2020—2022 年)》,把加快智慧教育设施建设纳入幸福民生设施智能化建设行动,提出要实施中小学智慧校园和新型教学空间普及工程;教研部门积极推进基于学科的课程综合化教学,倡导基于真实情境的学习,开展研究型、项目化、合作式学习等。

---

[1] 史自词、李永涛:《澳大利亚中小学课后服务的发展之路和基本经验》,《比较教育学报》2022年第 1 期。

2.作业建设方面

山东省印发了《关于加强义务教育阶段学生作业统筹管理工作的通知》,建立校内为主、家校协同、分工明确的作业统筹管理机制,进一步明确校长、教学副校长、教务主任、年级主任、学科组长、班主任、学科教师、学校家委会成员等各方具体责任;各学校在落实过程中建立年级总量控制、学科合理设计、班级每日会商、学校跟踪反馈的作业统筹布置流程,从设置分层作业、创新作业类型、加强作业教研、共享优质资源等方面切实提高作业设计质量。浙江省积极推进义务教学各学校通过作业智慧管理平台,优化作业设计,提升作业质效,让作业变得生动有趣,助力教育实现轻负高质;利用大数据平台分析每个学生的学情,在不少学校成为教育的新常态;通过大数据监测,控制作业难度和数量,让学生像喜欢玩游戏一样喜欢做作业,其中体现"私人订制"的分层作业是许多学校的主要方向。广东省广州市印发了《义务教育阶段作业设计与实施工作指引》《作业设计与实施研究小课题选题指南》《小学语文等12个学科作业设计与实施示例》等文件,针对作业建设问题综合施策,提高作业设计质量和管理水平,打出了一套"组合拳"。辽宁省盘锦市印发了《义务教育阶段学生有效作业题库建设方案》等文件,建立"有效作业"编审专家库,按照作业布置随堂化、精准化、差异化原则,大力推进"有效作业"题库建设;"有效作业"分为必做题、选做题、自选题、错题纠正四个部分,学习能力不同的学生可以选做不同数量和不同难度的作业。

3.课后服务方面

上海市根据学校课后服务需求的多样性和教师力量的有限性,积极指导区、校拓展校外力量,在教育系统内部,调动学区、集团和青少年活动中心、少年宫、少科站等校外教育单位以及高等院校等资源,区域性共享退休教师力量;在教育系统外部,鼓励和支持引入社区、企事业单位、相关专业团体、社会场馆以及经遴选符合相应要求的非学科类校外培训机构。为帮助区、校充分对接校外优质资源,上海市校外教育质量评测中心联合上海市培训协会评选出了985门素质教育优质课程与活动资源,通过"上海市学生体育艺术科技教育活动平台"向学校教师和学生在线开放。① 江苏省各地围绕德智体美劳五育,征集和开发丰富优质的线上教育教学资源,积极利用国家中小学网络平台,免费向学生提供高质量专题教育资源和覆盖各年级各学科的学习资源。积极创造条件,组织优秀教师录制优质网课、开展免费在线答疑与互动交流服务。江苏省明确采取财政补贴、收取服务性收费或代收费等方式筹措课后服务经费,有条件的地方由财政全额保障,财力确有困难的地方将收费作为补充和辅助;规定课后服务费每学期每生不得超过 300元。安徽省合肥市建立课后服务成本分担机制,市级财政部门单独安排课后服务专项补助资金,补助额度与课后服务工作考评结果挂钩;对于学校教师开展的"普惠托管服务",所需经费由各县区依据实际参与学生数,按照不低于每生每学期 150 元的标准予以保障,并对参与课后服务的教职工给予适当补助;对于引进第三方机构提供的"个性化课程",合理核算成本,由家长同意、学生自愿参加并按照每生每学期不超过 600 元的标准承担相关费用。② 山东省将开展小学课后服务情况纳入市、县(区)政府教育履职评价、义务教育群众满意度评价,推动各市、县(区)健全监管机制,把课后服务纳入学校考评体系。

第四节　全面加强"双提"改革的政策建议

"双减"有三个关键词:减负、提质、增效。"减"的是不科学的作业设计、不必要的作业负担和课外培训负担,"增"的是师资素质、课堂教学、作业设计和课后服务水平。

---

① 上海市教育委员会:《关于印发上海市义务教育课后服务工作指南的通知》,https://www.shanghai.gov.cn/gwk/search/content/f90de00dbede4c37a8a51c96ba4341a3,2022-02-16。

② 合肥市人民政府办公室:《关于印发合肥市中小学生课后服务工作实施方案的通知》,https://zwgk.hefei.gov.cn/public/1741/105481203.html,2022-09-29。

一、加强教师队伍建设，全面提升基础教育师资水平

（一）加强师德师风建设，提升教师的思想政治和道德素养

加强师德师风建设，把提升教师思想政治素质和师德水平作为首要任务抓紧抓实。坚持教育者先受教育原则，将习近平新时代中国特色社会主义思想融入教师培养培训课程，将中共中央总书记习近平关于教育的重要论述作为首要必修课程。开展常态化的学习教育，引导教师树立正确的从教观。培植教师共同的教育情怀和教育梦想，形成教师团队的向心力和凝聚力。强化师德教育，培育1个或2个国家师德师风建设基地，建好省级师德师风建设基地和师德师风涵养基地。健全宣传、教育、考核、奖惩、监督"五位一体"的师德建设长效机制，持续开展"最美教师"宣传推介活动、教育世家和教书育人楷模学习宣传活动、师德标兵和师德先进个人表彰活动等，激励广大教师自觉做以德立身、以德立学、以德施教、以德育德的楷模。

（二）强化成长能力建设，提升教师教书育人的专业素养

1. 重构教师培训体系

系统整合教师培训资源，建立一体规划、整体布局、互为支撑、协同推进的教师培训体系。制定省、市、县全层级教师培育标准，完善教师人才培育模式。实施县域教师发展支持服务体系建设行动，推进市县教师发展中心建设，建强县域教师发展支持服务基地。从培训对象来讲，要做到全覆盖，特别是针对乡村教师，要建立从教师个体到集体完备的培训机制，以适应教师对知识更新和自我发展的需要；从培训内容来看，不同学科有不同的思维模式、逻辑演绎，培训内容要有针对性，要建立培训内容优选"套餐"，授课专家和培训教师"互选"，授课内容和听课效果"互评"。推进中小学教师培训学分制改革，促进培训与学历教育相衔接。培育认定省、市、县名师和骨干教师，发挥名师引领辐射作用，加大豫派实践型教育名家群体影响。实施校本研修建设质量提升行动，打造一批校本研修示范校，持续提升校本研修质量。支持乡村教师在职便捷提升学历，强化乡村首席教师队伍建设，拓展乡村教师职业成长通道。实施新时代强师计划，培育1个或3个国家师范教育基地和国家教师队伍建设改革实验区，推动师范院校把办好师范教育作为第一职责，推进师范教育"协同提

质"和师范类专业认证,构建高质量师范人才培养体系。

2. 促进教师专业成长

教师必须深入学习,更新教育理念,掌握科学方法,将理论学习和教育实践密切结合起来,找寻适合自己的成长发展道路。教师要注重在自身的教育实践中发现问题、分析问题、研究问题、解决问题,在实践—思考—再实践—再思考的循环往复中实现自身的专业成长。学校要注意通过打造有学习力、研究力的教师队伍,通过课程研发、教学研究、评价研究、教学方式改革等课题研究提升教师队伍的整体水平,带动学校教学质量的提升,实现学校的特色化发展。学校要注意运用激励机制,鼓励教师学习研究,建设学习型校园、研究型校园,让全体教师专业素养在学习研究中得到提升。在疫情背景下,教师要加强学习,重点掌握信息化教学应用方面的知识,采用线上线下相结合的"融合课堂"教学模式,通过有线视频点播、直播课堂、互动答疑、混合学习、虚拟仿真学习、线上项目学习、线上探究学习等方式指导学生。要摸准数字教育的脉搏,紧随"国家教育数字战略行动",积极利用"国家中小学智慧教育平台",实现信息技术和教育教学深度融合。要注重运用大数据、人工智能、物联网、区块链等新兴技术,采集、识别、跟踪、监测教学与学习全过程,加强教学行为数字化记录和分析,持续提升教师的数据收集、清洗、分析与改进的能力。

3. 优化教师梯级建设

教育行政部门和学校要按照"建标准、育名家、强体系、抓引领、促全员"的发展思路,制定层级教师培育标准,创新教师人才培育模式,完善名师辐射引领机制,形成教师梯队攀升新格局,构筑教师人才培育基地。充分发挥中原名师工作室、中原名师流动工作站的牵引作用,建立名师、名校定向支持乡村教师、学校发展机制,持续实施乡村优秀青年教师培养奖励计划,奖励和跟踪培养一批"下得去、留得住、教得好"的乡村骨干教师。

(三)深化体制机制改革,提升教师配置和管理水平

1. 增加教师编制,扩大优质师资供给

建立教师编制动态统筹机制,对区域内教师编制资源进行动态调整和统筹调剂,确保各学校师资增减基本与生源增减同步。加大财政保障力度,缩小编制内和编制外教师的工资待遇差距。创新中小学教师用人机制,盘活编内外教师资源,合法规范地使用劳动用工、劳务派遣、劳务用工、人事代理等编外用人方式,积极吸纳优秀人才加入教师队伍,扩大优质教师资源供给。促进教师交流轮岗,解决师资配置不均衡问题。

2. 全面推行实行"县管校聘"

推动优秀教师、名校长向薄弱校、乡村校流动交流,有效缓解区域内教师"引不来、留不住"问题。充分发挥"县管"在政策执行中的宏观调控作用,明确"校聘"的原则和要求,在准确把握全县各学校师资水平的基础上,均衡配置全县优秀校长和教师资源,促进农村学校优质均衡发展。在县管校聘实施过程中,"校聘"是最复杂的环节,也是教师最关注的环节,学校应出台公开透明的竞岗细则,让教师公平竞争,同时也可采用双向选择机制,在学校选择教师的同时,给教师择校择岗的权利。

3. 健全教师队伍补充机制

持续加强教师补充省级统筹力度,通过实施"特岗计划"、农村学校教育硕士师资培养计划、"优师计划"、地方公费师范生培养计划等系列项目,为农村地区定向补充一批高素质、高学历的青年教师,形成立体化、全覆盖式的教师补充体系,解决河南基础教育教师总量不足和农村中小学教师结构性矛盾等问题。还要在扩大交流范围、拓宽交流渠道上下功夫,积极实施人才引进计划,并且对于不同层次人才设置不同等级的引进条件。

【师范生技能培育"青蓝"工程】

★师范生校外导师遴选

依托基础教育名校、名师,两年内遴选200名师范生技能培育专家,与师范院校校内教育体系形成合力,实现职前职后互动,培养师范生从事实际教育教学所需要的实践智慧、创新能力和终身学习能力。

★师范生校际交流平台优化

依托河南省师范生技能大赛,优化赛事项目设计、赛程安排等,优化升级省内师范院校的校际交流学习平台。与河南省中小学优质课大赛联动,创造省级优质课和师范生优秀课程的同台碰撞机会,以实践取向优化师范生职业素养培育。

★师范生实习基地建设

制定师范生实习基地建设标准,联合省内均衡教育示范校与省内师范院校共同建立师范生毕业实习基地,为应届师范生提供优质实习机会,并对实习基地进行考核评比。

(四)改善教师地位待遇,提升教师职业幸福感和成就感

1. 加大力度,提升教师地位和待遇

各级党委、政府要切实负起中小学教师权益保障责任,落实公办中小学教师作为国家公职人员特殊的法律地位,不断提升教师的政治地位、社会地位和职业地位。健全中小学教师工资收入随当地公务员工资收入同步调整的联动机制,确保中小学教师平均工资收入水平不低于或高于当地公务员平均工资收入水平。继续实施农村义务教育教师生活补助、中小学(中等职业学校)班主任工作津贴和教师教龄津贴"一补两贴"政策。关注课后服务教师待遇保障。相关部门要根据"双减"需要,充分考虑课后服务的管理、人员成本,核算不同类型课后服务的成本,调整义务教育阶段生均公用经费标准。学校根据教师参与课后服务的时间和表现,向其发放补偿性和激励性的加班补助,对课后服务工作表现突出的教师,可在晋升职称和评优评先方面给予倾斜。

2. 多方协作,减轻教师非业务负担

一是实行督查检查评比考核报备审批制度,除教育部门外,其他部门不得自行设置以中小学教师为对象的督查检查评比考核事项。二是清理精简督查检查评比考核事项,规范精简文件和会议,合理安排专项任务。教育部门在本系统开展的检查评比活动要进一步压减,不得安排教师参加与教育教学无关的活动。三是科学设置教师评价标准。针对中小学教师开展的业绩考核、职称评聘、评优奖先等事项,要简化评审程序,坚持把师德师风作为第一标准,坚决克服唯分数、唯升学、唯文凭、唯论文、唯"帽子"等做法。四是规范各类培训、竞赛、调研等教育活动。教师培训要切合实际,有利于教师的成长和专业化发展;竞赛要严格遵守国家和省关于规范中小学竞赛活动的相关规定,控制各级各类竞赛次数,不得随意组织师生参加竞赛活动,确需开展的,坚持适度原则,控制竞赛规模,不得影响学校正常教育教学秩序;严禁随意开展网络调查或测评等调研活动。

3.创新机制,缓解教师"双减"焦虑

教育管理部门和学校要及时掌握教师心理状况,注意倾听教师的意见和建议,做好心理疏导和减压工作。探索实施弹性上下班和补充休息制度,一方面,要统筹安排教师课表,可以在不影响正常教学的前提下试行"弹性上下班制";另一方面,学校可探索建立"延时服务积分制度",对参与延时服务的教师积分,以月或双月为单位实行同等时间"调休"。

二、深化课程教学改革,全面提升基础教育教学质量

课堂是学校教学的主阵地,提升教学质量的核心在于深化课堂教学改革,深化课堂教学改革的关键在于改进教师教的方式和学生学的方式,优化教学组织形式,建立并不断完善教学视导制度。

(一)落实义务教育课程方案,确立育人质量新目标新理念

《义务教育课程方案(2022年版)》是落实"双减"政策、提升教育教学质量的重要依据和指引,提升河南省义务教育教学质量,要认真贯彻新方案要求,落实立德树人、全面育人的培养目标,确立全面发展、育人为本的理念,面向全体学生、因材施教的理念,聚焦核心素养、面向未来的理念,加强课程综合、注重协同育人的理念,突出实践、知行合一的理念,实施义务教育课程"双新"落实工程。

【义务教育课程"双新"落实工程】

依据《义务教育课程方案和课程标准(2022年版)》(因其为新方案、新标准,也简称"双新"),围绕"有理想、有本领、有担当"的培养目标,坚持课程基本原则,统筹规划国家课程、地方课程和校本课程的实施,科学制定课程实施办法。有效实施国家课程,规范开设地方课程,合理开发校本课程,不断深化教学改革,创新教学评价方式方法,强化教研、科研专业支持,开展课程实施监测督导。评选义务教育课程"双新"落实省级示范学校,每年评出小学100所、初中50所。

(二)深化课堂教学改革,强化教育质量提升的专业支撑

1.改进教学方式,提高课堂教学有效性

聚焦核心素养,探索启发式、讨论式、互动式、合作式、问题式、探究式、情境式、参与式等教学方式。强化学科实践,打破"虚假探究",让"自主、合作、探究"迭代升级。落实因材施教,注重个性化、差异化教学,根据不同学习任务和学习对象,选择合适的教学方式或多种方式相结合开展课堂教学。深度挖掘并重构课程内容,优化呈现方式,重视大单元整体教学设计,合理整合教学内容。注重创设贴近学生生活、学习经验与年龄特点的真实情境,引导学生提出合理问题,引导学生自主学习。关注不同学科相关内容,推进课程融合和学科渗透,积极开展跨学科主题式学习和项目式学习,全面提高教学的综合育人价值。

2.优化教学组织形式,为提升教学质量提供有力支撑

教学方式与方法的创新实施,需要校内外教学、教研、教科研等组织的有力支持,在充分保障教师教学自主权的同时,要健全学校备课组、教研组、学科组等教学、教研组织,加强教学薄弱环节;注重教学设计,提高集体备课效能;加强学科组建设,提高校内教研对课堂教学的支撑度;打破学科壁垒,引导教师突破学科边界,鼓励和组织教师开展跨学科联合教研,落实跨学科学习。推进教育集团内部、结对学校之间以及学区学校之间不同形式的校际教研;利用现代信息技术创新教研方式,促进校际教学质量同步提升。统筹设计和规划区域教研活动,提升区域教研质量,提高区域教研对学校课堂教学的支持力度。开展高质量日常教研,走出传统的"大波轰"听报告培训和"打卡式"教研的路径依赖,构建更有深度、更高质量的区域教研新格局。

3.建立教学视导制度,加强对教学质量提升的专业引领

建立省、市、县、校四级联动教学视导制度,有利于掌握学校教学、教科研及教学管理情况,为教学决策和教学改革提供依据,督促和指导中小学校、教科研机构和教育管理部门全面加强教学、教科研和教学管理,发现、研究、解决学校教学工作存在的问题,不断提高课堂教学质量。教育行政部门可从各级教学管理、教科研机构及有关高校、教育科研机构中选拔出一定数

量的专业人员担任视导员;视导内容可以是学校的教学管理情况、教师备课情况、课堂教学情况、作业布置与批阅情况及教育教学研究情况等,可以是教科研部门的日常教育教学研究和教学指导工作;视导方式可以是随机听课、查阅资料、个别访谈、现场反馈等。学校层级也可以建立教学视导制度,在学校内部选拔教学视导员,深入教师、走进课堂、关注学生,了解本校教学及教科研情况,监督、指导本校教师教学、教科研工作,回应教育教学管理部门的视导工作。教学视导工作要充分发挥教学视导员的帮助与指导、检查与监督、评价与咨询、反馈与协调作用,切实达到"导、督、评、调"等"四位一体"的有效性,引导和保证学校教学质量的持续提升。

(三)加强学校作业建设,切实提升学校作业建设质量

1.强化政府统筹力度

坚持政府主导、各部门多方联动,学校具体实施的作业改革协调机制。加强省级统筹管理,赋权各区县精准管理,发挥区县义务教育阶段的主体责任。明确各部门主要职责,教育部门尤其要指导学校做好作业改革工作,青少年宫、科技馆等校外活动场所要与学校教育教学相互融合,稳步推进落实。宣传、网信部门要加强科学育人观舆论引导,大力宣传作业改革的良好效果与影响,发挥科学育人的导向作用。

2.创新作业改革的系统推进机制

(1)规范作业内在环节推进机制。系统研究与实施作业管理与统筹、作业设计与布置、作业批改与反馈、作业辅导与讲评等作业系统内在环节,整体推进落实。

(2)强化作业与课程、教学、评价的协同推进机制。推进课程视域下的作业改革,强调作业与课程、教学、评价之间的关联,协同实现减轻学生过重的作业负担,提质增效。

(3)健全校本化实施推进机制。学校结合育人目标与办学理念,教师结合学生的思维发展水平、个性需求及多元化多类型的作业资源,"因校制宜"推进作业改革。

(4)健全实践性作业资源融通机制。适应新课程改革需要,培养核心素养,注重实践性作业的设计与实施。挖掘校内潜力,统筹科普、文化、体育、

劳动等方面社会资源,增强实践性作业真实性、实践性、有效性,满足学生多样化需求。

(5)建立成果培育推广机制。依托高校团队、义务教育阶段作业改革示范区和实验区(校)、名师、教学研究机构等不同主体,结合国家级教育教学成果,对作业展开系列化研究,培育凝练作业设计、作业管理、作业监测等方面的有效成果与经验,并转化推广,扩大辐射引领作用。

3. 提升教师作业设计能力

(1)实施校长领航工程。①明确校长作为作业管理的第一责任人,依托省、市级名校长组建名校长工作坊,加强对校长"双减"政策、作业改革、新课程标准等理念的培训。②每年遴选优秀骨干校长,与高校达成联合培养方案,组织开展高端研修课程学习,培养一批改革先锋型、教育家型校长。③增设校长考评制度,组建以校长为核心的学校作业改革小组,将学校作业管理、作业设计作为校长业绩考评的一部分。④推进校长工作室建设,加强校长间的沟通交流,组织成员跨区域进行聚焦作业改革的研究。

(2)实施教师能力提升工程。①提升教师作业观念的学习能力。建立省、市、县(区)、校四级教师作业培训体系,组织各地中小学教师重点培训"双减"政策、作业改革、新课程标准等方面的内容,更新教育教学理念、树立作业课程视域的观念,不断优化思想,跟进学习。②提升教师作业设计的专业能力。完善作业设计质量提升具体指导方案,出台各学科作业设计与案例指引,规范和指导义务教育学校的作业设计、实施和评价工作,为教师作业设计提供有效路径。③提升教师的作业研究能力。面向一线教师征集作业改革课题研究,推动一线教师围绕作业设计、作业管理、作业监测等问题开展课题研究。同时,搭建线上线下常态化交流推广平台,加强经验交流和典型案例展示,营造浓厚的教育科研氛围。

(3)实施名师示范工程。充分发挥省市名师、教学名师、教研名家、中原名师、特级教师等名师资源,通过名师工作室、名师大讲堂等方式,根据个性化需求,"请进来"与"走出去"相结合、线上与线下相结合等多种形式,对省内教师进行多层级、深层次培训。

4. 实现作业改革的区域协作联动

(1)合理利用优质资源共同体。推动优质教育集团化办学,促进优秀教师有序流动,实施学区、集团捆绑式考核评价和联合教研等多项举措,建立优质教育共同体。以质量提升为核心,围绕作业改革关键环节,实施学区、集团作业改革全过程质量管理,通过作业设计、作业管理、作业监测的整体设计和运行,传播优质学校的教育教学理念、作业先进改革经验,提升所有成员校的作业设计质量,形成成员校可持续发展的有效机制。

(2)充分发挥社会资源优势。推进青少年文化宫、科技馆、博物馆、图书馆等校外活动场所与学校教育教学相结合,鼓励高校资源进中小学,为青少年提供开放的教育场地与情境、灵活多样的教育形式、丰富多彩的作业建设资源,可依据实际需求,结合校情,为不同学校、不同年级的学生定制专属主题计划,将学生作业和社会实践有机结合,把教育时效延长,外延扩大,发挥合力育人作用。

(3)健全家校社协同育人机制。构建以学校为主体、家庭为基础、社会各方全面参与的育人体系。发挥好学校教育的主阵地作用,加强作业管理与课堂教学改革,强化家校互动,增强家校作业建设合力,减轻家长在学生课业方面的负担;实施"家长学校"全覆盖工程,鼓励社区建立"家庭教育指导中心"、服务站点,宣传科学教育理念,打造专业家庭教育队伍;依托校企合作、校社合作等形式,构建家庭教育课程体系,广泛开展家庭教育指导工作,引导家长树立正确的育儿观。

(4)不断加强区域经验交流。各地应通过发挥教研组织活力、开展项目研究、组织经验交流报告会等形式,促进不同区域间经验链接转化、成果提炼,帮助教师树立课程视域下的作业观、拓宽作业改革视野、提高自身综合素养,以创新思维应对、解决各类作业难题。

5.运用技术手段赋能作业建设

(1)推动精准教学与个性化作业建设工作。依托中小学教师信息技术应用能力提升工程2.0,推进精准化教学、个性化学习、智能化评价,强化现代教育技术在作业改革方面的应用,实现可支持个性化、针对性的分层作业,进行精确反馈,同时推送适合学生本人的特定作业,提高作业适宜度和完成率。打造一批"智慧作业"典型案例,全面促进信息技术和作业建设融合创新发展。

(2)搭建作业答疑平台。在现有的"空中课堂"中开辟"名师面对面",作为作业答疑与课后辅导在线平台。聚焦课堂教学、学科实验、适应性学习、作业布置、社团活动、社会实践、家校互动多项业务场景丰富应用需求,面向学生、家长、教师、管理者和市民等不同用户群提供精准服务。

(3)作业实施效能监测。借助大数据支撑,研发作业建设指标体系,构建作业监测平台、作业答疑解惑平台、作业资源共享平台、智能监督平台等,形成"行政支撑、专业指导、多方监督"的作业效能监测管理机制。

6.发挥教科研引领作用

(1)开展中小学作业设计质量提升专项行动。落实义务教育阶段学科作业设计与实施指导意见,以"提高作业设计质量"为主题,开展教研员与骨干教师基础性作业设计与实施指导能力提升培训工作,重点指导教师分析不同学段和学科优秀作业的关键特征,探索有效的作业设计路径。同时采取下沉县区、送研入校、联合工作坊等形式,扩大培训覆盖面,提高薄弱学校和乡村教师作业建设与实施的专业能力。

(2)启动河南省义务教育阶段基础性作业编制工作。组建作业设计研发团队,聚焦高质量基础性作业,形成各学科的作业设计与管理体系,指导各学科的作业设计,将作业设计与实施落实落细,提升教师作业设计能力。

(3)推进义务教育阶段作业改革示范区和试验区(校)建设。统筹"一年起步、两年见效、三年铺开"的发展规划,在现有作业评价试点工作的基础上,依托义务教育阶段作业改革示范区和试验区(校),持续开展义务教育阶段作业评价研究工作,并不断拓宽。

(4)以多种方式推进作业改革。通过设立作业改革专项课题、作业改革工作坊、作业改革系列论坛、基础性作业设计与实施典型案例征集、作业设计大赛等活动形式,做到"共享、共研、共建",探寻提质新路径。

(5)统筹课堂教学与作业建设。加强综合性和实践性教学研究,注重情境教学;加强项目设计、研究性学习等跨学科综合性教学活动;增强知识与生活的联结,注重融合性或生活化类的作业。

7.构建作业改革平台支撑体系

(1)建立作业改革专家库、资源库、案例库。汇集高校、教研、教学领域的人才资源,建立专家库;遴选和培育在实践中涌现出来的优秀案例,建立案例库;丰富多元素材和各地经验,建立资源库,为作业改革和"双减"背景下义务教育质量提升提供人才支撑、资源支撑和案例支撑。

(2)建立作业改革开发平台、监测平台、交流平台。一是规范作业设计基本要素、作业实施基本流程,激励创造性开发作业设计案例,建立开发平台;二是建构指标体系,设计监测程序,对作业设计和实施效能开展监测与反馈,服务改进与提升,建立监测平台;三是加强跨区域的作业研讨、观摩、示范、互动,建立交流平台。

【作业建设能力提升工程】

★专项课题研究

针对作业建设中的痛点、难点和堵点,河南省教育科学规划办公室研制发布作业建设专项课题指南,每批立项 100 个课题。一年内研制出校本作业,两年提升单元作业、课时作业、日作业和假期作业设计水平;拓宽作业的类型,系统设计研制出跨学科作业、长周期作业、综合实践类作业。优秀作业入选资源库。

★作业建设研训

分批、分级以线上线下研训结合的模式,逐级扎实开展教研员、教学管理者、一线教师作业建设的轮训,两年内河南省各类人员完成系列培训,建立标准、项目拉动。完善省、市、县、校四级研修工作坊,河南省每年支持 100 个学科优质研修工作坊。采取"1+10+100"模式,即实现 1 个省级优质研修工作坊指导 10 个地方研修工作坊,示范引领、辐射带动 100 名教师作业设计与实施的专业化发展。

★作业资源建设

征集、开发、上传优质课堂教学资源和作业资源,记录知识点、能力点微讲座,满足学生对课堂教学的重难点、课后作业的疑惑点、考试的困惑点等再学习的需要,免费向师生开放,实现信息技术赋能作业建设的目的。

★作业设计帮扶

通过作业设计达标测试,发现薄弱学校和薄弱学科,以定向培训、送研入校、精准帮扶等措施,提升薄弱学校和薄弱学科及乡村教师作业设计水平,三年内实现河南省义务教育阶段科任教师作业设计与实施90%以上的达标率。

8.完善条件保障措施

(1)加大教育经费投入力度。保障教育"双减"经费投入,加大作业改革经费投入比例,调整优化支出结构,完善经费管理机制,从课后作业辅导补贴有规可循,到加快作业专题化研究,再到作业大数据应用、智能化建设的全面推进。

(2)强化对作业管理的专项督导。将"双减"纳入省级人民政府履行教育职责评价重点,将作业管理纳入区域义务教育和学校办学质量评价重要内容。充分发挥教育督导的评估、指导作用,从"制度与机制、设计与实施、评改与反馈、宣传与引导"等方面对各地在作业管理方面的工作举措及成效进行实地督导调研。

(四)完善课后服务体系,有效减轻学生校外培训负担

1.树立科学理念

(1)开展课后服务是新时代落实"人民至上"理念的必然要求。呼应人民需求,在坚持公平与普惠原则下,国家推出课后服务综合政策,推动课后服务城乡全覆盖,成为帮助家长解决"三点半"难题的重要举措,成为减轻家长教育焦虑的有效途径,成为进一步增强教育服务能力,使人民群众具有更多获得感和幸福感的民生工程。

(2)课后服务是落实立德树人根本任务、促进学生健康成长的重要举措。课后服务遵循教育规律,开展丰富多彩的校内外综合实践活动,这些都有利于弥补我国教育重课堂教育、轻实践教育,重学科课程、轻活动课程的短板,有利于促进学生全面发展。

(3)课后服务是减轻中小学生过重课外负担的重要途径,是建设高质量教育体系的内在要求。要减轻中小学课业负担和校外培训负担,不仅需要聚焦强化校外培训监管,扎紧课外有偿服务的"入口";还要在加强课后服务方面做出部署,为学生利用课后服务时间发展成长找到"出口"。

2.把握课后服务体系构建原则

一是坚持属地管理原则;二是学校为主原则;三是自主自愿原则;四是公益惠民原则;五是多方参与原则。

3.发挥政府统筹协调作用

课后服务工作作为一项新型教育形式,要做好这项工作,必须做好顶层设计,发挥各级政府的主导作用,发挥各职能部门的协调联动作用,理顺各种关系,各方面政策要完备,各种保障措施要到位;要利用好社会资源;争取广大学生家长的配合,形成"政府主导、部门联动、学校主体、多方参与"的工作机制。

省、市级政府制定《中小学生课后服务的指导意见》;县(区)政府是本行政区域内中小学生课后服务工作的管理主体,要发挥牵头作用,向本地区党委、政府汇报,加强与相关部门沟通协调,出台《中小学生课后服务工作实施细则》,以县(区)政府名义建立课后服务工作联席会议制度,统筹解决区域内增加教师编制问题,第三方培训机构师资的遴选与准入标准问题,以及校外场所共享共用、课后经费保障、分配使用办法、安全工作要求等问题。在政府的统一协调下,探索建立课后服务实验学校,引入社会、社区、机构、高校等力量参与课后服务,进一步丰富课后服务形式和内容。到2022年年底,河南省各级政府出台有关中小学生课后服务的指导意见或实施细则,补齐补足教师编制,明确政府课后服务经费投入比例和家长分担标准,建立课后服务社区活动场所"白名单"、课后服务师生保险制度、课后服务督导评价制度等。

【家校社协同开展课后服务育人工程】

★社区育人"百千工程"

在河南省遴选100个社区(街道)作为实验,发挥义工优势,解决双职工家庭孩子放学无人接送看管问题,安置学生开展作业预习、阅读充电等丰富活动;启动银发工程,对接1000名退休老教师,帮助教育能力不足的家庭开展学生心灵教育;加强社会师资力量开发和管理,鼓励师范类学生实习、志愿者参与,聘请退休教师,争取公安、消防等专业人士成为课后服务相关课程的兼职指导教师;各县(区)教育行政部门要联合相关部门共同开展校外师资引入资格审核,在此基础上,建立县(区)级课后服务社会师资资源库,供学校选择。

★学校课程管理建设计划

建立涉及课程开发、准入、使用、评价等的课程管理制度;研究国家有关政策,吸收专家意见,发挥学校教师的积极性,结合本校条件开发课程;借鉴校外优秀课程;建立校内外专家相结合的"课后服务课程咨询专家组",完善课后服务课程的准入制度,只有通过专家组审议的课程才能进入学校课后服务的课程体系;完善课后服务的课程评价制度,以评促改。

★社会课程资源利用计划

利用社会课程资源;县级教育行政管理部门注意发挥"中小学生课后服务工作联席会议"作用,加强与科技、文化旅游、共青团、少先队、妇联及社区等相关单位与部门的沟通与联系,利用"科普进校园""非遗进校园"等项目,协调各类校外教学资源的供给;积极利用有价值的校外非学科类培训机构的课程资源;借鉴外省市先进经验,县(区)级教育行政部门可建立"本县(区)级课程资源库",为学校提供"菜单式"课程选择服务。

★家长学校提质行动

遴选100所实验学校,发挥家长中各类人群专业优势,开展家长学校的系列讲座,形成可复制、可推广的系列做法,为作业减负注入社会力量和智慧成分。

★研学实践教育"五个一"精品工程

开展研学旅行实践基地、社会实践教育基地遴选等活动,建设一批各有特色的研学旅行基地,打造一批主题鲜明的研学旅行线路,培养一批专业过硬的研学旅行师资队伍,研发一系列价值丰富的研学旅行课程,建立一套科学规范的研学旅行管理机制。

★课后服务方式创新计划

创新课后服务方式,让学生从空间和心理上"走出去";在社区、校外场馆等开展多种体验活动,实现校内外教育有机结合和共振共生,达到"1+1>2"的效果;打造课程管理信息服务平台,建立包括学校端、学生端、家长端、管理部门端的信息沟通平台,了解学生和家长需求,实时调整课程内容与计划。

4.突出学校的主阵地作用

(1)服务中小学生,愿留尽留全覆盖。坚持自愿参加原则,一方面不强迫或变相强迫学生参加,另一方面防止学校以任何方式"劝退"学生;学校不但要做到学生"愿留尽留",还要注重丰富课后服务内容,让学生"乐留";要注重个别学生的特殊需要,建立课后服务弹性参与制度,做到随时"准入准出";关注弱势群体,建立帮扶机制。

(2)建立科学的意见征询及反馈机制。可以通过召开家长会等线下形式,也可利用学校微信公众号、学校官网等线上渠道,了解家长诉求。在充分征求学生、家长意见的基础上,为学校制定有关课后服务时间、内容、方式、收支、安全管理等制度奠定基础。学校出台的有关制度要做到及时公开公示。

(3)完善课程管理。课程决定教学和教育质量,课后服务的高质量必须以高水平的课程建设为基础。要坚持以人为本的课后服务课程开发理念,坚持素质教育,坚持"五育并举",突出活动课程在课后服务课程中的主体地位;要立足学生成长发展规律,结合学校自身师资、场地、设备以及校外可利用资源情况,设计研发符合学生需求的课后服务课程,适应学生全面发展需要。

(4)保障活动场所。综合利用校内教室、体育运动场馆、图书馆等教育空间资源,确保能用尽用全覆盖;部分空间场地不足的学校,可探索周一至周五分年级、分时间、分区域开放;学校要积极争取建设资金,建造专供课后服务使用的特色教育活动场所;优化设施设备配置、使用、维护的全流程管理,确保各类设施设备可用好用。县级教育行政部门要加强协调,让学校能方便地利用当地的少年宫、青少年活动中心、博物馆、美术馆、体育场馆等公益类校外场所;注意通过招投标、竞争性谈判、政府购买服务等方式选用非学科类校外培训机构场地;县(区)政府建立安全可靠的校外课后服务活动场所"白名单"制度,分门别类纳入课后服务的校外场地资源序列,供学校选择。

(5)加强师资管理。课后服务的师资队伍作为课后服务体系构建中"人"的因素,成为关系课后服务质量的最重要因素。要坚持教师自愿原则;注意发挥教师的特长;保障教师待遇;关注教师负担;对校外师资资源采取开放态度,积极利用好优秀校外师资资源。

(6)健全经费管理。课后服务经费事关教师的切身利益以及课后服务活动必要的器械、场地等费用的支出,必须建立稳定的经费来源渠道,加强经费的使用管理。按照公益和非营利原则,发挥政府主导作用,建立稳定长效的政府财政补贴、收取服务性收费或代收费等相结合的课后服务成本分担机制,保证课后服务有关经费需要。到 2022 年年底,各县(区)、各学校健全完善课后服务经费筹措的长效机制;县级政府出台课后服务收费政府指导标准;学校建立课后服务"课程收费清单"制度;学校建立完善经费使用、绩效工资管理有关办法;健全经费使用监督管理制度。

(7)强化安全管理。安全管理制度是课后服务最重要的基础制度,要树立"安全第一"理念,把握安全管理细节,统筹校内外安全,做到每个环节有明确规范要求、有专人负责。各县(区)教育行政部门出台《中小学课后服务安全管理规定》等文件;建立课后服务师生人身安全保险制度;学校建立有关安全制度和应急预案;建立安全责任多方共担机制,学校与家长签订《学生课后服务安全责任书》;强化辅导教师责任感;将课后服务期间的安全管理纳入学校常态化管理;设置安全巡查员,建立安全巡查制度;加强家校互动,细化学生上学、放学接送管理措施,做到学校和家长责任的无缝对接。

【课后服务经费保障工程】

★课后服务经费来源保障计划

形成稳定的经费来源渠道。各级财政将课后服务保障经费纳入年度预算,建立课后服务专项,以专项资金的方式拨付课后服务经费;针对地方财力薄弱地区,加大中央和省级财政转移支付力度。

允许学校服务性收费。县级政府出台课后服务性收费政府指导价标准;对家庭经济困难的学生,适当减免服务性收费;对经教育主管部门批准引入学校的第三方机构提供的课后服务,可以代收费;鼓励社会捐助。

★课后服务经费使用完善计划

完善经费使用机制。建立课后服务经费使用标准,教师补助标准应体现按劳取酬原则;学校要在有关部门指导下,制定课后服务教师绩效工资分配办法;聘请的校外人员课后服务补助按劳务费管理。

★课后服务经费监管机制

健全经费监督管理。服务性收费全部纳入学校财务专户管理、专款专用;建立经费使用信息公开制度;建立课后服务经费违规收取和使用惩处制度。

5.构建课后服务质量评价督导体系

在课后服务的工作实践中,政府部门、学校、家长和社会应通过循证评估的结论科学决策,促进课后服务在内容、形式和过程上的不断优化。课后服务评价强调多元评价主体的参与,从多角度、多方面、多层次对政府履行课后服务的职能,对学校的课后服务过程及效果进行质性和量性综合考核评估。课后服务的评价方式主要采用线上即时评价、线下随机评价、学期末总结评价等,注重自我评价与他人评价、量化评价与质性评价、形成性评价与总结性评价相结合。

对学校课后服务工作的评价,突出以"服务"为核心,从学校课后服务的常规管理、课程、教师专业能力、质量效果等方面全面评估,综合评价,打造课后服务学校标准化"样本"。对课程评价涵盖两个层面:首先是对课后服务课程的遴选,其次是教育行政部门、教师、家长、学生对学校课后服务课程的评估;对教师评价应注意综合学校、家长和学生多个主体的评价结果,也要注重联系教师的自评情况;对学生评价由学生自评、任课教师以及家长对学生的评价三个部分组成,具体可包含学习态度、学习过程、学习效果等方面。

督导工作可以省、市、县三级政府督导部门为基础,成立省、市、县三级课后服务工作督导组,分别实施对政府和学校的督导。到 2023 年年底,各县(区)、各学校均建立起比较完善的课后服务学校评价、课程评价、教师评价、学生评价制度;建立健全河南省、市、县三级课后服务工作督导组,实现对市、县(区)政府、学校、教师履职课后服务工作的有效督导评议,形成各级政府及学校课后服务工作的长效评价督导机制。

(五)加快教育新基建,提升学校教学数字化水平

加快推进教育数字化既是教育现代化的基本内涵和显著特征,又是实现教育现代化的战略支撑和动力引擎。教师改进教学方式、学校优化管理模式、各级教育管理部门创新教研形式等都必须紧紧依靠现代教育技术做支撑。

1.数字化赋能课堂教学多样化

充分利用国家中小学智慧教育平台资源,大力推进教育信息化基础设施建设,促进信息技术与课堂教学深度融合,比如实现学校宽带网络的升级改造与全覆盖,建成中小学创客活动中心,建设地方教育资源公共服务平台等。规范网络学习空间建设与运用,保障全体教师和适龄学生"人人有空间""人人用空间",并推进网络学习空间在网络教学、资源共享、教育管理、综合素质评价等方面的应用,进而转变教师教学模式和学生学习方式、有效推动教育教学改革、提高课堂教学质量。加快智慧校园、智慧课堂建设,积极建立学校首席信息官(CIO)机制,探索基于大数据、人工智能、5G网络、虚拟现实等技术支撑的精准教学、个性化学习、体验式学习和智能服务。开展以学习者为中心的智能环境建设,提升校园电视台、交互式录播教室效能,制作、编辑、分享教学音视频,开展专递课堂、同步课堂、视频会议等教学应用;以课程和实践为核心,利用信息技术通过新建或改造普通教室、实验室、图书阅览室等方式,建设融合校园文化以及信息技术和装备、可重构、可连接、可兼容、可记录的中小学新型教学空间,进而实现虚实空间的融通、线上线下混合式教学、区域内的同步课堂教学以及教学空间大小、桌椅布局、教学环境、教学内容的重构;开展以学习者为中心的新型教学模式探索,推动人工智能技术在教学中的深度应用,比如运用翻转课堂教学模式提高学生学习兴趣、进行个性化教学、互动式教学等以提高课堂教学质量。探索建立试验区、试验校,开放若干年级(学科)直播功能,邀请专家、家长、师生参与同听(上)一节课活动,发挥专家指导作用。

2.数字化赋能教研活动及教学资源建设

一方面,利用信息技术创新教研形式。积极利用移动互联网、大数据、云计算、人工智能等现代技术,着力推动线上教研与线下教研联动;建设教育教学大数据平台和教学诊断系统,加强数据研究和应用,推进教学深度研究和教学重难点问题的精准解决;利用信息技术创设虚拟教研室,开展集体备课、联动教研、辅导答疑等各类常态化教研活动。另一方面,利用信息技术促进课程教材体系建设。针对学生的个性化学习需求,充分利用现代信息技术,丰富并创新课程形式,加大微课程、在线课程、讲座式课程、综合实践活动课程等开发力度,推进课程多样化、个性化,丰富数字化教学资源库,扩大优质教学资源覆盖面,助推教学质量全面提升。

【义务教育教学新基建工程】

★平台搭建

面向义务教育高质量发展需要,为教学质量提升提供高速、便捷、绿色、安全的网络服务,构建互联互通、应用齐备、协同服务的"互联网+教育"平台。省级统筹规划、市县整体推进,实现各级各类学校和教育机构的教育专网全覆盖。按照"云+端"建设模式,实现"三个课堂"教学应用的全覆盖。依托数字化校园建设,建设河南省优质教育资源云平台。两年内搭建10个链接名校网络课堂、名师网络工作室、网络学习空间优质平台。

★资源建设

征集、开发、上传优质课堂教学资源和作业资源,知识点、能力点微讲座,满足学生对课堂教学的重难点、课后作业的疑惑点、考试困惑点等再学习的需要,免费向师生开放,实现信息技术赋能作业建设的目的。

★智慧教育示范引领计划

遴选信息化基础条件好、发展潜力大的省辖市和学校,持续开展智慧教育示范区、示范校创建活动。每年重点支持10个示范区、50个示范校建设。

★智慧教学能力提升行动

将信息技术能力培训纳入教师年度培训计划,计入年度继续教育学分,建设"互联网+教育"服务一体化平台,方便教师学习及能力提升。

3. 数字化赋能教学管理转型升级

现代信息技术可以创新教学管理及评价模式,促使教学管理与教学评价更加精准化、科学化与便捷化。依托互联网、大数据等技术,优化教学综合管理与治理流程,建设基于互联网的教育管理信息系统、教育统计信息系统、学校教育教学信息系统,推进教育综合管理与监测精准化和高效化,健全数字教材运行保障机制,推进教学精准分析和反馈改进体系建设。教学数字化建设应注重统筹谋划、部门协同、上下联动,着力构建定位清晰、互联互通、共建共享的线上教育平台体系,涵盖建设运维、资源开发、教学应用、推进实施等方面的政策保障制度体系,不断升级迭代平台服务功能,充分利用信息化手段促进学校提高教学评价与反馈水平,充分利用平台应用过程性数据提升教学评价的精准性与有效性。通过教育大数据互联互通,实现各级各类学校教育教学行为等常态数据的伴随式精准采集、智能化有效分析、即时性督导评价,为教育管理部门和学校提供基于全数据的内外部监测、预警与决策支持。

(六)优化教育生态,创设教育质量提升良好环境

学校教育生态即一所学校生存与发展的状态,包括学校内部的运行和与外部的互动。由于每一所学校所处自然环境不同,自身发展水平不同,其所面临的教育生态问题也就存在着差异性和特殊性。优化学校教育生态,是新时代教育发展的客观必然,是义务教育阶段学生成长的客观要求,是基础教育教学质量提升的客观保障。落实"双减"政策,提高教学质量,必然要求形成学校、家庭、社会良性互动的教育生态。

1. 营造学校内部的良好生态

可以从地方实际出发,组织开展各级各类新课程培训。培训应面向全体教师、学校管理人员和教学辅助人员,要精心设计培训内容,突出关键点,注重实践性;培训方式要多样化,注重研究型、参与式培训,采用专家报告与案例研究相结合、线上线下相结合、集体学习与自我研修相结合等多种方式。通过培训,让各级领导打破以往陈旧的教育教学观念,树立新的人才观、质量观、教学观;让所有教职工能够真学真用,做到教学方式和服务教学方式的真改进,收到真效果。

2. 营造教育系统的良好生态

教育行政部门与学校要处理好关系,营造良好的教育环境,为学校和教师改进课堂教学、提升教学质量提供必要的条件保障,健全课程实施考核、奖惩机制,进行必要的兜底管理;要为学校高质量实施国家课程、地方课程,开发校本课程留有空间,为教师创造性地开展教育教学活动留有余地。

3. 营造社会的良好生态

《河南教育现代化2035》明确指出,要加强全员育人责任体系构建,明确不同群体的育人责任和育人路径;加强育人环境管理,充分发挥优良育人环

境的熏陶作用。"双减"政策下,尤其要关注家庭教育,丰富家庭教育资源,加强对家长的教育指导服务;大力发展社会教育,构建学校和各级党政机关、社会团体、企事业单位及乡镇(街道)、村(社区)、家庭协同育人格局。注重"家、校、社"三方协作育人,共同为学校课堂教学质量提供有效保障。要提高家长综合素质,不仅要提升家长对教育的参与度,而且要提升家长参与的质量。可以通过家访、家长会、家长培训、家长告知书、问卷及访谈调研等不同方式引导家长切实转变教育观念、明晰家庭责任、提高综合素养、拥有新的视角,树立一种正确的成才观并懂得该如何引导孩子成长成才,从分数主义、功利主义和实用主义中挣脱出来;可以创设家本课程,让家长和学生共同学习,有效借助家长的力量连接社区,打破学校、家庭和社会的边界,家校携手保障学生的成长品质;可以协同家庭、社会加强对学生作业、睡眠、手机、读物、体质等"五项管理",避免"5+2=0"现象的发生,确保课堂教学的质量与有效性。各级党政机关、事业单位、国有企业要履职尽责,带动全社会形成科学的选人、用人理念。新闻媒体要加大对科学教育理念和改革政策的宣传解读力度,合理引导预期,增进社会共识。建议省教育厅设立省级"基础教育教学质量奖",对河南省中小学教育教学质量突出的学校和教师进行表彰,以激励和引导基础教育教学质量的持续提升。

第三章 | 改革课程教材,改革教学方法,保障"双减"落地生效

课程教材改革和教学方法改革旨在基于核心素养对课程内容进行结构化整合处理和呈现,基于素养导向对教与学的关系进行结构重塑,以促进课程教材改革回应"教什么";强化学校及课堂教育主阵地作用,以改革教与学的方式回应"怎么教",提升"人师"的本领和境界,优化教育教学生态,变革课程结构和教学结构,加强协同育人,推动河南省基础教育改革,实现基础教育高质量发展。

第一节 我国"双改"的核心议题和发展趋势

基于历史的视角,在"双改"的发展历程中找寻其相对稳定的核心议题,在破解课程教材和教学方法的矛盾中,研判课程教材和教学方法的发展趋势。

一、核心议题与存在矛盾

梳理我国课程教材和教学方法改革的发展历程,虽然每个阶段的研究和改革会随时代发展有其变化的因素,但也存在着相对稳定的核心议题:课程资源建设的规划布局与国家和人民的需要如何结合? 课程教材的核心指向与党的教育方针如何结合? 基于时代发展,教学方法的继承、借鉴与创新如何结合? 指向教学相长,教法改革与学法改革如何结合? 聚焦育人对象,班级授课一视同仁与因材施教的个别差异如何结合? 基于价值取向,应试的功利性与素养的发展性如何结合? 体现教学统一,教法改革与教育教学

综合改革如何结合？强化科学推进,朴素的教法经验与严谨的教科研行动如何结合？

在我国课程教材和教学方法多年的改革发展历程中,始终存在五个矛盾,成为落实"双减"政策的关键制约因素。一是日益膨胀的课程体系与相对固定的学生在校时间之间的矛盾;二是课程教材改革的行政主导与多元主体参与之间的矛盾;三是课程方案的理想性与实施过程中的差异性之间的矛盾;四是应试教育的功利取向与素质教育的发展取向之间的矛盾;五是班级授课制下的整体教学与学生个性化学习需求之间的矛盾。

二、课程教材改革方面的趋势研判

(一)指向学生的全面发展,落实"五育并举"要求

进入新时代,基础教育课程改革必须贯彻"五育并举"的方针,全面发展素质教育。一要坚持德育为先,发挥课程育人的功能,要让学生能够学会辨别是非对错,树立正确的价值观;二要培养学生的认知能力与创新思维,激发创新意识,提升智育水平;三要坚持健康第一,强化体育锻炼,加强基础教育阶段学生身体的锻炼与保护;四要增强美育熏陶,教会学生发现美、欣赏美与创造美;五要加强对学生的劳动教育,让学生在劳动中获得成长和进步。[①]

(二)突出育人导向,改革完善课程教材体系

在区域推进课程教材改革方面,教育行政力量顶层设计,教研部门深度参与,学校跟进落实。不断加强对校本课程的管理,加强数字教材管理的研究,加强教材国际化的管理研究。聚焦于国家课程开足开齐的落实,教材推行与使用、地方课程与校本课程的开发管理,强化课程"校本化实施"过程中的教材管理,注重学校课程实施方案的整体性。

(三)强化课程实施流程,优化过程的精细化管理

基础教育课程改革强化课程育人导向,基于核心素养重新组合人力、资

---

①赵婷:《新中国成立以来基础教育课程改革的历程、经验及启示》,《重庆第二师范学院学报》2021年第6期。

源、内容等要素,关注时空转换,从课程数量、课程设置、课程结构、课程管理等方面建立系统性、结构性的实施方案,根据实施进度及时出台相应政策支持,研制支持学校课程变革的流程和工具,形成区域帮扶整体推进工作机制;推动决策过程的科学化,保障政策工具在改革过程中的有效应用;发挥中小学生在课程改革过程中的作用,确立学生在课程改革过程中的重要地位,并提高教师在教学过程中引导学生适应课程改革的新方式、参与教学活动的能力。

(四)聚焦核心素养培育,探索学科教学实践路径

义务教育课程教材改革要坚持素养导向,将学生核心素养的培育贯穿于学科教学实践中。一方面,强调学科实践,注重课程实施中小学生素养的养成,强调学生关键能力和必备品格的培养,注重课程教材实施的情况测查;另一方面,强调学科整合,通过科内整合、科际相关课程、主题课程等整合策略,淡化学科界限。

(五)发挥教研组织对课程教材改革的支撑作用

教研组织对推进义务教育课程改革、指导教学实践、促进教师发展具有积极作用。因此,义务教育课程教材改革要充分发挥教研组织的作用,不断完善我国富有特色的省—市—县—校四级教研体系,重建和优化教研组织在课程改革中发挥作用的机制,特别是充分发挥其在课程理论和教学实践之间的桥梁纽带、研究指导和示范引领作用。

三、教学方法改革方面的趋势研判

(一)回归课堂教学原点

现实中课堂教学改革关注的"点"大多在课堂教学之外,然而,核心素养下的课堂教学改革更应加大对"教师对学科的正确理解"问题、"知识与能力"问题、"学习与发展"问题等课堂教学"原点"问题的关注,"理解学科、理解学生、理解教学"也应给予高度重视。

(二)强调学科基本结构

学科基本结构是指学科的基本概念、基本原理及其基本方法,学生理解

学科的基本结构,就容易掌握学科的基本内容,因此,教学方法的改革要强调学科基本结构的教学在减轻学生学习负担和提升学生学习质量方面具有突出的优点。强调学科基本结构的教学,推广丰富多元的教学方法,更有利于培养学生解决问题的能力、创造性思维和学科综合素质,实现基础教育高质量发展。

(三)群体发展与个性发展相统一

个性化是教学发展的趋势,教学要针对不同学生采用不同的方法。通过分析学生的性格特点和兴趣发展方向,根据学生的层次、能力水平来进行系统性的教学,教学方法可以灵活多变,针对不同的学生采用更容易被接受、更适合学生的教学方法。促进群体发展与个性发展相统一是义务教育教法改革的需要和根本追求。

(四)强调课堂教学的整合

课堂教学的整合与素质教育的理念相契合。自20世纪80年代提出素质教育至今,学生获得高分的途径依旧是教师教授、学生大量做题,"题海战术"仍未得到有效缓解,学生的课业负担更是有增无减。通过教学内容"量"的压缩和"质"的精选,可以解决学生的局部认识与整体认识的矛盾,克服教学内容的分散性和课堂教学过程的间断性。因此,课堂教学的整合是减轻学生课业负担、提高学生学习质量的重要突破口。

(五)教法改革与学法改革并行

教学是教师的"教"和学生的"学"共同的课堂活动,在教法改革的同时,要关注对学生学法的持续创新,教法改革应立足于学生学法,以促进基础教育的高质量发展。教学方法是教法和学法的有机结合,教法中包含着学法,学法中体现着教法,教法和学法缺一不可。要重视教师教法对学生的引导、指向作用,也要注重学生的主体作用,以学生为中心,帮助学生获取知识、形成技能、发展能力。

(六)教法改革与心理学密切结合

教学方法的改革既要注重学生的个性特点、社会性培养,又要关注学生的心理变化,以促进学生全面发展。教学方法的改革要契合学生的心理特点，融合心理学的研究成果，创新教学方法。布鲁纳的"发现教学法"、布鲁姆的"掌握学习"、奥苏贝尔的"有意义的学习"，都从心理学层面对教学方法进行了创新，更加适应学生的认知特点和心理结构。因此，教学方法的改革要不断关注心理学的最新研究成果，并将其与教学方法改革相结合，以促进教育教学的整体发展。

(七)强化信息技术应用

随着信息技术的不断发展，利用互联网+、大数据、云计算、人工智能和智慧教育等的技术加持来创新教学方法，打造高效的课堂，已成为义务教育教学改革的趋势与方向。要加快推进信息技术的运用，促进信息技术与学科教学的融合，从而实现教学内容的呈现方式、学生的学习方式、教师的教学方式和师生互动方式的变革；要通过共享优质在线课程资源(如国家智慧教育公共服务平台)，实施线上线下相结合的教学方法，从而提高学习效果。

第二节　河南"双改"现状分析

近年来，河南课程教材和教学方法改革取得了可观的成绩，积累了丰富的经验，但是，面对新形势，课程教材和教学方法方面呈现出的新问题、面临的新挑战需要引起高度重视。

一、取得的成绩

(一)国家课程基本开足开齐，配套制度建设逐渐完善

调查数据显示，义务教育学段除综合实践活动和劳动两门课程，普通高中学段除综合实践活动、劳动、音乐和美术四门课程外，其他课程开设选择率均在95%以上。这说明除综合实践活动、劳动、音乐和美术课程的开设需要加强外，其他国家课程基本开足开齐。为保障国家课程的贯彻落实，多数学校非常重视制度建设，学校都出台了相应的教学管理制度，都意识到教研团队建设、教研文化建设的重要性。如成立体系完备的校内教研组织，落实集体备课制度、听课评课制度、同课异构制度、教学督导制度等，以制度建设

促进课程教材研究和教学方法改革。

（二）教师教学思想切实转变，以生为本理念得到彰显

新课程改革的深入探索，使教师的教学思想发生了很大的转变，以生为本的理念得到普遍认可，大多数教师将以生为本的理念融合、渗透课堂教学中，提升了课堂教学效果。调查数据显示，新课程实施以来，超过97%的教师教学思想发生转变；超过70%的教师积极运用新课程理念指导教学；超过50%的教师对新课程新教材的变化情况有了深刻认识。课堂教学正在实现由重教师传授向重学生学习的转变、由重视学习结果向重视学习过程的转变、由单向信息传递向多边多元互动的转变。教师对自主、合作、探究等教学理念的认同程度较高，教师的教学行为根据学生的特点和兴趣及时调整，注重采用多种策略调动学生学习的积极性和主动性。

（三）课程实施能力得到提升，教学模式建构成为追求

调查数据显示，73.68%的被调查教师认为，学校经常引导其主动学习课程与教学的相关知识；66.27%的被调查教师认为，学校经常带领其对课程进行评价和改进；58.95%的被调查教师认为，学校经常为其提供学习机会，提高课程开发能力；75.57%的被调查教师认为，学校已经形成了较为成熟、系统、可推广的教学模式。这些数据表明，河南大多数学校课程实施能力得到提升，教学模式建构成为追求，产生了一些特色鲜明的教学改革经验。

通过调研发现，目前河南基于学科核心素养的创新课堂教学模式主要有以下四类。

第一类："大单元教学"（以郑州市工人路小学为代表）。"大单元教学"是从学科课程的单元主题出发，对教学过程中每一单元下的所有教学内容进行整体安排、系统教学，使教师和学生形成对单元课程的整体认知，从而节省了教学时间，提高了教学效率。

第二类：跨学科融合（以郑州师范学院附属小学为代表）。学科教师针对地方课程、校本课程和国家课程之间课程目标和课程内容交叉重合的问题，通过删减、融合、增补和重组等形式，将不同课程当中的相关内容，统整成以自主性、开放性、生成性和探究性为特征的主题课程，实施规范教学。

第三类：项目化学习（以郑州市互助路小学为代表）。学科教师将课程

内容与生活实际相结合,为学生创设问题情境,将学科核心素养的培育融入项目化学习的问题解决过程当中,学生通过合作学习,在拓展性的问题情境中掌握知识要领,通过实践检验学科核心素养。

第四类:问题驱动式教学(以郑州市第七初级中学为代表)。以学生为主体、以专业领域内的各种问题为学习起点,以问题为核心规划学习内容,让学生围绕问题寻求解决方案。教师在此过程中的角色是问题的提出者、课程的设计者以及结果的评估者。问题驱动式教学能够提高学生学习的主动性,提高学生在教学过程中的参与程度,容易激起学生的求知欲,活跃其思维。[①]

二、存在的问题

(一)课程教材问题

1. 地方课程开设参差不齐

调查数据显示,河南现行地方课程方案中的课程开设情况差异较大。心理健康、书法艺术和安全教育开设占比较大,分别为 72.55%、71.89% 和 78.64%;而生态环境教育、新科技教育、生活经济教育和绿色证书等课程的开设占比较小,不足 20%。从被调查教师希望开设的课程看,生态环境教育、礼仪、心理健康、书法艺术、新科技教育和安全教育等六门课程占比均超过 50%。同时,希望更新生态环境教育、礼仪、心理健康、新科技教育课程内容的占比均达到 40% 以上。这说明,在河南,省级地方课程方案和课程内容亟待修订。

2. 校本课程实践水平不高

一是学校整体统筹设计不够。从访谈来看,当前的校本课程往往是基于学科的延伸,主要基于学科开发并实施。学校对校本课程的规划、课程结构化设计等严重不足,致使校本课程开设多而杂,并且存在课程间的重复,还有的和社团活动相混淆。二是教师专业开发能力不足。多数教师缺乏校本课程开发的专业背景,又缺少相关的专门培训,在课程的目标、内容、教学

---

①根据河南省基础教育课程教材教法改革访谈结果整理。

实施建议等方面缺乏整体规划,往往流于研学活动和社团活动,降低了校本课程的品质。三是校本课程特色不足。从访谈的结果看,学校的校本课程看似呈现"百花齐放"的状态,但课程间缺乏学校特色和底色,这很难实现校本课程的长足发展,也很难支撑学校的特色发展。

(二)教学方法问题

教法改革意愿不强、能力不足。在家庭、学校、社会的即时性、功利性影响下,多数教师不愿意开展教法改革,对教学持经验主义观点。一些具有教法改革愿望的教师往往又不知从何做起、如何做好,难以将朴素的教学行为升华为具体的教学方法,存在着"有教学,无方法"或"有方法,不灵活"等现象。

1.教法改革支撑不力、服务不周

调查发现,多数学校对教师的管理方式仍然落后,自上而下、中心化、高控制的做法普遍存在,校长及管理团队缺乏教育使命,往往追求功利、心态浮躁、缺乏对教法改革的领导和支持。各层级基础教研部门的工作重点多是组织常规教学指导,对教法改革的指导相对薄弱,导致教法改革缺乏应有的计划性、系统性、严谨性、周密性,造成教法改革缺少有力的外部支撑。

2.对技术应用重视不够、投入不足

调查发现,河南基础教育数字化资源开发与服务能力不强,信息化学习环境建设与应用水平不高,教师信息化教学创新能力不足,信息技术与学科教学深度融合不够,高端研究和实践人才短缺,需要在观念上对先进教育技术加以重视,在实践中对先进教育技术加大投入,以保障教育硬件的更新和教师信息化应用能力提升,以此促进教学方法的改进。

第三节 省外"双改"相关经验

省外特别是发达地区的课程教材和教学方法的先进经验,无疑对我省"双改"具有借鉴作用。通过梳理省外课程教材和教学方法的总体做法,从中获得启发,汲取经验,为系统推进"双改"提供重要参考。

一、部分省市课程教材改革方面的总体做法

北京市基础教育课程改革在课时、课程门类等方面的主要变化:减少课程门类和课时,为学生减负;出台综合课程,强调综合性;预留弹性空间,体现选择性;强化社会实践,力推实践性;为课程改革持续推进提供动力系统和政策保障;统一规划中小学课程建设,推动地方课程体系化;加强教学研究,提升教育教学质量,创新人才培养机制;建立并完善课程改革监控与评价机制。

上海市基础教育课程改革经验的可借鉴之处:一是省级政府主导的课程改革。"一期课改"和"二期课改"是国内的重大课改工程,课程教材改革进行顶层设计;建立政府主导,各方积极参与的课改模式;政府每隔一段时间主动思考并主导课改;课改须根据变化的形势突出改革重点;课改的推进与实施不能急于求成;课改在继承与发展中前行;良性运行机制是确保课改成功的重要保障。二是推动学校层面课程整体规划与领导力提升。上海市提升中小学(幼儿园)课程领导力行动研究项目的运作模式研究历时十年,先后经历模式初探、模式完善和模式成形三个阶段,形成了"大兵团""共同体"协同攻关的行动研究范式,开发与大规模行动研究相配套的"可视化"的工具和流程。

江苏省的课程基地建设是国内启动较早的省级课程建设项目,课程基地建设能够凸显核心素养的培育优势,通过学科文化、学科知识、学科装备改变学习情境,以环境变化改变教学;通过实践学习,让学生在课程基地的体验式学习中发现兴趣并激发创造力;通过实际场景创设和问题解决,实现跨学科学习及综合能力的培养,以此呈现课程基地在核心素养培育上的独特优势。

重庆市"领雁工程"以城乡教育帮扶的思路,借鉴教育相对发达地区的经验,由专业教育机构牵头,组织城镇优质中小学("领雁工程"示范学校)与农村义务教育阶段学校("领雁工程"项目学校)建立发展共同体,有效整合城乡教育资源,以城带乡、合作共进,以点带面、整体推进,充分发挥"领雁"学校对其他农村中小学发展的引领、辐射、带动作用,通过第三方进行评价,其重点关注薄弱学校质量提升,最终实现整个区域教育的均衡、优质发展。

二、课程教材改革方面的案例及评述

(一)江苏省:课程基地建设

江苏省是文化强省、教育强省,在党和国家的总体布局下,从地方实际出发,创造了高质量实施义务教育课程基地建设的好经验,发挥了示范引领作用。其主要做法有以下几种。

1. 以政策工具驱动省域课程改革

2011年,江苏省明确提出"课程基地建设",从省级层面统筹规划,提供制度保障和经费支持,全面落实课改要求,优化新课程实施,适时调整课程安排和教材的使用。

2. 以项目良方强化教科研支撑

以国家新课程改革为契机,以项目建设为抓手,创新育人模式,统一项目建设流程,"省市县校"系统推进,形成了"工程省域驱动、项目学校出新"的实操路径。其中成熟度最高、声誉最好的是江苏省基础教育前瞻性教育改革项目,它是基础教育课程改革深化的必然要求,是江苏省项目化推进策略的自然延伸。

3. 以聚焦教育文化回归教育原点

普通高中学校要依据学校价值追求、文化传统和办学实际,着眼学生发展的正确价值观、必备品格和关键能力与学科核心素养提升、个性特长发展和选择考试科目需求,加强学校特色课程建设,满足学生不同兴趣、不同水平、不同选课要求的学习需求,积极构建德智体美劳全面发展育人体系。①

4. 以学科素养为核心探寻教学策略

健全以校为本的教研制度,基于学科素养,探寻提高教学质量和效益的教学策略。积极转变教学方式和教学行为,积极依托课程基地、前瞻性教学改革实验项目、品格提升工程、学科发展创新中心等,大力推进教学的组织

①江苏省教育厅:《关于高考综合改革背景下加强普通高中教学组织管理工作的意见》,http://jyt.jiangsu.gov.cn/art/2019/8/9/art_58358_8672032.html,2019-08-09。

管理方式、教学内容的呈现方式、学生的学习方式和教师教学方式的变革。

评述：江苏经验可归纳为三点。一是充分发挥课程基地示范引领作用。课程基地建设形成了一批示范性案例，开展了一批试点项目，创建了一批精品课堂，形成了一批国家基础教育教学成果案例，充分发挥了示范引领作用。二是优化项目管理压缩冗杂项目。聚焦现实问题导向，提出整体转型方略，保留核心项目，合并雷同项目，去除冗杂项目。定期对建设项目进行评估及检查，统一项目建设流程，高度集中资源打造核心项目。三是致力创造江苏教育良性发展氛围。江苏教育在长期实践中克服浮躁和功利之风，遵循教育规律，坚持科学态度，强化专业思维，养成独立作风，形成了独特的教育文化氛围，不急不躁，守正笃实，绵绵用力，久久为功。

（二）郑州市：课程区域推进主要举措

郑州市金水区作为全国首批课改实验区，率先启动新课程改革。郑州市的区域课改推进从金水区出发，逐步实现了区域教育品质的整体提升，涌现出"道德课堂""评价育人"等改革成果。其主要举措如下。

1. 建立课程意识，打破学科壁垒

郑州市课改经历了"教材—学科—课程"的认知变迁，教学从知识传授走向课程育人，目标从"双基"跃迁到核心素养，视野从教材拓展到社会生活。[①] 课程知识结构持续优化，课程内容与生活联系日益密切，课程整合程度进一步加强，课程壁垒逐渐淡化。

2. 构建校本课程，积淀课程文化

金水区率先推进校本课程建设，开发了丰富的校本课程，进行品牌校本课程评选，把课程改革有机融入日常教学教研、年度重点研究任务中，使之落地生根。金水区构建规范、高效、情智共生的课堂文化实践经验，为郑州市"道德课堂"区域化建设提供了典型案例，形成了促进课堂变革的有效路径。[②]

---

①褚清源：《郑州课改：在奔跑中调整姿态》，《中国教师报》2021 年 03 月 31 日第 014 版。

②同上。

3. 改良育人生态,倡导新型教育观

学校管理从基于经验转向基于证据,从基于管理转向基于情怀;从分数管理转向素质管理,从成绩管理转向文化管理,从学科管理转向课程管理,改良了学校的育人生态。从关注分数、关注升学转向关注人的发展,教育质量回归育人质量,回归人的素质,回归人的德智体美劳全面发展,倡导了新型教育质量观。

4. 实施课程创新,促进"五育并举"

加强思政课建设,将"政治认同、法治意识、科学精神、公共参与"作为教学设计和课堂实施的指导思想,开展领导干部进学校讲思政课活动,拓宽教育途径;创新地理学科教学,探索融入区域资源推进国家课程实施路径,从课程育人、资源育人角度落实立德树人根本任务;进行了中小学12年一体化劳动教育课程研发,呈现区域推进学校劳动教育课程建设的新样态;建设中小学心理健康教育区域课程,形成了"学段—心育主题—三级指导策略"的模块化课程资源体系。[1]

评述:郑州经验可归纳为三点。一是科学设置评价体系。科学设计区域评价体系,协调一致推进评价路径;通盘考虑分门别类的评价措施,对学生、学科、班级、教师、校长、学校等的评价长期研究;保证评价技术的专业性。二是建立行政驱动机制。郑州市形成了"三会""两诊断""一达标"的区域协同推进机制,运用这个机制,统一了区域课程改革思想、改革步调、改革要求,保障育人生态的区域化变革。三是赋能教研支撑力量。聚焦课程改革关键环节、突出问题的研究项目,建立区域教研与校本教研深度融合的工作机制,集中力量解决课程改革关键问题。

三、部分省市教学方法改革方面的总体做法

北京市海淀区创建了"基于课程标准的区域教学改进体系",由"考试导向"转向"育人导向"。北京市教育科学研究院成立"吴正宪小学数学教师工作站",引领更多教师专业学习和教学能力的发展。北京市海淀区教师进修

---

[1] 褚清源:《郑州课改:在奔跑中调整姿态》,《中国教师报》2021年03月31日第014版。

学校创建了"基于课程标准的区域教学改进体系",提供问题导向的多样化教学改进指导。北京师范大学第二附属中学开展了基于项目式学习的课程建构与实施。

上海市结合普通高中新课程新教材要求,建设优化各学科"空中课堂"资源。上海市洋泾中学提出的事实和证据视野中的课堂教学诊断,运用"初诊—复诊—会诊"的递进式流程,以事实证据分析为核心判据的课堂教学研究方式。上海市静安区教育学院附属学校的后"茶馆式"教学——走向"轻负担、高质量"的实践研究——是一项聚焦课堂的教学改革研究。上海市育才中学探索以"个性化学程"为核心的基础教育学科课程重组和教学方式、组织形式的改革。

浙江省大力开展"大数据精准教学"项目研究,深化 STEM 教育①与项目化学习,建设百所"项目化学习基地学校"。浙江省杭州市天长小学做出了小学差异教学的实践研究。

河南省教育厅成立"河南省中小学课堂教学研究中心",印发《河南省进一步提高义务教育学校教育教学质量的实施方案的通知》《河南省义务教育学科课堂教学基本要求(试行)》等指导性文件,要求推进课堂教学改革,不断优化教学方式,提升教育教学质量,涌现出河南省基础教研室"四有"体育课堂、郑州市工人路小学单元整体教学、濮阳市第二实验小学"适度教学"等典型案例。

四、教学方法改革方面的案例及评述

北京市创建基于课程标准的区域教学改进体系。"讲背练考"考试导向的教学已不适应人才培养要求,教学转型势在必行。高水平落实国家课标,发挥学科育人功能,教师教学能力提升是关键。基于此,北京市海淀区教师进修学校继承优良传统,顺应改革、主动作为,历经 7 年,构建了"基于课程标准的区域教学改进体系"。

"基于课程标准的区域教学改进体系"包括四个要素:第一个是研制体现学科能力进阶的学业标准、构建标准导向的"5+M+N"教师研修课程、开展

---

①STEM 教育系以科学(science)、技术(technology)、工程(engineering)、数学(mathematics)4 门学科为主的跨学科教育。

学科能力发展的评价反馈、提供问题导向的多样化教学改进指导。具体来说,就是将国家课标转化成海淀区学业标准,研制出 1～9 年级 20 个学科专业标准,体现学科能力及其发展进阶,用表现性行为描述。第二个是基于标准构建必修与选修相结合的"5+M+N"研修课程,通过"三级联动深度教研"模式落实到课堂。第三个是聚焦学科能力进阶发展,构建"知识与技能、学科思想方法、问题解决能力和迁移创新能力"学业评价指标体系,研发 34 套工具,开展三轮评价,进行区、学科和学校的反馈。第四个是分析大数据,为全区和学校提供多样化教学改进指导。

评述:本案例通过教学改进体系的建构,解决教师教学难以落实国家课标的问题。对于区域层面如何解读新课标、如何运用新课标、如何用好新课标推进区域课程改革等问题,"基于课程标准的区域教学改进体系"案例具有较强的借鉴意义。

第四节　系统推进"双改"的政策建议

核心素养导向,既是课程教材改革工作的主线,也是教学方法改革的主旋律。系统推进课程教材改革和教学方法改革,着力于课程体系、实施机制、教法改革、教师教育、组织文化等方面的建设,促进"减负增效提质",通过增强课程综合性、实践性,引导变革育人方式,发展学生核心素养。

一、科学规划课程,优化基础教育课程体系

(一)强力统筹,完善省级课程实施机制

各级教育行政部门注重课程建设的整体规划,制定和落实省级课程实施办法。统筹规划三级课程,精简并优化课程体系,加强对"全民课程开发""丰富课程超市"等管理,依托"五育并举"示范区、示范校建设和普通高中育人方式改革"1256 工程"[1]。立足本校实际,注重整体规划,制定学校课程实

---

[1]自 2019 年以来,河南加快推进普通高中育人方式改革,启动实施普通高中"1256 工程",即重点培育 100 所普通高中多样化发展省级示范校,200 所普通高中省级示范性教学创新基地学校,500 个普通高中省级学科,设立 600 项普通高中育人方式改革研究课题。

施方案,严格落实课程设置方案,规范开设地方课程。营造良好教育生态环境,统筹校内外教育资源,建立课程资源共建共享机制,注重必要条件保障,进行必要兜底管理。

(二)聚焦新课标,注重学段衔接和跨学科主题学习

在小学一年级第一学期,充分利用地方课程、校本课程和综合实践活动课,组织开展入学适应活动教育,在学习、生活和交往等方面进行指导。将小学一二年级道德与法治、劳动、综合实践活动,以及班队活动、地方课程和校本课程等内容整合。依据学生成长规律以及在认知、情感、社会性等方面的发展变化,去把握课程深度、广度的变化,体现学习目标的连续性和进阶性。初中阶段课程设置衔接普通高中阶段,考虑学生特点和学科特点,为学生进一步学习做好准备。统筹各门课程跨学科主题学习与综合实践活动安排,注重统一规范与因校制宜相结合,统筹校内外教育教学资源,将理念、原则要求转化为具体育人实践活动。

(三)加大扶持力度,培育有影响的课程教学改革新项目

以教改项目强力驱动课程教学改革走深走实。每年重点扶持 30 个左右省级课程教学改革项目,开展前瞻性课程教学改革项目实验,发现和培育新的课程教学改革项目,形成推进课程教学改革的河南经验,在河南省营造百花齐放、春色满园的课程教学改革新局面,努力形成一批在国内外有较大影响的基础教育新成果。

(四)保证质量,强化基础教育教学成果推广

根据国务院《教学成果奖励条例》,出台省级基础教育教学成果培育政策,有计划地在河南省总结宣传推广教学改革成果,特别是历届国家级基础教育教学成果奖项目和河南省基础教育教学成果奖项目,发挥获奖项目的辐射与孵化作用,促进既有成果的大面积应用,带动更多、更新、更好的成果不断出现,提升全省基础课程教学改革的整体水平。

二、强化实施机制,常态化开展实施质量监测督导

(一)健全课程实施机制

按照国家要求,全面落实国家课程、建设地方课程、规范校本课程,统筹规划课程实施安排、资源建设与利用等,指导督促市、县级教育行政部门落

实相关要求。市、县级教育行政部门负责课程实施过程的检查指导,提供课程实施的必要保障条件。强化学校课程实施主体责任,健全课程建设与实施机制,制定相关考核、奖惩等措施,不断加强教师队伍建设,提升课程实施能力。

(二)开展课程实施监测工作

实行区域内学校课程及作业第三方监测和公告制度,鼓励第三方机构对学校课业及作业进行全方位监测,教育行政部门对"双减"政策执行不力的学校和教师追究相应责任。建构适合河南省情的中小学课程实施监测指标体系,积极探索课程实施监测方法,定期开展课程实施监测并发布监测报告,引导社会、学校形成良好的育人环境,促进学生全面健康发展。

(三)开展课程实施督导工作

各级教育行政部门要加强对课程教材实施情况的专项督导评估,并将检查结果作为对下级教育行政部门以及学校综合考核评价的重要依据。通过指导与监督,不断完善、规范学校的教学管理,健全课程建设和反馈、改进机制,及时督导学校课程实施情况、课程标准落实以及教材使用情况,保证学校严格执行教学计划,开齐开足国家课程。严禁超标教学、抢赶教学进度和提前结束课程,切实减轻学生过重课业负担。引导立足学校办学理念和资源条件,科学构建学校课程体系,制定学校课程实施方案,有效推进课程实施。

三、深化教法改革,强化课堂主阵地作用

(一)建立智库,做好专业引领

教研机构要加强与中小学校、高等学校、科研院所、教师培训、考试评价、电化教育、教育装备等单位的协作,形成以教育行政部门为主导、教研机构为主体、中小学校为基地、相关单位通力协作的教研工作新格局。[1] 着力将各级教研机构建设成本地区教学研究中心、课程发展中心、教学资源中心和教育服务中心,充分发挥教研机构在推进教育教学改革、课堂教学诊断与

---

[1]教育部:《关于加强和改进新时代基础教育教研工作的意见》,http://www.moe.gov.cn/srcsite/A06/s3321/201911/t20191128_409950.html,2019-11-25。

改进、课程教学资源建设、优秀教学成果培育推广等方面的重要作用。[①] 组建课程教材教法改革专家指导小组,在深入基层学校开展调查研究,梳理分析当前课堂教学中存在的主要教法问题的基础上,研制不同学科的课堂教学方法改革指导意见,明确教法改革方向,提高教法改革实效。

(二)聚焦"原点",提升教师"内功"

倡导学科教学在规范的教学流程基础上,聚焦课堂教学的"原点",引导教师加大对"教师对学科的正确理解""知识与能力""学习与发展"等课堂教学"原点"问题的研究,提高教师对"理解学科、理解学生、理解教学"等方面的思想认识,切实促进广大教师开展教法改革的"内功"提升。发挥各级优秀骨干教师的示范引领作用,激发优秀教师在教育教学改革中的积极性、创造性和持续性,为推进教学方法改革提供强劲动力。

(三)突出核心素养,强化学科实践

坚持素养导向,深刻理解课程育人价值。明确教学内容和教学活动的素养要求,改革教学过程和教学方法,把核心素养的培养落实到具体教育教学活动中。培育学生的核心素养,尤其是培养创新能力与批判性思维,运用启发式、探究式、讨论式、参与式教学,激发学生的好奇心,培养学生的兴趣爱好,营造独立思考、自由探索、勇于创新的良好环境。注重学科实践,强调"做中学",引导学生参与学科探究活动,经历发现问题、解决问题、建构知识、运用知识的过程,体会学科思想。加强知识学习与学生经验、现实生活、社会实践之间的联系,注重真实情境的创设,增强学生认识真实世界、解决真实问题的能力。

(四)强化教研支撑,充分发挥教研室和教研组作用

充分发挥教研机构在推进区域课程教学改革、教学诊断与改进、课程教学资源建设等方面的重要作用。各级教研室要加强对教研工作的统筹指导,重心下移,深入学校、课堂、教师、学生之中,紧密联系教育教学一线实际开展研究,指导学校和教师加强校本教研,改进教育教学工作,形成在课程

---

① 教育部:《关于加强和改进新时代基础教育教研工作的意见》,http://www.moe.gov.cn/srcsite/ A06/s3321/201911/t20191128_409950.html,2019-11-25。

目标引领下的备、教、学、评一体化的教学格局。① 学校要加强教研组织建设,完善运行机制,赋予校内管理职能,激发教研组织活力。校本教研活动要基于教学实际问题,加强对学法、教法的研究和改进,使教育政策、课程理念、教学理论能够转化为实践成果,解决教育教学中的真实问题。

四、改革教师教育,提升课程教材教学改革的活力

(一)调整师范生培养结构,从源头改良教师"基因"

师范院校要对标基础教育教学改革的新要求、新变化,以高标准、新思路革新师范生培养体系,优化师范类专业设置和建设,打造通识素养、学科专业素养、教师职业素养"三位一体"的卓越教师培养模式,着力培养一大批适应时代需要的卓越教师和未来教育家。加强师范院校与中小学校的有机结合,为中小学教师进行课程改革提供理论支撑,为师范院校培养师范生和指导教法改革提供实践土壤,从源头改造之前教师先天存在的"缺陷基因"。

(二)加强教师培训,提高信息化教学水平

对教师进行信息技术基础知识和技能的培养,培养信息科学技术的带头人,广泛提升学校教师信息化综合素养,推进新技术与教育教学的深度融合,真正实现从融合应用阶段迈入创新发展阶段,不仅实现常态化应用,更要达成全方位创新,支撑引领教育现代化发展。

(三)深度改革各类培训,切实发挥社会效应

建设高校、教研机构、学校"三位一体"的联动模式。以教法改革为抓手,发挥合力,理论与实践紧密结合、双向促进。制定教师职后培训评价工具,评估各级各类培训质量。围绕目标设计培训系统方案,特别要开发优质系列化培训课程及标准,引进国内外一流资源,加强对参训者学习的量化考察,凸显培训的针对性、实用性、科学性、发展性。对培训学员做跟踪研究,以了解培训实效及问题改进措施,让高质量的培训成为教师夯实发展之基,成为教师创新教学方法的智慧源泉。

---

①教育部:《关于加强和改进新时代基础教育教研工作的意见》,http://www.moe.gov.cn/srcsite/A06/s3321/201911/t20191128_409950.html,2019-11-25。

五、重塑组织文化,加强学校治理体系现代化建设

(一)促进学校治理体系和治理能力现代化

随着学校办学条件全面提升,现代学校章程建设逐步健全,智慧教育有序开展,课程改革走向深水区,育人模式转型不断深化,学校教育改革总体路线已由单刀独进的"散点式"改革走向错综复杂且相互交织的全局性、系统性变革。聚焦学校组织文化变革,加强学校治理体系和治理能力的现代化,成为新时代以综合性改革书写提质强校"新答卷"的关键突破口。学校管理机构设置科学精要、分工明确、合作高效,为学校管理机构自身发展与教师科学优质教学提供环境与制度化保障。

(二)促进教师专业发展,为教师"松绑"

聚焦教师立德树人、教书育人主责主业,坚决反对形式主义和官僚主义。坚持分类治理,从源头查找教师负担,大幅精简文件和会议。坚持因地制宜,充分考虑区域、城乡、学段等不同特点,避免"一刀切"。坚持标本兼治,严格清理规范与中小学教育教学无关的事项,突出重点,大力精简指标;协调好学校管理与教育教学的关系,提高水平,发展专业治本。坚持共同治理,调动各级各部门、社会各界力量,形成合力,切实减轻中小学教师负担,营造宽松、宁静的教育教学环境和校园氛围,确保中小学教师潜心教书、静心育人,专心研究教育教学教法,不断增强教师专业发展的内驱力。

(三)健全教师队伍,深度改革教师评价方式

认真调查河南省各学科教师的配备情况,加速完成各学科教师齐、足、优的配备。配齐配全学科教师是落实国家教育目标与教学的基本需求,结构科学合理的队伍能使教师稳定地进行本学科工作,杜绝跨学科代课、被追加课时、被加重负担、疲于应付以及职业懈怠等情况,对教师身心健康与学生全面发展意义重大。以绿色评价激励教师自我发展与职业发展,克服功利主义倾向,形成自我成长的教师发展通道,为课堂深度改革奠定了坚实的基础。

第四章 | 积极推进新中考，稳步实施新高考，破解"双减"难点堵点

　　统筹实施中考与高考改革，是落实国家"双减"政策的关键一招。"双减"的有效落实，将全面改变基础教育生态，从而影响中考、高考改革的进程与成效，中考、高考改革反过来又能保障"双减"的实效。通过中考、高考改革形成从小学到高中、从教师到校长、从学校到家庭乃至全社会系统化、全链条的科学评价导向，引领整个基础教育教学改革方向由"考分"向"育人"转变。中考高考必须同步深化改革，才能实现教师的教、学生的学、考试评价的有效衔接，才能确保考与学、考与教相匹配，才能推进学生综合素质评价标准落地，才能减轻学生学习和备考的负担和压力，最终实现"双减"这一总的政策目标。

第一节　"双考"政策价值导向与趋势研判

　　通过解读新中考、新高考的政策，归纳"双考"政策措施的价值导向，立足于选课走班制、生涯规划教育、综合素质评价等关键点，对"双考"的发展趋势进行合理研判。

一、新中考政策价值导向与趋势预判

(一)新中考改革要与"双减"同向而行

　　2022 年 3 月 25 日，教育部办公厅发布《关于做好 2022 年中考命题工作的通知》(以下简称《通知》)。《通知》明确指出，2022 年将迎来"双减"政策

实施后的第一次中考,做好 2022 年中考命题工作,对于引导深化义务教育教学改革、促进减负提质、巩固"双减"成果具有重要意义。《通知》要求,各地要科学合理设置试卷难度,既要防止试卷过难增加学生学业负担,也要避免试卷过易难以体现区分度。要根据不同学科特点,合理设置试卷试题结构,减少记忆性试题,增加探究性、开放性、综合性试题,坚决防止偏题怪题,促进有效考查学生综合素质。通过深化考试命题和招生制度,破除"唯分数论",坚持以学定考,进一步提升中考命题质量。这是减轻学生过重作业负担的必然要求,同时也将倒逼学校以及教师优化作业设计,以应对命题改革趋势。

（二）核心素养落地,为知识运用赋能

2022 年 4 月,教育部印发义务教育课程方案和语文等 16 个课程标准（2022 年版）。新修订的义务教育课程以习近平新时代中国特色社会主义思想为指导,落实立德树人根本任务,强调育人为本,依据"有理想、有本领、有担当"的时代新人培养要求,明确了义务教育阶段的培养目标。此次修订,"让核心素养落地"成为本次课程标准修订的工作重点,核心素养导向既是课程标准研制工作的主线,也是课程标准文本的主旋律。课程目标的素养导向,有利于转变将知识、技能的获得等同于学生发展的目标取向,能引领教学实践及教学评价从核心素养视角来促进和观察学生的全面发展。

（三）凸显综合素质评价在高中阶段录取中的关键地位

2022 年 5 月 17 日,郑州市教育局召开 2022 年郑州市中招工作会议,发布了郑州市 2022 年中招政策,政策要求综合实践活动（含信息技术、劳动技术、研究性学习、社区服务和社会实践）音乐、美术等国家课程,地方课程和学校课程,应进行学业考查（考试）,以初中学校为主实施,体现在学生的综合素质评定之中。普通高中招收初中毕业生要坚持综合评价、择优录取的原则。学业考试成绩、综合素质评定结果和考生报考志愿是普通高中录取的主要依据。政策体现了河南省坚持素质教育为考试评价改革方向,愈加凸显综合素质评价在高中阶段录取中的地位,正在逐步实现中考招生制度功能的转变,即从原有的选拔性转为发展性,将素质教育的理念在中考中进行呈现,引导初中学校打破"不考不教"的壁垒。

（四）推动初中学校开齐开足开好课,贯彻落实"五育并举"

自 2017 年开始,河南省 4 个中考改革试验区先后将《义务教育课程设置实施方案》设定的全部科目纳入初中学业水平考试范围,全部做到以分数或等级的形式将生物、地理、美术、音乐、信息技术等学科纳入中招考试,有力督促初中学校义务教育课程开齐开足开好。

体育学科:河南省发布《中招体育考试方案》,规定从2024年起,中招体育考试总分值由目前的70分提高至100分。新增的30分为过程性评价分值,结果性评价为70分。过程性评价由"体育与健康"课程成绩和《国家学生体质健康标准》测试成绩等构成,在七、八年级两个学年进行,每学年各占15分。过程性评价要求把平时上体育课的情况和期中、期末体育课考试量化成分值计入过程性评价总分并在校内公示。结果性评价在中招体育考试总分中占70分,在九年级第二学期进行,由必考、抽考和选考等组成,项目设置从《国家学生体质健康标准》和"体育与健康"课程内容中选取,主要测试学生的耐力、速度、力量、技能等。必考项目由河南省统一设置,为男生1000米、女生800米;抽考和选考项目由各省辖市、直管县(市)教育行政部门根据实际确定组考方案。要求各地要建立素质类、技能类项目库,每个项目库要有若干项运动项目组成,尽可能满足学生抽考、选考的个性化需求。抽考项目要求在考前3个月左右从素质类项目库中随机抽取确定2项;选考项目由考生根据个人特长从技能类项目库中选取1项。[①] 河南省各地结合当地实际,充分考虑地方特色,充实考试项目库。如郑州市已将游泳和心肺复苏实践操作纳入考生自选项目;焦作市将太极拳纳入统考项目。

生物、地理学科:自2022年,河南省积极贯彻落实《教育部办公厅关于做好2022年中考命题工作的通知》,生物、地理学科由河南省教育厅统一命题、统一试卷、统一考试时间,各地教育主管部门统一组织考试、评卷,生物、地理学科为初中二年级考试科目,成绩原则上以A、B、C、D四个等级呈现,其中D等级原则上不超过5%。

信息技术学科:洛阳市、济源市分别于2012年、2006年起将信息技术考试纳入中考范围。据两市反映,考试促进了学校加大信息设备购置力度,加快了教育技术装备现代化进程;同时保证了初中信息技术教师队伍的稳定、

---

① 师闻:《中招体育总分由70分提高至100分 新政从今秋入学初一学生开始实施》,《河南教育(教师教育)》2021年第11期。

课程正常开设和教育信息化活动的开展。根据教育部发布的 2022 年新版《义务教育课程方案》,信息技术改为信息科技,单独列入国家课程,在三年级至八年级阶段开设,占九年总课时比例的 1%~3%。按照《义务教育信息科技课程标准(2022 年版)》要求,对学生学完课程后进行课程目标达成度的学业水平考试,考试形式要根据本地区实际情况采取灵活多样的学业水平考试形式,如纸笔测试、上机实践、自适应测评等。

音乐、美术学科:2017 年起,济源产城融合示范区将音乐、美术学科分值各增值为 30 分计入当年初中毕业生中招考试成绩。音乐考试分为必考与选考部分,必考为视唱,选考为考生根据自己特长从声乐、器乐、舞蹈中任选一项进行展示;美术学科随中招考试进行,也分必考与选考部分,必考为提供两幅图片考察学生的手绘线条造型表现力,选考为根据自己的特长从绘画、国画、书法中任选一项进行测试。许昌市教育局 2019 年下发《关于进一步做好 2020 年音乐、美术学科中考备考工作的通知》将考试对象、考试时间、分值、考试内容和形式都进行了明确:从 2017 年入学的初中一年级新生开始,试行中招改革方案。将生物、地理、音乐、美术纳入考试范围;中招考试满分为 820 分,音乐占 10 分。许昌市音乐、美术两科考试形式、分值设置被社会、家长普遍接受,全体学生包括农村、城市之间的分差不大,符合中招改革目标,考试内容以基础知识为主,难度不高,学生、家长不需要投入额外的精力、财力参加辅导。音乐、美术考试方式方法的实施,全面推动了教育部下发的《学校艺术教育工作规程》的落实,使艺术教育成为评价学生全面健康发展的一个重要指标,有效促进了音美课堂教学质量提升和课外艺术活动的广泛开展,也促使各校开齐开足开好音乐、美术课程。学校艺术教育的观念也进一步增强,中招音乐、美术考试不仅提升了学生的综合素质,还推动了学校艺术教育的长足发展。

二、河南新高考综合改革的分析和趋势研判

新高考综合改革会给高中学校带来巨大变化,尤其表现在走班教学、生涯规划教育、综合素质评价等方面。在启动新高考综合改革前,本书对河南省实际开展深入调研,以研判趋势,查找问题,分析原因,并从中探究应对之策。

(一)新高考综合改革的分析

整体来讲,2014 年以来 21 个省份的高考综合改革实践历程表明,高考综合改革具有较强的系统性、全面性和深入性,可谓牵一发而动全身,对基础教育教学尤其是高中教学、学生发展与考评、高校招生录取等方面产生了极其重要的影响。不论是"3(统一高考科目语数外)+3(高中学考科目)"模式,还是"3(统一高考科目语数外)+1(首选高中学考科目)+2(再选高中学考科目)"模式,都会出现很多科目组合。学生需要从中选择最适合自己的"套餐",高中需要据此配制师资和教室、设置课程、实施教学。

高考综合改革在实施过程中需要多主体多方面的改革联动来适应新高考改革的有效推进,如高中的选科走班、综合素质评价、学生发展指导、生涯规划指导,高校的"院校专业组"录取模式、如何参考和使用综合素质评价,相关教育行政部门的政策宣传解读和服务,以及高中学生和家长如何有效应对新高考改革要求。总览已实施新高考改革省份的实践过程,遇到的问题和困境主要有:相关政策解读不充分;学生选科指导不到位;教育行政部门、高中、学生、家长、高校等相关主体责任分工不明确;高中教育教学改革滞后;选考科目等级赋分导致学生选科功利化博弈和投机;高中综合素质评价主体、内容、方式及应用缺乏科学性和公平性;省级综合素质评价系统不健全,与高校招生体系融合性不足;综合素质评价在高校招生录取中参考作用较模糊;高校的主体责任意识淡薄,对自身专业要求的考生知识结构和能力素质没有清晰认识。

(二)河南新高考综合改革的趋势研判

2014 年 9 月,国务院印发《关于深化考试招生制度改革的实施意见》(以下简称《意见》)[1],标志着我国开启了自 1977 年恢复统一高考以来最全面、最系统、最深刻的一轮高考改革。依据《意见》内容和精神,并结合自身实际,全国各省市分批次试点新高考综合改革。具体情况见表 4-1。

---

①国务院:《国务院关于深化考试招生制度改革的实施意见》,http://www.gov.cn/zhengce/content/2014-09/04/content_9065.htm,2021-09-03。

表 4-1　新高考综合改革各批次省份统计表

批次	启动时间	执行时间	试点省(市、区)	模式
第一批	2014 年	2017 年	浙江、上海	3+3
第二批	2017 年	2020 年	北京、山东、天津、海南	3+3
第三批	2018 年	2021 年	湖南、广东、江苏、重庆、河北、湖北、福建、辽宁	3+1+2
第四批	2021 年	2024 年	甘肃、黑龙江、吉林、安徽、江西、贵州、广西	3+1+2
第五批	2022 年	2025 年	山西、河南、陕西、内蒙古、四川、云南、宁夏、青海	3+1+2

目前,全国只有新疆、西藏由于地域辽阔、少数民族人口占比较多,尚未启动新高考综合改革。

同批进入新高考改革行列的省份在改革思路、方案制定和具体实施方面具有更多的相似性。比如,在考试科目设置方面,第一批和第二批新高考改革省份采用"3+3"模式①,第三批、第四批和第五批省份则采用"3+1+2"模式②。不同批次进入新高考改革行列的省份,后来试点省份会比先行试点省份的方案有所改进。比如,第一、二批的"3+3"模式高考改革试点落地之后,受选考指导不够完善、部分学生和中学选择功利化等因素影响,一些中学出现了"弃学物理"的现象。第三、四批改革的省份因地制宜,在选考科目的考试次数和考试时间上都进行了调整,进一步降低了后续省份推进改革的难度。③ 从"3+3"的 20 种科目组合,到"3+1+2"的 12 种科目组合,大幅度降低了新高考对高中师资、教室等软硬件资源的要求,进而大大降低了中学组织

---

①"3+3"模式:是指 3 门必考+3 门选考。第一个"3"指的是统一高考科目语文、数学、外语 3 科;后一个"3"指从思想政治、历史、地理、物理、化学、生物 6 门科目中,自主选择 3 科。

②"3+1+2"模式:指 3 门必考+1 门首选+2 门再选。"3"指统一高考科目语文、数学、外语 3 科(不分文理科);"1"指从物理、化学中选择 1 门科目;"2"指从思想政治、地理、化学、生物 4 门中选择 2 门科目。

③樊未晨:《新高考改革的变与不变》,《中国青年报》2021 年 08 月 09 日第 005 版。

教育教学的难度,更有利于高考改革在中西部地区、考生大省、基础条件相对薄弱中学的实施。与前两批试点省份相比,后几批试点省份选考物理、化学的比例均有较大增加。因此,河南新高考也宜采用"3+1+2"模式。

第二节 "双考"存在的问题

通过实地调研,找出当前新中考、新高考改革中的选课走班制、生涯规划教育、综合素质评价等需要重点关注的问题,深入剖析"双考"改革的制约因素,以促进河南省"双考"的有效落实。

一、当前中考存在的问题

(一)考试内容有待完善

调研发现,河南省普通高中招生考试内容的稳定性和连续性较差,使教师、学生、家长等群体感到无所适从。近年来,许昌市、济源市作为河南省试点地区探索将音乐、美术纳入中考录取计分科目,并以一定分值计入招生录取总成绩。问卷调查显示(如图4-1所示),78%的受访者认为将艺术类(美术、音乐)课程纳入中招考试科目并以等级的方式呈现会更加科学。他们担忧将艺术类课程(美术、音乐)纳入中考,考试真正严格起来,恐怕有很多学生都无法达到中考的要求和标准。这样一来,学生和家长就会利用更多的休息时间来进行艺术类学科的学习和辅导,可能会导致学生的文化课成绩出现波动,不可避免地会给学生和家长带来更多的"焦虑"或"担忧"。所以多数受访者建议将艺术类学科纳入综合素质评定,考试成绩以等级方式呈现。这样既增加了学生对艺术类学科常识的了解,增强了艺术欣赏的意识,提升了艺术素养能力,又实现了学生德智体美劳全面发展。许昌市、济源市将音乐、美术纳入中考科目的实践证明,艺术教育成为评价学生全面健康发展的一个重要指标,有效促进了音乐、美术课堂教学质量提升和课外艺术活动的广泛开展,也促使各校开齐开足开好音乐、美术课程。在调研座谈时,参会人员普遍认为艺术类科目应该纳入中考科目,如果成绩以分数呈现,会加大学生对科目的重视程度,但也会加重学生的负担;如果成绩以等级制呈现,对孩子心理影响较小,焦虑会减少,建议采取过程性评价与终结性评价相结合的形式。

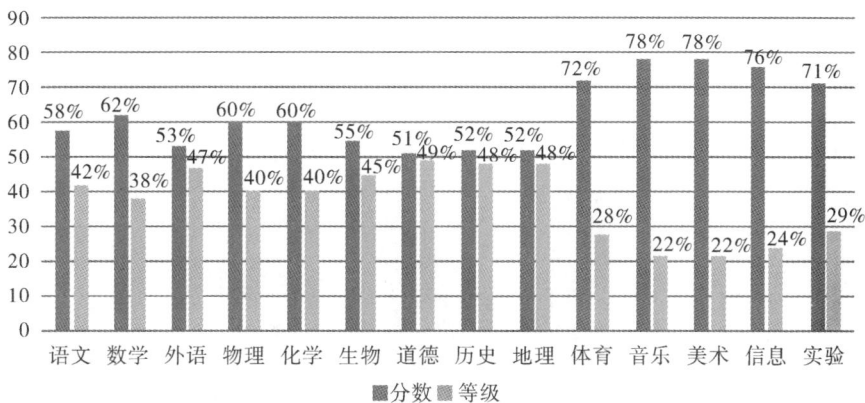

图 4-1　中考各科考试结果呈现方式意愿调查①

生物、地理学科两科成绩在 2021 年以分数形式计入学生次年中招录取总成绩,2022 年改为以 A、B、C、D 四个等级呈现,在普通高中招生录取时如何使用生物、地理的等级尚未明确。

(二)纳入中招考试的艺术类科目师资力量薄弱、设备资源配置不达标

近年来,河南省在全省初级中学设备资源配置方面做出了积极努力,如实施全省农村义务教育薄弱学校改造,制定初中音乐、美术教学器材配备标准,实施义务教育学校薄弱环节改善与能力提升建设工程,全面改善全省贫困地区义务教育薄弱学校基本办学条件,全省初级中学在音乐、美术器材、课桌椅、图书等设施设备方面有了显著提升。然而对照艺术类科目教会、勤练、常展(常演)的标准仍存在差距,需要全面改善。

由图 4-2、图 4-3 可见,42.65%的教师和 53.36%的校长认为师资缺乏是影响学校音乐、美术教育的不利因素。初级中学音乐、美术教师数量少,教学质量低,专任教师缺乏直接关系音乐、美术教育的发展。49.66%的教师和 38.06%的校长认为设施器材缺乏也是学校开展音乐、美术教育的不利因

①图 4-1、图 4-2、图 4-3、图 4-4、图 4-5、图 4-6、图 4-7、图 4-8、图 4-9、图 4-10 数据来源于"基于'双减'的基础教育高质量发展研究"项目调查问卷。

素。教学器材设施是教师在音乐、美术课堂上的重要辅助工具,部分初级中学设备资源配备不达标,教学设施不完善,一定程度上影响着音乐、美术教学的质量,限制了学生在课堂上进行的艺术类科目学习活动。

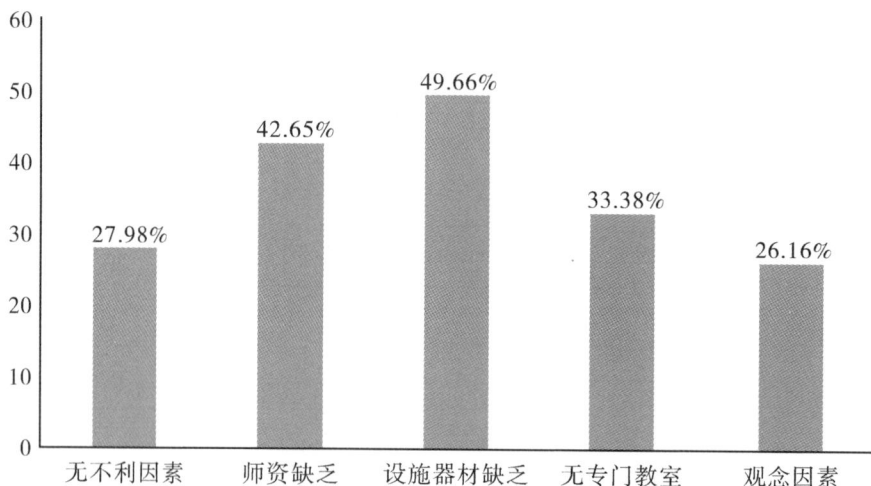

图 4-2 影响学校音乐、美术教育的不利因素(初中教师卷)

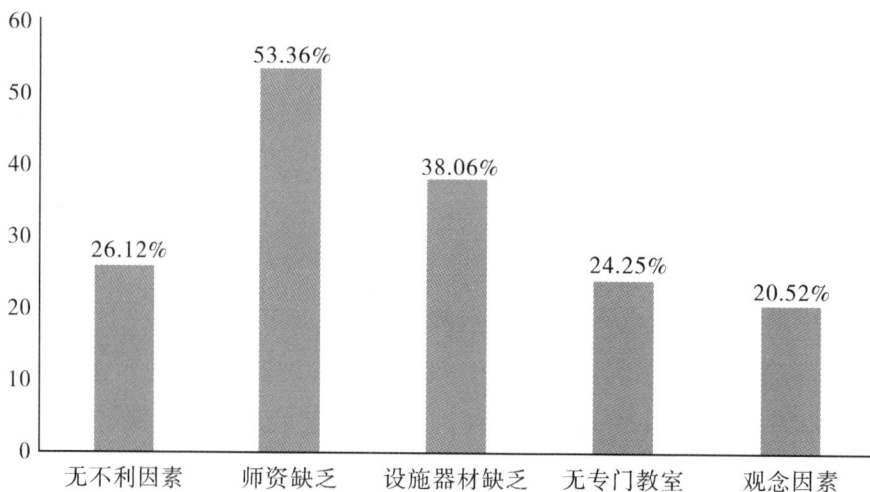

图 4-3 学校开展音乐、美术教育的不利因素(初中校长卷)

(三)综合素质评价未能发挥应有作用

综合素质评价是落实立德树人根本任务的重要手段,是促进学生全面发展的重要途径,是推进素质教育的有效方法。然而,人们对综合素质评价结果纳入高中招生录取的实施方式看法不一。由图4-4、图4-5可知,55.16%的教师和51.87%的校长认为开展综合素质评价有利于对学生形成有效、全面的评价,有利于鼓励学生个性化发展;63.03%的教师和61.57%的校长认为当前评价标准尚不完善,具体效果尚待观察。目前,综合素质评价的项目可选范围较窄,尚不能完全满足学生的需求,部分评价项目要求过高、过细,关键性实证材料较难取得,导致学生为了取得较高等级而感到焦虑。

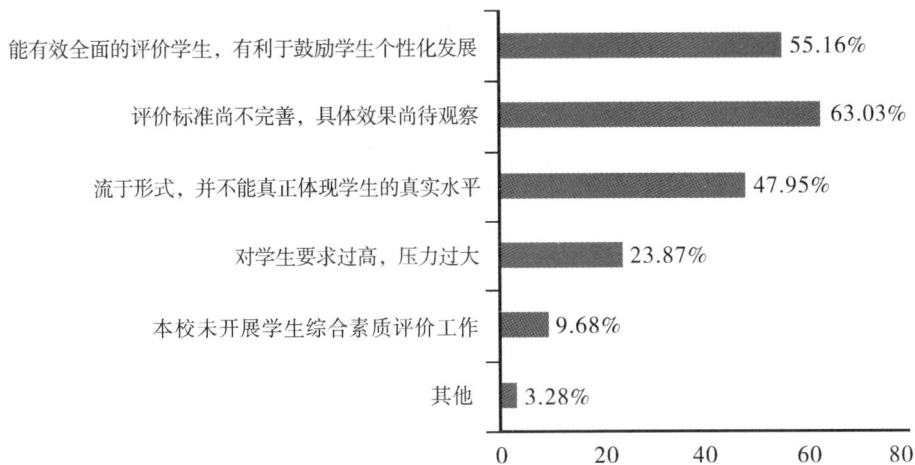

图 4-4 初中教师对目前学生综合素质评价的看法

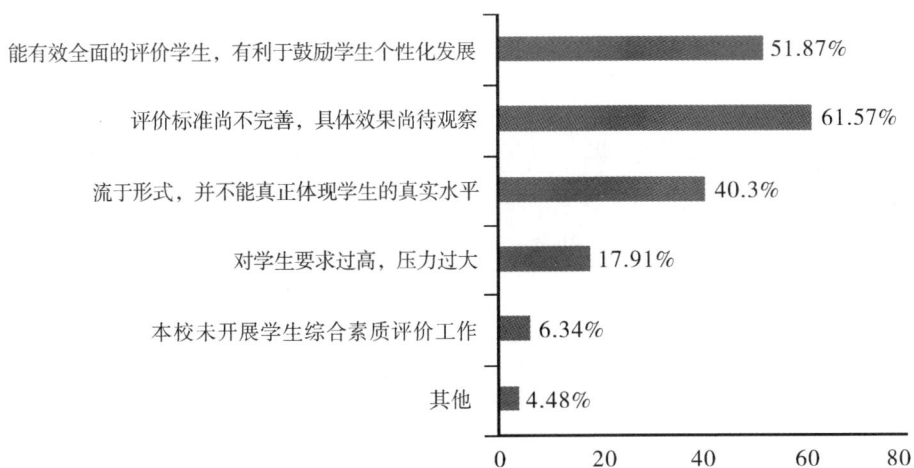

图 4-5 初中校长对目前学生综合素质评价的看法

由图 4-6 可知,初中教师认为影响综合素质评价结果作为高中阶段学校录取的因素主要集中在以下几个方面。其一,64.77%的初中教师认为综合素质评价指标设置不科学,区分度不高,难以操作。比如:学生的道德品质很难做出量化的评价,人的态度、价值观、信念等深层的、潜在的非认知领域的道德是难以量化的。其二,54.04%的初中教师认为综合素质评价程序不严谨,可能存在教育不公平现象。据座谈交流反映,综合素质评价是对学生全面发展状况的观察、记录和分析,是培育学生良好品行、发展个性特长的重要手段,综合素质评价体系可作为高中录取参考,但在实际操作时形式大于内容。其三,58.99%的初中教师认为综合素质评价有可能存在虚评现象,不能保证对学生进行完整、准确评价的问题。很多初中学校采用学生自评、学生互评、家长评价、各科教师评价的综合素质评价评定办法。但家长评定时,总想给孩子等级打高一些,觉得这样对孩子有好处。学生在自评、互评时,怎么开心就怎么评,主要看心情。在实际操作中,教师一般不会给自己的学生评定一个较低的等级,同时要给班里五六十个孩子的思想品德、身心健康、社会实践能力、创新能力等区分出四个等级,带来了许多"额外"的工作,初中学校教师普遍不太喜欢综合素质评价工作,所以不排除老师模糊处理、简单按照文化课成绩来给各个学生按照比例排等级的可能性。在实践层面,综合素质评价制度与措施该如何有效落实,还需要进一步细化。

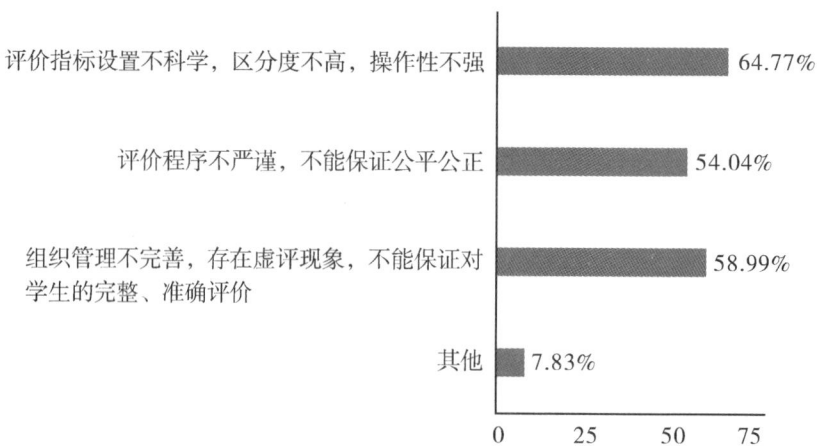

图4-6　影响综合素质评价结果作为高中阶段学校录取的因素

(四)分配生政策尚需改进

分配生比例尚不能满足社会需求,不能完全扭转"唯分数""唯升学"的教育评价导向,相关政策未能有效促进城乡初中教育均衡发展,不利于农村、乡镇初中"办好家门口的学校"。

课题组在与初中教学基层管理者座谈时发现,大家认为普通高中分配生政策的实施可以让更多初中生考上优质高中,利大于弊。但当前60%的分配生比例尚不能满足社会需求,不能完全扭转"唯分数""唯升学"的教育评价导向,分配生比例较低、名额较少仍为家长和学生造成了不小的压力。此外,初中基层管理者普遍表示,当前的分配生政策在实施过程中,仍有不少弱生源的农村、县镇初中在降50分之后,仍无学生满足分配生政策,导致该学校分配生名额被优质高中收回,而后利用收回的名额转录统录生,这一情况的存在使得分配生政策促进教育均衡、促进薄弱初中学校办学积极性的初衷未能完全达成。

(五)英语考试中对学生口语能力的考察欠缺

《义务教育英语课程标准(2011年版)》在"课程基本理念"的第五点提出"优化评价方式,着重评价学生的综合语言运用能力",强调"终结性评价应着重检测学生的综合语言运用能力",同时提出英语学业考试应着重考查学生在英语方面听、说、读、写等四种语言技能的实践能力以及灵活运用语言知识的能力。可见培养学生实际运用英语的能力十分重要。然而调研显示,如果河南省将英语口语纳入初中毕业升学统一考试,可能会受到以下几个因素的制约。根据图4-7、图4-8可知,87.86%的教师和90.67%的教育行政管理人员认为英语口语纳入初中毕业升学统一考试的不利因素是城乡教育水平差异较大,当前河南省农村初中的英语教学在教学条件、学生素质、师资力量等方面都与城市存在着较大差距。59.27%的教师和54.56%的教育行政管理人员认为评分不客观也是不利因素之一。当前普遍使用的"人机对话"测试形式容易受资金、网络系统、信息技术人员配备、评分软件智能水平等因素的制约,从而导致学生得分不够客观。

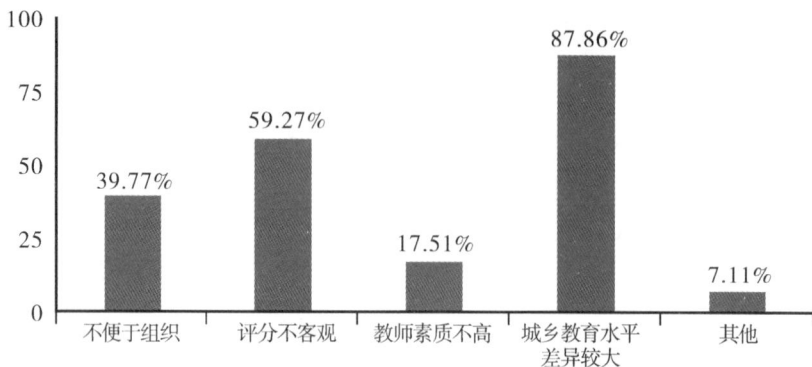

图 4-7　英语口语纳入初中毕业升学统一考试不利因素(初中教师卷)

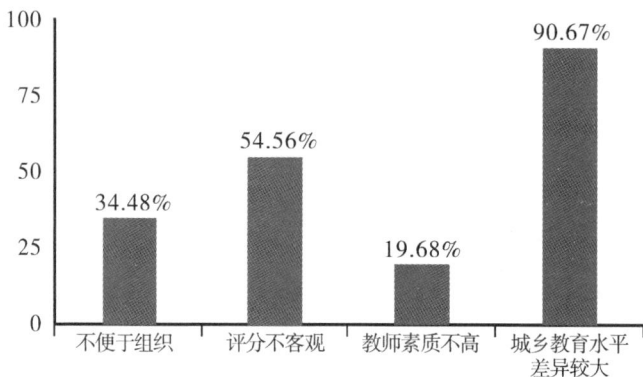

图 4-8　英语口语纳入初中毕业升学统一考试不利因素(教育行政管理人员)

《义务教育英语课程标准(2022 年版)》提出要重视英语听说能力的同步发展,组织听力考试和口语考试,合理调整并逐步加大听力测试题和口语测试题的比例。从图 4-9、图 4-10 可知,59.44%的初中教师和 61.05%的教育行政管理人员不赞同将英语口语纳入中招考试,他们担忧中招考试增加英语口语将加重初中学生的学习负担,若必须加入,要适当降低英语分值,增加英语平时考试次数,按照最高分计入中招成绩。有 40.56%的初中教师和 38.95%的教育行政管理人员赞同将英语口语纳入中招考试,他们希望以此改变初中生"哑巴英语"的状况,提高初中生的英语口语表达能力。课题组在与初中行政管理人员座谈交流时,有初中校长反映当前在英语教学上的投入非常大,英语作为一门工具学科可以适当减弱其在中考中的分量,建议强化英语口语考试。

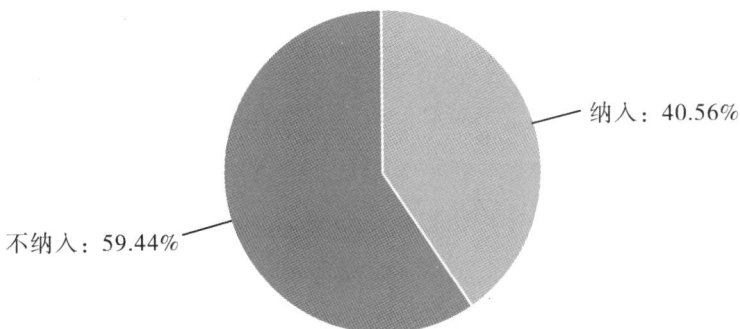

图 4-9　英语口语纳入中招考试意愿调查(初中教师卷)

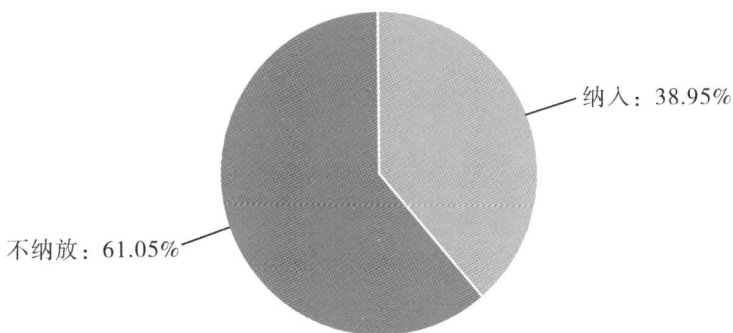

图 4-10　英语口语纳入中招考试意愿调查(教育行政管理人员卷)

二、新高考改革实施的有利条件及制约因素

(一)新高考改革实施的有利条件

本课题组针对河南新高考综合改革中的选课走班制、生涯规划教育、综合素质评价等关键问题进行调研和研判,除了查阅相关的文献和档案外,还针对不同问题编制提纲,对高中校长、高中教师、高中生、家长、高校招生人员等相关人员进行访谈,以搜集最新的资料。具体调研内容如下。

1.普通高中基础设施改善情况

根据《河南省教育统计年鉴(2020)》公布数据显示,截至 2020 年年底,河南省普通高中学校 925 所,在校生 224.86 万人,校均规模 2431 人;生均占地面积 27.4 平方米(河南省省定标准是 22 平方米),比 2018 年底增加 0.3 平方米;生均校舍建筑面积 14.4 平方米(河南省省定标准是 10.4 平方米),

111

比 2018 年底增加 1.6 平方米;生均教学仪器设备值 1386.3 元(全国平均水平是 4737.81 元),比 2018 年底增加 124.3 元;生均体育运动场地面积 5.3 平方米(全国平均水平是 10.88 平方米),与 2018 年底基本持平。2019 年以来,各地按照省政府要求,不断加大投入力度实施普通高中改扩建工程。2019 年和 2020 年共筹措中央和省级资金 19.75 亿元,用于改善普通高中办学条件,2019 年至 2020 年底,河南省新增普通高中 36 所。

2.普通高中大班额消减情况

近年来,在河南省上下共同努力下,普通高中大班额比例持续下降。2019 年以来,各地按照省政府要求,建立了本地消除普通高中大班额专项规划。根据《河南省教育统计年鉴(2020)》公布数据显示,截至 2020 年年底,河南省普通高中 56 人以上大班占比 21.48%,比 2018 年下降 43.24 个百分点,比 2019 年下降 21.31 个百分点;66 人以上的超大班占比 5.87%,比 2018 年下降 25.28 个百分点,比 2019 年下降 7.41 个百分点;河南省普通高中 224.86 万名在校生,4.22 万个教学班,平均班额 53 人。从普通高中平均班额和大班额消减规划上看,基本可以满足 2022 年启动改革的需要。

3.普通高中教育经费保障机制完善情况

河南省政府于 2016 年印发《河南省人民政府办公厅关于完善普通高中教育经费保障机制的通知》,确定了公办普通高中生均公用经费基准定额、保障公办高中学校教师工资、加快化解公办普通高中债务、动态调整普通高中收费标准、完善家庭经济困难资助政策、加大普通高中办学经费投入等六项措施,建立了全方位的普通高中经费保障机制。2020 年春季学期起,提高公办普通高中生均公用经费基准定额标准,省辖市市区、县城和农村地区普通高中分别由原来的每生每年不低于 1000 元、800 元提高到不低于 1200 元、1000 元,确有困难地区可延至 2022 年春季学期执行。将普通高中收费标准调整权限下放至市、县,进一步完善了普通高中收费政策。

4.普通高中师资队伍建设情况

河南省各地结合实施新高考综合改革和普通高中新课程对教师配备的实际需要,提前编制普通高中教师补充和储备计划,通过统筹调剂县域内事业编制、公开招聘、签约教育部免费师范生和择优选调等多种途径加大教师补充力度。根据《河南省教育统计年鉴(2020)》公布数据显示,截至 2020 年年底,河南省普通高中专任教师 14.81 万人,教职工达 19.69 万人,生师比达到 11.4∶1,符合城乡统一的编制标准要求(12.5∶1)。2021 年 8 月,省委编办、省教育厅等四部门联合印发《关于重新核定全省中小学教职工编制的通知》,对中小学教职工编制进行了重新核定,特别是 2022 年河南省按照 3%的比例补充中小学教职工编制总量,重点满足小规模学校、寄宿制、新高考综合改革等增编需求,普通高中教师总量基本能够满足新高考综合改革需求。

5. 普通高中课程改革情况

近年来,河南省先后出台了关于普通高中生涯教育课程指导纲要、学业水平考试和综合素质评价实施办法、新课程新教材实施工作指导意见、课程设置方案等配套改革政策。2021 年起全面实施新课程,使用新教材,投入 1500 万元用于普通高中新课程全员培训,覆盖河南省所有县级教育行政部门,教研部门、高中校长和一线教师,为新高考综合改革方案顺利实施奠定课程基础和师资准备,基本能够保证 2022 年高一年级顺利启动新高考综合改革的需要。

6. 综合素质评价信息管理平台建设情况

2018 年,河南省完成了综合素质评价信息管理系统建设,通过思想品德、学业水平、身心健康、艺术修养和社会实践五项评价内容 24 个评价模块,对学生全面发展状况进行观察、记录。按照"试点先行、稳妥推进"原则,2018 年开展学校试点应用工作。根据国家关于基础教育的相关要求和试点学校反馈意见,及时对系统指标体系进行完善。同时,开展综合素质评价系统培训,确保一线教师能够熟练操作系统。从 2021 年秋季学期起,启用河南省统一的学生综合素质评价电子信息平台。2022 年 1 月 15 日前,实现普通高中学生综合素质评价系统应用全覆盖。

(二)新高考改革实施的制约因素

1. 高中基础设施条件制约新高考综合改革整体推进

区域、校际普通高中办学基础条件不平衡,部分市、县普通高中办学条件不达标。河南省普通高中生均教学仪器设备值、生均体育运动场地面积远低于全国平均水平;生均教学仪器设备值差距较大,严重制约国家新课程方案的实施;走班选课管理平台、综合素质评价信息管理平台的开发、建设等配套措施滞后,制约新高考综合改革的整体推进。

2. 大班额影响新高考下的高中教育质量

根据《2021年河南省教育事业发展统计公报》公布数据显示,截至2021年年底,河南省公办普通高中尚有大班额3925个、超大班额1106个,占总班数的10.99%。新高考综合改革启动后,按基本满足走班教学需求计算,在上述数据基础上,需新增5420个教学班。目前在不同地市、城乡之间大班额比例差距较大,商丘、周口、驻马店、信阳等地市大班额问题尤为突出,县城以下公办普通高中大班较多,甚至部分地市存在超级普通高中,对于学生选课走班将造成较大困难,直接影响未来高考的升学质量。

3. 高中教师对新高考适应力不足

一是公办普通高中教师配备不足。根据《河南省教育统计年鉴(2020)》公布数据显示,截至2020年年底,河南省公办普通高中教职工13.53万人(其中专任教师11.78万人),按照国家要求的生师比12.5∶1测算,河南省公办普通高中教职工缺口为0.88万人。二是河南省普通高中教师存在区域性、结构性、临时性缺员情况。据多数地市反映,部分县区特别是偏远贫困地区普通高中教师流动失衡问题突出,部分偏远学校教师"招不来、留不住"。新高考实施后,将会出现高中物理、化学、地理等部分选考科目教师短缺情况,需要妥善应对。截至2020年年底,河南省普通高中女性专任教师占比58.48%,随着国家生育政策调整,学生数和孕产期女教师数量逐年递增,临时性缺员情况加剧。三是各地学校普遍面临高质量生涯教育师资短缺问题,偏远贫困地区和县域高中尤为明显。生涯教育的师资紧张,专职生涯教师匮乏,大部分学校生涯教师由心理教师或部分科任教师兼职,生涯教育队伍缺乏专业型人才。在访谈调研中,某县域高中校长表示,现有师资力量只能支撑简单的生涯规划和职业体验,如果学生问及某专业的细节问题,生涯教育课程教师也只能临时上网查资料,"现学现卖"现象突出。

4.学校和社会对新高考改革方案了解不够透彻

高中、高校、学生、家长及省级以下地方教育行政部门等相关主体对新高考政策了解不深,准备工作不充分。被访谈的地方教研室主任和高中校长对新高考改革方案知之甚少,对高中综合素质评价的办法也缺乏深入了解。

各相关主体是否具备新高考改革方案实施能力是影响方案实施效果的关键因素。新高考改革方案的有效实施需要各主体在深入了解方案内容的基础上进行必备能力培训。调研发现,在河南省新高考综合改革实施方案公布,新高考综合改革启动时间日益临近时,仅个别高中学校的校长、副校长等管理人员参加过1~2次新高考改革相关培训,大部分高中学校管理人员尚处在观望状态,并没有针对新高考改革的变化进行必要的培训学习。调研还发现,高中一线教师对全面了解新高考改革缺乏积极性和主动性,对即将实施的新方案缺乏及时了解,高中一线教师对新高考改革存在"漠不关心""兵来将挡水来土掩"等消极态度。同时也没有参与新高考改革实施必备技术、能力的机会和平台。究其原因,主要在于河南省政府层面迟迟未公布新高考综合改革方案,高中学校无法提前明晰新高考改革的思路、模式和内容,因此无法依据改革方案有针对性地进行准备。新高考综合改革启动之后,上述情况可能会导致以下问题:一是高中学校管理者和一线教师的教育理念及方案实施能力与新高考方案实施要求不匹配,影响方案实施的进展及效果;二是高中应对新高考改革变化的措施缺乏前瞻性,对出现的问题缺乏科学的处理方法,甚至可能导致高中教育教学工作处在被动应付状态而混乱无序;三是影响学生的学业发展和综合素质提升;四是引发社会公众尤其是学生家长的质疑。

5.高校对参考综合素质评价招生录取方法不明晰

新高考改革背景下高中综合素质评价的主要目的和功能是为高校招生录取提供参考依据。近几年新高考改革实施省份的实践历程显示,高校在招生录取过程中仍然依据学生统考科目分数和学业水平选择性科目成绩,并未对学生综合素质信息进行有效参考。面对这一共性问题,调研中河南省某高校招生负责人员也表示,虽然新高考改革政策规定高校招生录取将综合素质评价作为重要参考,但并没有明确在哪些环节参考以及如何参考,高校自身在长期的"唯分数"录取模式下难以改变传统招生理念和思路,也无法确定如何参考学生综合素质信息。同时他还表示,如果加入综合评价招生试点高校行列,如何依据自身办学定位与特色对考生分数之外的综合素质进行考查评价,尤其是在校测面试环节对学生进行综合素质评价并没有充分的准备和经验积累。

第三节 国内外"双考"相关经验

通过梳理国内外"双考"的政策制定、先进做法、有益经验等,提炼和概括河南省与国外、国内发达地区"双考"的政策、落实情况等方面的差异,坚持以我为主、为我所用的原则,为提出适合河南省同步深化"双考"实施的建议奠定基础。

一、中考改革的相关经验

(一)国外高中入学制度的先进做法

1. 学生的学业评价体系更加多面、客观和系统

韩国的学业评价包括课程成绩评价、课程出勤率、学生参与社会活动情况,任课教师对学生学习动机、兴趣、学习特点、读课外书等情况的综合描述等。学业成绩记录模式采用原始成绩和学年平均成绩进行指数换算,以便更客观地反映出学生的学业水平。这样的计分方式或使高分学生增多,为高中掐尖增加难度,但是将有效减少同校同班学生之间的竞争。由此可见,韩国改革高中入学制度更加注重激发学生的学习动机和兴趣,淡化了对课程成绩的严苛要求,力求多方面考察学生的能力和发展潜力。[1]

2. 通过更加多元化的招生模式,最大限度保障学生的选择权利

韩国的高中分两批进行录取,第一批录取的高中为特殊目的高中、特色高中(职业和体验型)、部分自律型私立高中,录取阶段为每年8月至12月

---

[1]姜英敏:《韩国高中入学制度改革刍议》,《比较教育研究》2014年第11期。

初。在该阶段,学生可根据这些学校陆续颁布的招生简章自行报名参加考试(只能报 1 所,不得重复报名)。考试一般分为初试和复试,初试要求学生提供各种书面申请材料,复试则包括考察和面试等。落选的学生就可参加第二阶段分配。第二阶段录取的高中为当地普通高中和自律型公立高中,每年的 12 月初至 12 月中旬进行招生报名。韩国高中招生制度体现出对学生志愿的考虑。各地方政府纷纷出台相应政策,要求各学校在考察学生的能力过程中注重主观动机、潜能等因素。①

3. 重视中考招生专业能力建设

英国的公立学校为 16 岁以下本国学生提供免费教育。到了 16 岁,学生就要参加公开的 GCSE 考试升入高中,也就是英国中考。英国的高中,不同的学校有不同的入学标准。一般私立中学会看申请人 10 年级的成绩单和个人简历,有的还会组织入学考试,或者是逻辑思维方面的测试。而重点中学最看重的则是 10 年级的成绩单及学生 GCSE 科目老师给出的预估成绩。进入 GCSE 阶段的学生,可从近 50 门科目中选择至少 10~15 门必修和选修科目。必修科目包括英语、数学、科学、历史和地理等 6~7 门;选修科目则五花八门,既有语言类、艺术类、人文科学和理科类,又有汽车修理、建筑施工、电工技术、煤气工技术等实用技术类,为学生在 16 岁毕业后直接就业打下基础。

(二)省外新中考改革的有益经验

1. 在制度层面有效防止"区域掉队""学校掉队"

上海市教育委员会发布《关于 2022 年本市高中阶段学校招生工作的若干意见》《关于市实验性示范性高中名额分配综合评价录取学校综合考查的指导意见(试行)》。2022 年,上海中招从原来的五种录取方式(自荐、推荐、零志愿、名额分配和统一招生)改为三种录取方式(自主招生录取、名额分配综合评价录取和统一招生录取),志愿填报、自主招生和名额分配均在中考后进行。这项改革的最大亮点在于"名额分配",将上海委属、区属的实验性示范性高中招生计划的 50%~65% 分配到区、分配到校。上海新中考改革进

①姜英敏:《韩国高中入学制度改革刍议》,《比较教育研究》2014 年第 11 期。

一步推动了初中均衡发展,降低了社会教育焦虑,为学生创设相对宽松的环境。①②

2. 实行全科开考,促进学生全面发展

北京新中考改革一方面是实行全科考试,但原始分计入考试的只有8门学科,其中语文、数学、外语、体育与健康、道德与法治、物理6门必须计分;另一方面考生可以在历史、地理择优1门计入中考成绩,生物、化学择优1门计入中招成绩。北京新中考实行全科开考,促进学生的全面发展,不增加学生负担,但在历史地理、生物化学科目中选科计分,也注重了学生的个性发展,还与新高考接轨。2021年起,广州新中考录取计分科目采用"4+4"模式,即语文、数学、英语、体育与健康、道德与法治、历史、物理、化学,满分为810分。实行"全科开考",地理、生物、音乐、美术、信息技术5门为高中录取参考科目,按ABCDE等级计入成绩;学生若要被示范性高中录取,参考科目成绩均须达到C级及以上;若要被普通高中录取,参考科目成绩均须达到D级及以上。同时,综合素质评价还将作为高中学校自主招生与名额分配招生的重要参考。③ 综上,北京和广州新中考改革强调渗透立德树人、核心素养培养和研究性学习的命题理念,注重考查学生与生活、社会实际联系的能力。

3. 综合素质评价在中考中占据重要位置

上海市重点考察综合实践活动。一是中招成绩入围"名额分配"到校计划的考生,在达到相应的最低控制分数线的基础上,还要结合综合素质评价与学校综合考查结果综合录取。二是重视"综合素质评价"中参与社会考察、探究学习等综合实践活动的表现。河南省可在省情的基础上借鉴上海市经验,细化综合素质评价指标,提高分配生比例,同样鼓励学生参与综合

---

① 上海市教育委员会:《关于2022年本市高中阶段学校招生工作的若干意见》,http://edu. sh. gov. cn/xxgk2_zdgz_rxgkyzs_03/20211229/8e35d5f326cc45f8995d66d2b53289e5. html,2021-12-29。

② 上海市教育委员会:《关于市实验性示范性高中名额分配综合评价录取学校综合考查的指导意见(试行)》,http://edu. sh. gov. cn/xxgk2_zhzw_zcwj_02/20211229/808b692a63c64627bfe610b10fdd50a3. html,2021-12-29。

③ 广州市教育局:《广州市初中学业水平考试语文数学英语道德与法治历史物理化学等科目考试实施方案(试行)》,http://jyj. gz. gov. cn/yw/tzgg/content/post_6907114. html,2020-11-11。

实践活动,注重学生德智体美劳全面发展,引导家长、社会在"双减"政策背景下,进一步转变教育观念,关注学生的全面发展。

4. 深化艺术评价改革,全面提升育人质量

青岛市全面实施学生艺术素质测评。在 2016 年开展学生艺术素质测评试点的基础上,于 2018 年正式印发全市学生艺术素质测评方案,并连续三年进行全市学生艺术素质测评第三方抽测,对不同学段学校、区市进行数据分析,坚持每年召开一次全市抽测通报和现场交流推进会,促进学校开齐开足艺术类科目、配齐配足专业教师,尤其对艺术转岗教师回归专业教学本位起到了积极的推动作用。

四川省委办公厅、省政府办公厅印发了《关于全面加强和改进新时代学校艺术工作的实施方案》,明确"推进艺术类科目中考改革,从 2022 年秋季入学的初中一年级新生开始,各市(州)全面将艺术类科目纳入中考并作为高中阶段学校考试招生录取计分科目,考试内容依据国家颁布的课程标准确定,成绩主要由艺术素质测评和技能测试成绩组成"。艺术类科目进中考促使地方党委政府更加重视学校美育、家长正确认识美育在学生全面发展中的作用,督促相关方面补齐补足师资和场地器材短板,推动美育教师提高教学能力,提高美育质量,有利于义务教育阶段素质教育整体发展。

二、新高考改革的相关经验

(一)浙江省普通高中课程改革的主要举措

浙江省由 2006 年的高中新课改到 2009 年新课改高考方案,再到 2014 年试点实施新高考改革,实现了由选课到选考再到选录的梯次推进,高考改革与课程改革相互呼应,又促进课程改革。在此过程中,浙江省实现了学校课程改革创新、策略创新和学校课程管理制度创新,构建了有特色的普通高中课程改革的"浙江模式"。其主要举措有以下几种。

1. 变革学校育人模式

以"选择与发展"为课程改革的指导思想,提出"减必修增选修,实行选课走班,学生人人拥有不同的课表,高中生能有机会学习自己想学、有能力学、学得好且对实现自己志向有用的东西"的目标。通过学校体制多样化,

课程结构再优化,选课、学分和考试评价制度化,确立选择发展观,实现对学校育人模式的根本变革。

2.构建多元、开放、可选择的学校课程体系

各高中学校,以目标导向、结构导向、问题解决导向三种不同的课程生成方式,从自己学校实际出发建设各有重点和特色的课程结构,从而形成了整合型、组合型和特色型三种课程结构形态。

3.开发建设富有特色的选修课程

将开设选修课程作为实现选择性学习的重大举措,形成了选修课程的开发途径,搭建了各具校本特色的系列选修课程,探索了一条充满生机活力、多层次、可选择的选修课程开发建设之路。

4.建设基于学生自主学习与发展的学科课程

为将课程改革落到实处,浙江省基于学科规律、学段衔接、学生发展的差异性和优势学科课程建设的新思路,搭建了进阶式学科课程体系;构建了学生自主学习与发展模型;形成了课堂教学过程与策略;探索了课堂教学模式和学科课程的制度化。

5.创新以选课选考制、走班教学制为核心的课程建设制度

高中课程改革创生了课程建设的选课走班、选考编班、导师指导等三种基本制度,其重要内容是选课走班制的实施。不少学校建立相应的管理制度,顺应形势不断完善走班管理制度,走班教学成为常态。

浙江省战略设计,理念先行。形成了区域、学校两个层面同时推进的战略格局,在"增加教育选择性,创造适合学生发展的教育"理念指导下,探索一条高中教育的改革和创新之路。注重结构优化,内涵发展。通过办学体制改革,构建多样化、特色化办学格局;分类指导,错位发展;创建基地,项目引领,激活学校课程改革的内在机制和活力。打造质量高位,促进优质均衡。以区域教育品牌建设为突破口,走科学、优质、协调发展之路,发挥品牌带动辐射功能,扎扎实实地推进教育优质化建设。资源整合,搭建平台,建立市级普通高中课程资源库和资源网,资源共享。①

---

①裴娣娜:《浙江省深化普通高中课程改革的主要举措及其创新》,《人民教育》2018 年第 23 期。

(二)上海"普通高中学生个性化学程学习的设计与实践"

在高考综合改革的背景下,2009 年起,上海市育才中学传承教改传统,针对普通高中存在的"课程标准内容与学习进度整齐划一、无法满足学生的个性化学习需求"的困境,探索以"个性化学程"为核心的基础学科课程重组和教学方式、组织形式的改革。学校依据课程标准、学校培养目标、学生的学习需求,对上海市三类课程进行二次开发,将每门学科在内容与难度上划分为若干不同层(类)、相对独立又具内在逻辑的"模块",并将每学期划分为与其相匹配的三个"学程",构建了多层多向、多类别、模块化的学校课程,同步实施"问题中心"教学和跨年级走班,转变教与学的方式,建立全过程、全要素的学习支持服务系统,实现了学生的个性化课程学习,取得了显著成效。上海市育才中学通过对现实问题的分析把握、对国家课程教材的深入研究,通过组织形式的变革,摸索出了更加高效的学校课程体系构建,解决了现实矛盾冲突,为河南省进行教育教学综合改革提供了新思路。

第四节　同步深化"双考"实施的政策建议

"双减"与新中考、新高考综合改革是国家基础教育改革的系统工程,二者需相向而行、协同推进、同步深化。"双考"改革的实施建议以河南省基础教育质量提升的现实需求为直接导向,形成"招—考—教—学"上下联动的教育机制,引导育人方式变革,全面提高教育质量。

一、实施新中考的政策建议

2020 年,河南省中考报名人数达 148 万人,普通高中录取率为 50.57%;2021 年,中考报名 150 万人,普通高中录取率为 51%。由于每年都有 70 余万学生不能进入普通高中学习,中考又被称作是"噩梦之考"。为了更好地发挥中考"检测"与"选拔"的功能,释放出与"双减"精神一致的能量,实施新中考有以下几条政策建议。

（一）以制度稳定营造可预期的良好教育生态，更加注重政策稳定性、协同性和一致性

成熟稳定的教育管理体制机制有助于稳定教师、家长和学生的预期，引导合理的中考预期，促进教育生态的良性发展。良好教育生态的塑造需要强化和稳定教育主体和客体长期和理性的制度预期。从河南省义务教育生态重塑看，重点关注以下几个方面：一是以系统集成式改革为契机，全方位塑造和完善教育主体的内生动力，更加重视政策设计的集成性和系统性；二是以构建教育发展新格局为契机，强化中小学"立德树人"的激励机制，最大限度激励教师和学生的创新创造，引导"教"与"学"的稳定预期，构建更加制度化、协同化、完备化、全方位、系统化的动力机制；三是以教育制度创新为契机，对标一流标准、一流规则，聚焦提升义务教育水平、层次和质量，防止中考政策政出多门与"合成谬误"对教育生态造成的负面冲击，培育河南省基础教育发展新优势。

（二）遵循"双减"政策方针，多做减法，少做加法，落实学校开课责任

国家"双减"政策的目标是要从根本上解决"中小学生负担太重""义务教育短视化、功利性"的问题，这是义务教育的总遵循，更是"双减"背景下中考改革的逻辑起点。"做减法"是中考改革的基本方向，"做加法"是需要慎之又慎的，需要全面论证和系统推演，不能因为"重视什么考什么"，这不仅会增加学生的考试负担和心理压力，也会成为家长新的焦虑。从"中考改革"看，改革必须能够巩固和强化"双减"成果，而不是抵消或弱化"双减"的政策效果。不能为了让学校"教"、让学生"学"，就采取一刀切的"进中考"方式，导致才去"学科培训产业链"，又生"非学科培训产业链"，在体育、音乐、美术等非学科培训领域产生新的野蛮生长，违背"双减"政策精神，冲减"双减"政策成效。在义务教育阶段，艺术类课程的目标定位是激发学生艺术兴趣和创新意识，培养学生健康向上的审美趣味、审美格调，所以在艺术类课程的教、学、考等各个环节要坚持"多元化""多样性"，而不是简单地"以考代教""以考代学"，对其教学评价建议以"开课率""授课量""参与量"等指标，探索把班级、年级、学校和县区的整体性测评作为学业水平评价的依据。

(三)坚决破除"唯分数",多等级测评,少分数考试

"唯分数"在表面上可以解决"教育公平"问题,实质上是导致义务教育进入"窄胡同"的推手,严重制约了基础教育优质均衡发展。中考作为人生的"第一次大考",对处于青春期的学生来说是成长道路上遇到的第一次重要挑战,在政策设计上必须坚决破除"唯分数",要充分发挥中小学是教育主阵地的作用,在中考上要做到"能以等级测评的尽量以等级测评""能作为学业水平测评的尽量作为学业水平测评""能由学校自己测评的尽量由学校自己测评"。

(四)适当降低英语占比,增加听说测试

从语言学习听、说、读、写、译等能力培养看,青少年应该掌握和拥有的是基本会话能力,对阅读、写作、翻译能力的要求并不做特别强调。为了更好适应普职分流影响,有必要适当降低英语在普通高中招生中的占比,同时把英语听说能力测评和考试纳入中考之中。建议将英语总分由120分降至100分,其中笔试满分为90分,听说测试满分为10分。搭建英语听说口语测评平台,开发满足英语听力及口语智能考试的信息化管理和智能测试系统,配齐计算机和网络资源,突出英语学科的应用功能。

(五)加强综合素质评价,描绘学生全面发展的画像

一是健全学生成长记录规章制度,完善学生综合素质评价结果公示制度、检查制度、申诉与复议制度,确保学生档案材料真实、可信。二是注重培育学生终身发展和适应社会发展所需要的核心素养,围绕立德树人根本任务和五育并举培养目标的落实,使核心素养为导向的综合素质评价为学校育人画像,为教师教学架桥,为学生发展导航。三是高中阶段学校录取采取计分科目总成绩和综合素质评价相结合的方式。普通高中招生录取时,制定综合素质评价和以等级评价学科的最低要求,再按照计分科目成绩进行划线录取,原则上省级示范性普通高中考生综合素质评价不低于 B 等。四是搭建河南省统一的初中学生综合素质评价电子管理平台。基于系统规范的综合素质评价指标体系和观测要点,开发支持综合素质评价过程性材料可浏览观察、可实证留痕、可量化分析的电子化平台。

(六)调整优质高中分配生比例和方案,助力教育优质均衡发展

建议在条件成熟的情况下,尽早实现中招分配生政策全覆盖;参加分配生录取的学生在初中毕业时须满足在同一所初中有连续 3 年的学籍,且具备在该地区普通高中的升学资格;普通高中招收分配生的比例由当前占学校总招生计划的 60%增加至 80%;取消优质高中分配生录取分数的下限,赋能各初中根据中考分数和综合素质评价等级确定分配生人选,从而推动更多薄弱学校的初中生能够走进优质高中学校,激发薄弱学校初中师生的内在动力,助力教育优质均衡发展。

二、实施新高考的政策建议

(一)着力改善高中办学条件,确保高中生选课走班制度全面推行

加大办学经费投入力度,新建、改扩建部分高中学校,消除普通高中大班额。沟通协调财政、编制、人社、发改等部门,着力解决教师缺编问题。针对选课走班带来的高中学科教师结构性短缺问题,应该做好教职工编制核定工作,及时补充紧缺学科教师;通过返聘优秀退休教师、探索"县管校聘"、对富余学科教师转岗培训等措施,缓解部分学科教师结构性缺编问题;人社部门应该盘活编制存量,加大教师编制统筹配置和跨区域调整力度,研究建立新高考背景下的高中教师绩效考核办法,保障教师合理性工资收入;对于部分县区特别是偏远贫困地区普通高中教师流动失衡问题,须加大政策引导力度。加强校园软硬件设施建设,充分运用信息技术,逐步实现选课、排课、管理、评价等选课走班智能化;对极少数条件较好的高中试行"大走班",其余高中试行"中走班""小走班"。

(二)强化综合素质评价,推进育人方式改革

1.促进教育评价内容和方式改革

强化对学生学业水平、爱国情怀、遵纪守法、创新思维、体质达标、审美能力、劳动实践等方面的全面评价,不仅重视结果评价,还要加强过程评价、增值评价、综合评价。新高考改革背景下,部分高校进行了综合评价招生试点改革,在综合评价招生简章中对综合素质评价在综合评价招生中的使用

环节和方式进行规定。与大规模统一招生相比,综合评价招生凸显了高校在招生录取中的自主性,学生综合素质评价的应用价值在这种招生模式中得到了较明显的体现。综合评价招生试点高校的招生章程显示,部分高校将高中综合素质评价等级结果作为报名基本条件,高中综合素质评价结果成为学生获取报名资格的筹码,甚至将高中综合素质评价等级分直接计入学生综合成绩。[①] 部分高校组织专家对学生提交的综合素质信息进行审阅、评价和筛选,选出通过初审的考生。高校自主实施的校测环节对学生进行综合评价,一方面,高校基于自身定位和特色确定综合素质评价的维度和要求;另一方面,高校将高中阶段的综合素质信息融入自主测试环节作为参考。此外,部分高校已取消综合评价招生,把关注点放在"强基计划",普遍将学生综合素质评价融入学校自主考核环节,以一定权重计入学生综合成绩。

2. 推动普通高中课程和育人方式改革

与高校综合评价招生相比,在高校大规模统一招生录取中参考综合素质评价面临诸多困境和阻力,二者之间的"软挂钩"使得综合素质评价流于形式,仅有部分高校的招生章程里规定将综合素质评价结果作为同分考生录取或专业调剂的依据。河南省可以积极探索综合素质评价在大规模统一招生中的应用方式与策略,提升高中综合素质评价作为高校招生重要参考的落实力度。

(三)全面实施生涯规划教育,引导学生做好学业及人生规划

一是营造执行生涯教育政策的良好社会环境。加大宣传力度,普及生涯教育的最新理念,提高生涯教育政策与其他政策的协调性,拓宽生涯教育政策的执行路径。二是重视高校在生涯规划教育中的积极作用。新高考改革应尽快转向高校录取制度改革,高等院校应尽快向社会公布新高考背景下的专业组录取方案,使基础教育能够按照多种模式去培育人才;组织权威专家录制专业科普视频、撰写相关解读文章,细致介绍各个学科的知识结构

---

① 靳培培、刘亮:《新高考背景下综合评价招生公平的困境与突破策略》,《当代教育论坛》2020年第 04 期。

及就业方向,通过官方信息化平台向大中小学生免费开放。三是建立高中生涯规划教育的政策执行监督反馈机制。制定生涯教育的相关监测指标,设计生涯教育评估量表模型,对学校整体、教师教学和学生表现等各方面的政策执行展开监督,出台年度政策执行评估报告,据此对学校进行考核和激励。四是强化基层教师和学生家庭的培训指导。为不同学科背景、专业基础和管理岗位的教师提供分层分类的专业培训,在师范教育中加强对生涯教育人才的培养,充实兼任生涯教育工作的教师。建立系统性的家庭生涯教育指导机制,为学生家长提供生涯教育相关讲座与培训。

(四)搭建高中高校一体化报录平台,满足不同群体考生的个性化需求

一是构建和完善省、市、学校等各级高中生综合素质信息大数据平台,为高校招生录取提供翔实可靠的材料;二是运用人工智能技术探索和构建综合素质信息分析与反馈系统及模型,增强综合素质信息记录评价的可靠性与公信力;三是高校在招生章程中明确综合素质评价的使用环节与方式,引导高中认真落实综合素质信息记录与评价;四是监督高中是否如实提供评价材料,核准高校制定的综合素质评价使用办法。

(五)做好相关政策宣传和培训工作,助力新高考综合改革顺利实施

及时公布新高考改革实施方案,做好政策解读、正面宣传和舆情应对等工作,尤其要对教育相对落后区域的高中学校进行协助和帮扶,以保障新高考改革方案整体实施效果。在新高考改革方案实施中,通过多种方式对新高考改革政策进行深度解读,使各相关主体明晰自身的职责,并获得各主体对政策方案的认可与支持。

第五章 优化教学质量评价,完善育人质量评价,彰显"双减"价值取向

教育评价是教育改革的指挥棒,直接决定着学校的育人质量,同时教育评价结果为教育决策调整和教育实践改进提供重要依据。"双评"作为教育评价的重要组成部分,强化教学质量评价和育人质量评价的指挥棒作用显得极为重要。基于"双减"推进"教学质量评价和育人质量评价"改革,以"双减"为手段,以"双评"为目的,突出"培养什么人"的目标导向,彰显"双减"价值取向,落实以评促学、以评促教、以评促改,回归立德树人的初心。

第一节 "双评"内容及政策解读

以科学的评价引领基础教育高质量发展,无疑要聚焦于教学质量评价和育人质量评价,明确基础教育评价改革的政策内涵、理论指向、实践依据,形成符合河南省情的、具有河南特色的基础教育评价改革方案。

一、"双评"内涵的阐述

所谓"双评"是指"教学质量评价"和"育人质量评价"。

对教学质量评价的提法较多,例如,教学评价、教学工作评价、教学质量评价、课堂教学质量评价等。已有的研究表明,"教学过程评价和教学成果评价构成了教学质量评价""教学质量评价就是利用教育评价的理论和技术对教学过程及其结果是否达到一定质量要求做出的价值判断"。研究者还认为,教学质量评价是"为获取教育活动的决策资料,对参与教育活动的各

个部分的态势、机能、成果等情报进行收集、整理和提供的过程"。

"育人质量评价"在新课改之前普遍被称为学生评价,它"既包括学生学业成绩的评价、学生思想品德,也包括学生个性等方面的评价"。也有研究者认为,学生评价是"指在一定教育价值观的指导下,根据一定的标准,运用科学的方法、技术,对学生的思想品德、学业成绩、身心素质、情感态度等的发展过程和状况进行描述和判断的活动"。然而,课改之后的学生评价规则发生了转向,学生评价被认为是"对学生个体成长状况的评价,包括学生个体学习情况的评价以及学生的情感、态度、价值观、身体发育状况的评价"。2021年发布的《义务教育质量评价指南》指出,学生的发展质量评价主要包含学生的品德发展、学业发展、身心发展、审美素养、劳动与社会实践五个方面,简单来说,学生发展质量评价主要涉及德育、智育、体育、美育和劳育。

二、"双评"政策的解读

评价意味着价值导向,教育评价被称为教育改革的指挥棒,它决定着办学的导向。2018年9月10日,习近平总书记在全国教育大会上就教育评价改革做出了一系列的重要指示,明确提出健全立德树人落实机制,扭转不科学的教育评价导向,克服唯升学、唯分数、唯文凭、唯论文、唯帽子的顽瘴痼疾。"双评"作为教育评价的一部分,习近平总书记在全国教育大会上的教育评价改革指明了"双评"的价值导向。2019年颁布的《中国教育现代化2035》进一步提出"更加注重学生全面发展,大力发展素质教育,促进学生德智体美劳的有机融合",把立德树人融入基础教育各个环节,坚持"五育并举",提高中小学育人质量,这也为"双评"中的育人质量评价提供了必要政策保障。

2020年,中共中央、国务院印发了《深化新时代教育评价改革总体方案》①,这一方案是指导深化教育教学评价改革的纲领性文件。从"双评"的角度出发,就改革教师评价而言,一方面,要坚持把师德师风作为第一标准,坚决避免重科研轻教学、重教书轻育人等现象的发生;另一方面,要突出教

①中共中央 国务院:《深化新时代教育评价改革总体方案》,http://www.gov.cn/zhengce/2020-10/13/content_5551032.htm,2020-10-13。

育教学实绩,要把教师认真履行教育教学职责作为评价教师的基本要求。就改革学生评价而言,要坚持全面促进学生德智体美劳的发展。具体而言,一要完善德育评价;二要强化体育评价;三要改进美育评价;四要加强劳动教育评价。因此,无论是从教师评价改革来说,还是从学生评价改革来说,都鲜明地为"双评"指明了方向,提供了政策保障。

2021年3月,习近平总书记在看望参加全国政协十三届四次会议的医药卫生界、教育界委员并参加联组会时强调,要围绕建设高质量教育体系,以教育评价改革为牵引,统筹推进育人方式、办学模式、管理体制、保障机制改革。在"双减"政策背景下,为深入落实《深化新时代教育评价改革总体方案》,河南省对基础教育领域评价改革做出一系列部署,2021年河南省教育厅印发《河南省进一步提高义务教育学校教育教学质量的实施方案》,指出要建立以发展素质教育为导向的质量评价体系,促进义务教育阶段学校教育教学质量持续提高,学生作业负担和校外培训负担真正减轻,人民群众的满意度切实提升。此方案的提出,表明了河南省政府、河南省教育厅对"双评"的重视,明确着力构建以素质教育为导向的质量评价体系的重点。2022年教育部印发了《义务教育课程方案和课程标准(2022年版)》,其中就教育评价方面,提出要改进结果评价、强化过程评价、探索增值评价、健全综合评价,着力推进评价观念、方式方法改革。这无疑为河南省"双评"改革提供了政策依据。

三、"双评"实施的理论思考

没有实践基础的理论是空洞无力的,同样,没有理论指导的实践是盲目的。教学质量评价和育人质量评价是构成"双评"的核心要素。它作为教育评价的一部分,其实施的理论依据在某种意义上是建立在哲学、教育学、心理学、管理学、教育测量学、教育统计学与系统科学等学科基础上的。

1. 就哲学基础而言

教学质量评价和育人质量评价是一种价值判断活动,而价值判断活动从本质上来说是一种价值选择,任何评价都离不开评价的主体,评价主体在某种意义上而言与其自身的评价方式和价值选择有关。基于此,教学质量评价和育人质量评价的哲学基础同时还具有价值论基础等方面的特质。依据哲学价值论对正确认识"双评"活动具有重要的启示意义。因此,为科学引导教育的发展,发挥评价的导向作用,评价主体(人)首先要具有正确的教育价值观。除此之外,"双评"从本质上也是一种认知活动,而认知又是评估的基础和前提条件,评价主体也只有对已有的存在物有了一定的认知之后,才有可能评价存在物,同时,评价也为进一步的认知提供必要的指导。

2. 就教育学基础而言

"双评"从本质上而言是对教育对象进行的评价。教育教学有其自身的客观规律,而"双评"活动就是要以提高教学质量和育人质量为目的,基于此,"双评"活动就必须研究教育教学规律。那么,以研究教育教学规律为对象的教育学就成了"双评"的重要理论基础。

3. 就心理学基础而言

学生的心理素质是学生评价的重要内容;遵循学生心理发展的客观规律,是教学工作者设计教学活动的直接依据。而在"双评"的过程中,无论是评价主体,还是被评价的人都会关涉心理问题。基于此,要想科学地开展"双评"活动,提高双评活动的质量,则需要将心理学作为理论基础。

4. 就管理学基础而言

决策理论、系统管理、经验主义、权变理论等现代管理理论成果对于研究评价的目的、评价的对象具有重要的意义。简单来说,在教学质量和育人质量评价中,总结性评价强调了教学效能的核定和教育责任制。它和某种管理学理论有着共同的理论假设。

除了以上几门学科理论对"双评"具有重要的指导意义外,系统科学和社会学等学科也为"双评"提供了重要的理论依据。

四、"双评"落地的焦点与难点

(一)"双评"落地的焦点

1. 聚焦立德树人初心,坚持正确的评价导向

习近平总书记在全国教育大会上就教育评价改革做出了一系列的重要批示,明确提出健全立德树人落实机制,扭转不科学的教育评价导向,并强

调有什么样的评价指挥棒,就有什么样的办学导向。要克服"五唯"的顽瘴痼疾,从根本上解决教育评价问题。评价不但对教育教学改革具有一定的导向作用,而且是助力破解"双减"的指挥棒。因此,坚持正确的评价导向,不仅是立德树人的根本要求,而且是提升"双减"效度的根本保障;坚持正确的评价导向不仅是教育改革的出发点,而且是教育改革的落脚点;坚持正确的评价导向不仅是破解"双减"难题的有力保障,而且确保着教育正确的发展方向。

2. 聚焦以"双减"为背景的教育评价标准

2021年7月24日,中共中央办公厅、国务院办公厅印发《关于进一步减轻义务教育阶段学生作业负担和校外培训负担的意见》,这是党中央站在实现中华民族伟大复兴的战略高度,对"双减"工作做出的重要决策部署,体现了党中央对学生作业负担的宏观调整以及加大对校外培训,尤其是学科类校外培训的治理决心。"双减"政策的出台对现有教育评价标准和指标体系提出了挑战,那么,如何把立德树人成效作为根本标准,完善各级各类学校评价标准则成了关注的焦点。

3. 聚焦更加多元的评价方式

教育教学活动是一种有目的的实践活动,它离不开评价。而任何评价都是有其标准、方式的,教育评价亦不例外。2018年9月10日,习近平总书记在全国教育大会上就教育评价改革做出了一系列的重要批示。2020年,中共中央、国务院印发《深化新时代教育评价改革总体方案》,其中在主要原则中提出了"改进结果评价,强化过程评价,探索增值评价,健全综合评价"四个评价。"四个评价"首次在中共中央文件中提出,强调了评价方式的多元化,打破了以往固有的评价方式,促进评价对象的多样、全面发展,这有利于更加系统地考察立德树人成效,充分发挥评价的导向、鉴定和调控作用。2022年教育部印发的《义务教育课程方案和课程标准(2022年版)》同样强调了改进教育评价方式,着力推进评价观念、方式方法改革,提升考试评价质量。教育评价从本质上来说,它涉及的每个因素都是复杂多变的。因此,评价方法也需要聚焦更加多元,在评价方法的运用过程中更需要考虑到不同评价对象的差异性,采取有针对性的评价方式。

（二）"双评"落地的难点

1. 能否真正坚守教育评价的全面育人导向

无论是从"双减"到"双提"，还是到"双评"，都必须坚持以习近平新时代中国特色社会主义思想为指导，以着力建构高质量的教育体系为目的。教育评价作为教育发展的指挥棒，教育评价导向决定着教育发展的价值导向。因此，在教育评价中，一般都是根据评价的导向、评价的目标来设计评价的指标和标准，然后依据评价的标准进行评价。这就意味着"双评"落地价值导向决定着评价的结果，同时也决定着培养什么样的人的价值导向。面对多年存在的唯升学、唯分数顽疾，在"双评"落地时，能否真正坚守教育评价的育人导向，是对每一所学校提出的现实挑战。

2. 能否制定科学合理的评价标准

教育评价的本质是对教育现象价值的一种判断活动。对教育价值进行判断，则需要一个判断的尺度。因此，制定"双评"的评价标准是进行教育评价的基础和前提，否则，教育评价就无法进行。确定教育评价标准又是一个比较复杂的问题，首先，它要依据经济与社会发展对教育的需要；其次，要根据我国的教育方针政策和法规；再次，要根据教育的发展规律和人的发展规律；最后，要根据评价的对象和评价的主体需要。然而，现行的教育教学评价标准存在标准片面化、评价标准割裂性等问题，对能否制定科学合理的评价标准提出了更高的挑战。

3. 能否运用科学合理的评价方法

教育评价方法是教育评价主体为完成教育评价任务所采用的手段，它对于实施评价具有重要的意义。教育教学的任何一项活动，都离不开教育评价。评价又并非一种盲目的活动，它需要依据评价的目的、评价的内容以及评价客体的实际情况来制定相应的评价方法，这也是科学选择评价方法的基础和前提。然而，当前教育评价重视量化评价、结果评价、静态评价，而轻视质性评价、过程评价、动态评价的问题较为普遍，这就对在教育评价时能否科学合理地选择评价方法提出了挑战。

第二节　"双评"工作的河南举措

"双减"之下，河南省对基础教育评价领域做出了重要部署，围绕教育教学质量、育人质量出台相关政策，积极推进基础教育教学质量评价和育人质量评价方面的改革；采取了具体的改革措施，以完善基础教育质量评价，扭转基础教育不够科学的教育评价导向。

一、党委政府层面

(一)发挥积极领导作用

将"双评"纳入政府工作议程，明确"双评"的方向和目标，做好顶层设计。自上而下的制度设计能最大限度地推动评价改革的进程，凝聚评价改革共识，从而减少不必要的阻力，同时明确责任分工，将"双评"工作落实到每一部门。在推进"双减"落地工作中，河南省很多地方教育行政部门都能坚持将"双减"工作作为一项重要政治任务抓紧抓好，党政领导班子先学一步、深研一步，多次召开学习会议、讨论研究"双减"工作。

(二)开展教育评价体系研究

组织必要的科研力量，深入各大中小学校进行调研，尤其是农村中小学校。发现学校在教学质量和育人质量中存在的问题和面临的困境，建立健全有效的教育评价指标体系。在教育评价改革深入推进的过程中，郑州提出"评价育人"的核心理念，把教育评价作为学校育人的核心要素和关键性教育活动，坚持站在"立德树人"的层面去思考、设计和实践，发挥评价的育人导向和功能，走出"评价即考试""育人即育分"的误区。经过多年的探索和研究，郑州市评价育人建构起两个体系：一是政府层面(市、县区)的基础教育质量综合评价体系，主要分为综合素质评价、学业评价、学生创新成果评价等；二是以校为本的教育质量综合评价体系，主要包括教师评价、班级和小组评价、学业评价、综合评价、创新成果评价等。其目标是建构一个针对郑州学生的涵盖小学、初中、高中三个阶段的学业质量标准，从而有效提升育人质量。同时，郑州市教育局教研室推行项目研究机制，集中攻坚难点问题,达到数量、质量、结构的优化。[①]

(三)加强督查和监管力度

督促学校建立关于教学和育人质量评价的信息公开、社会监督、约谈问责、限期整改、追踪复查等制度;建立相关举报制度,将社会、家长、媒体等与教育密切相关的主体集结起来,借助其监督力量,督促学校将有关"双评"的政策意见落到实处;建立政策实施的追踪制度,针对问题的整改情况和进度进行及时复查,随时掌握整改情况;引入第三方评估,激发学校办学活力,保障"双评"结果的公正客观。为确保"双减"工作落到实处,郑州市教育局增设校外教育培训监管处,建立市、县两级"双减"工作平台,全面构架组织管理体系,健全高位推进机制。

(四)重视评价结果的运用

鼓励部分地区和学校先行先试,尤其是对于关键性问题和实质性挑战;允许学校根据自身定位、特点和需要探索适合自身发展的教育评价模式;充分调动地方学校的改革积极性和创造性,并将试验所得的典型案例和经验在河南省进行推广。平顶山市政府在"双减"大背景下持续推进义务教育综合改革,深化集团化办学,修订出台针对学校、教师、学生的评价方案,握好"指挥棒",坚持"试点先行、以点带面、分步实施",推进中小学教师"县管校聘"和校长职级制改革。

二、学校层面

(一)树立正确评价观

将教学质量和育人效果作为教学评价的核心和关键,将学生的全面发展视为学校办学的"指挥棒",彻底纠正传统"唯分数、唯升学"的做法;制定相关的规定,将学生的全面发展与学校绩效考核、经费分配、干部任免和评奖评优相结合,巩固全面发展和以人为本的教育评价观;坚持"以评促改""以评促建"原则,对评价结果进行认真全面的分析,为教学改革提供意见和

---

① 雷振海、褚清源、王占伟、刘亚文:《评价育人的"郑州答卷"》,《中国教师报》2020 年 11 月 25 日第 001 版。

参考。在推进教育评价改革过程中,郑州市在小学、初中推进"绿色评价",既关注学业成绩,又关注获得学业成绩的方式和付出的成本;在高中推进"增值评价",注重起点,关注过程,促进学校间的公平比较,使不同生源质量的学校找到有效促进学生学业进步的办法。[1]

(二)完善制度建设

通过健全系列"双评"管理性制度提高评价的实效性。具体包括:一是公示制度。将评价内容、方法、结果等向学生、教师及家长进行公示,并做一定程度的解释,接受相关主体的监督。二是申诉制度。对评价结果存有异议者,可向学校评定工作委员会或政府相关部门进行反映、申诉和举报。三是评估制度。加强评估工作的督查评估,全面了解相关工作组织与实施进展情况,及时纠正评价工作中的问题,并提出相应的改善措施。在评价改革中,郑州市第八中学探索出"5+1"教育质量综合评价体系:"5"指品德发展水平、学业发展水平、身心发展水平、兴趣特长水平、学业负担状况;"1"指"标志性成果"。郑州市第五中学研发了"1/5 补救性考试"的教学增值评价体系,该体系中针对考试中暴露出来的知识漏洞进行"再考试",化解"重复性错误"这一困扰学生学业成长的阻力。[2]

(三)建立信息化评价平台

通过信息化的评价系统从多角度分析教学和育人质量效果,如学生发展视角、学科视角、班级发展视角、课程设计视角等,为教学研究提供科学依据,也为学校的办学方向提供参考,鼓励各大中小学校转变教学评价方式,改进育人目标,健全综合评价。郑州中学营造了以"三自教育"(思想上自我教育,生活上自我管理,学习上自主合作)为依托的学生自我评价生态,还设置一个特别的评价吉祥物——能量卡,能量卡的正面展示学校文化和课程特色,背面是课程观测点、专属二维码,实现"一课一卡,一课一码",学生依据能量卡上的观测点,自主申请,扫码上传,获得能量,平台即时生成直观、

---

[1]雷振海、褚清源、王占伟、刘亚文:《评价育人的"郑州答卷"》,《中国教师报》2020 年 11 月 25 日第 001 版。

[2]同上。

多维的学生发展个性化星空图,即时、动态地呈现学生成长历程和发展特点。①

三、教师层面

(一)重视教师评价

从教师的个人价值、伦理价值和专业价值三方面入手,通过自评与他评的方式进行。一是教师的个人价值评价。着眼于教师的专业发展,强调教师的参与。学校为教师提供一个参与式的评价体系,让教师能参与到评价的指标、目标和计划设计中。二是教师的伦理价值评价。着眼于师德师风建设,师德师风评价指标尽可能具体明确,具有可操作性,将教师做人、做事、做学问等内容与师德师风评价相融合,并建立反馈机制。三是教师的专业价值评价。着眼于教师的本职工作,打破"重成绩,轻育人"的现状,将学生的全面发展和素质提升作为教师评价的重要指标,将对教师的评价回归到教学实际中。

(二)优化评价方式方法

注重提升自身专业素养,掌握多元评价方法,注重结果评价与增值评价相结合、综合评价与特色评价相结合、线上与线下评价相结合、学生自我评价与外部评价相结合。2020年,郑州市教育局与北京师范大学专家团队联合启动了义务教育质量再提升工程,这项工程涉及9个学科,分别依托郑州的5个城区、十几所小学初中样本校。北京师范大学教育质量健康体检专家团队总负责人、中国基础教育质量监测协同创新中心首席专家刘坚教授将该项目称为"教育质量健康体检",其特点是通过数据挖掘技术、聚焦改进主题,设计并推出一系列精准教学改进方案。郑州市第五中学赋权教师、赋能学生,让自主选择、双向聘任在教师选聘中真正发挥作用,让自主管理成为激发学生学习内驱力的源源不断的"加油站"。②

---

①雷振海、褚清源、王占伟、刘亚文:《评价育人的"郑州答卷"》,《中国教师报》2020年11月25日第001版。

②同上。

四、社会层面

(一)树立科学的教学观和育人观

加强科学教育观的宣传,引导全社会树立正确的教学质量观和育人质量观,引起社会各界对教育评价的共同关注,严厉查处、坚决问责各类媒体炒作中高考升学率和中高考"状元"。各类媒体以及网络传播平台等应明确自身社会责任,坚持新时代中国特色社会主义教育,为社会营造科学教学和育人的良好氛围,为"双评"的有效开展排除不利因素,推动"双评"的顺利落地。在近几年的中考、高考中,河南各地区都明文规定禁止炒作中、高考"状元",且取得了一定成效。

(二)树立科学的选人用人观

坚决破除"唯学历"的错误选人用人观,放弃各类学历歧视,以此来倒逼教学和育人评价改革。在农村地区,传统"唯成绩"的教育评价观念根深蒂固,无论农村学校、教师还是家长,都普遍把学校教育认为是提升学习成绩的教育,忽视教育的育人价值。因此,针对农村地区加强科学教育观的宣传十分有必要,通过网络媒体手段和培训等方式潜移默化地影响人们的教育观念,为"双评"在县域及以下地区的顺利开展助力。

五、家庭层面

首先,坚持科学的家庭教育观,为学生发挥良好的榜样示范作用,通过言传身教,践行科学教育价值观;主动配合和诚信参与"双评"活动记录。其次,在积极主动参与评价指标体系设置的过程中,结合自身需求和经历提出明确的建议。最后,提升家校共育水平,提升责任感,主动加强与学校的联系,形成良好的自我认知。通过家长的积极参与,激发家长智慧,挖掘家长资源,提升教育评价的质量和效率,促进"双评"工作的有效落地。为进一步促进"双减"工作,发挥教育教学质量综合评价的重要导向作用,安阳市改进教育评价制度,在教育教学质量评价中增加家长评价学校的内容,开展网络问卷调查,建立了家长参与评价学校制度。

第三节 "双评"存在的问题

教育评价改革是落实立德树人根本任务的关键环节,教育评价事关党的教育方针全面贯彻落实,事关教育发展方向,是正确办学导向的指挥棒。目前,河南省积极推进教学质量评价和育人质量评价改革,但是在实施过程中评价导向、评价监督机制等方面仍存在一些问题,主要体现在以下几个方面。

一、评价导向不合理

以成绩为基础、以分数为主要参照的考试仍是教育评价的主要构成,通过评价而得的成绩分数自然成为教育各方利益相关者竞相追逐的目标,而人的发展需要和社会发展的需要被淹没在成绩分数之中。[1] 这种评价以排名、成绩、升学率作为导向,变相引起地区之间、学校之间、教师之间的攀比与竞争,给教育行政部门、学校及教师都带来了无形的压力,这种压力最终会落在学生身上。对于学校来说,把升学率作为学校教育成败的标准,导致部分学校片面追求升学率,费尽心思抢夺优质生源,为了获得一时的效益而牺牲更多的教育资源,造成学校畸形发展。对于教师来说,以考分排名判断教师的教学质量,致使教师在教学过程中仅注重学生的考试成绩,甚至不断对学生施加压力,严重影响学生的全面发展。评价导向的不合理、不科学,使教育系统中的各个主体都深受影响,最终影响基础教育质量的提高。

二、评价理论与现实脱节

调查过程中一位教师表示,自己所在学校很少对教师的教学质量进行评价,对学生的评价也仅仅依靠每学期的期末考试,更不会评价学生的综合素养。这位教师反映的内容能够凸显部分学校存在的一些问题:一是对教学质量与育人质量评价的重视程度不够,二是相关理论在实际评价过程中

---

[1]刘志军、徐彬:《教育评价:应然性与实然性的博弈及超越》,《教育研究》2019 年第 05 期。

的运用不足。学校与教师认识不到教育评价对学校及教师的促进作用,也难以认清当前"双减"形势下学校评价方式该如何进行变革,"双减"政策的执行浮于表面,难以发挥真正作用。部分学校由于师资水平、设备等各方面的限制,难以把先进的评价理论运用到实践中。

三、评价监督机制不完善

评价监督是评价效果落实的保障,监督到位才能确保评价结果真实可信。目前河南省很多地方和学校监督机制尚不完善,比如监督主体不够明确,监督内容比较模糊,信息公开不到位,这些问题导致监督效果大打折扣。从实际情况来看,无论是"双减"政策的实施还是"双减"下的教育评价,都需要完善的监督机制来保障政策的实施效果。一方面,评价监督机制的不健全会影响教育评价结果的可靠性,导致被评者对结果的不信服,从而影响进一步的改进工作;另一方面,评价监督的不到位,还会影响评价工作的顺利开展。

四、学校质量评价意识不强

学校作为教育评价的主体,其评价意识会直接影响评价的效果。调查发现,许多学校存在评价意识不强的问题。部分学校对本校教学质量与育人质量缺乏监控,表现为学校仅仅在应对上级教育行政部门检查时进行教学质量把控,日常教学工作中并没有意识到教学质量与育人质量评价与监控的重要性。对于学校来说,内部的教育评价能够及时发现学校近段时间在教学与育人方面存在的问题,进行及时有效的反馈与改进,从而不断提高学校教育质量。

五、乡村学校缺乏教育评价

河南省农村基础教育人口位居全国前列,乡村学校教育质量问题突出,其教育评价尤其需要关注。调查发现,大部分乡村中小学缺乏内部教育评价,未能建立相应的评价制度与评价标准,而评价过程与结果都缺乏科学性,甚至有部分学校从来没有进行过内部教学质量评价,严重影响了乡村学校的教学质量。城乡教育公平问题一直是河南省教育发展的重要问题,乡村教育作为河南省教育的短板,其教育评价问题应受到重视。

第四节　国内外"双评"相关经验

推动基础教育高质量发展是基础教育面临的最紧迫和最核心的任务。梳理国内外教学质量和育人质量评价,总结关于基础教育质量评价改革的成功经验,对河南省"双评"改革具有重要借鉴意义。

一、国外经验

(一)美国国家教育进步评估(NAEP)

国家教育进步评估(national assessment of educational progress,NAEP)[1]是美国最大的学生评估项目,国家教育进步评估在1969年开展了第一次测评。NAEP是基于学业标准建立,致力于为国家教育决策和改革服务,以提升学生发展为目的的国家级教育评估系统。自1969年起,国家教育进步评估持续运行,不断完善。

NAEP的测评对象主要为4年级、8年级和12年级的公立或私立学校学生,测量内容涵盖数学、阅读、科学、写作、艺术、公民学、经济、地理、历史等学科,以考查学生能力的全面性。NAEP分为两个方面:依照测评框架对学生进行具体学科素养水平的测试;通过问卷调查收集学校管理者、教师、学生的背景信息,并对此严格保密。NAEP的整个评估过程也体现出了很高的公平性和开放性。NAEP由主要评价、长期趋势评价和专项评估三个层次构成,涵盖全面的测评对象、测评内容和测评科目,同时充分考虑了不同地区、不同学科、不同群体之间的差异性,很大程度上保障了教育质量评估的公平性。NAEP的评估目的主要包括:评估学生已知的知识和已到达的能力;评估学生在各学科上的学业成就趋势;为教育工作和决策者提供数据支持。

---

[1]李凌艳、蔡静、郑巧:《美国国家基础教育质量监测制度设计及启示》,《比较教育研究》2016年第05期。

经过40多年的发展,美国NAEP的监测目标逐步丰富,项目类型也逐渐完善,其功能也向着教育质量问责与监督方向转变。

(二)国际学生测评项目(PISA)

国际学生测评项目(programme for lnternational student assessment,PISA)是经济合作与发展组织(OECD)在1997年推出的国际学生评估项目。2000年开启了第一次调查,以后每三年进行一次。PISA的评估学科为三个:阅读、数学和科学,选取其中一个为主要评估学科和两个次要评估学科,每次的评估都会采用新的评估框架。PISA评估内容主要包括学科知识、学科能力、应用该学科时所处的情景以及学生对该学科的态度,这不仅能了解学生的学科知识掌握程度,也能更深入了解学生对问题过程的理解以及在真实情境中应用知识的能力。在2017年新修订的 *PISA 2015 Assessment and Analytical Framework*: *Science*,*Reading*,*Mathematic*,*Financial Literacy and Collaborative Problem Solving*,*revised edition* 中,对评估目的进行了新描述。整体而言有三个方面:首先,评估学生在该学科中的学业表现;其次,通过长期数据监测,关注各国以及各国不同人口统计分组的学生在知识和技能方面的变化趋势;最后,收集有关学生、家庭和制度因素的数据,解释不同国家或不同学生群体表现差异的原因。

NAEP更强调实践,注重学生在各学科中能知道和能做到的事情;PISA强调各个学科在真实情景中的综合运用能力,强调应对未来挑战的能力。近年来,PISA和NAEP有了一个共同的测试倾向:测试任务越来越情景化。这对于检测和评价学生的核心素养十分有效。国际基础教育质量测评项目有其自身发展背景,对评估目的也有不同的诉求,但其丰富多元的评估内容和评估指标,以及对学生在真实情景中解决问题能力的关注正是需要借鉴学习的宝贵之处。在以社会第三方专业机构为教育评价主体的美国,NAEP则由政府机构直接管理和组织实施,这种由政府主导的教育评价主体更符合国内教育评价实施的实际情况,更能为教育评价改革提供可借鉴的经验。

二、国内经验

(一)浙江省教育质量综合评价改革实践

浙江省从2013年成为教育质量综合评价改革试验区以来,以促进义务教育的高质量发展为目的,从制度与技术两方面深入开展教育评价改革,在基础教育质量评价方面积累了许多宝贵的经验。2017 年,浙江省教育厅开始委托第三方开展教育现代化发展水平监测评价,随后建立县域教育生态监测评价发布制度,经过近几年的实践,浙江省在区域教育质量综合评价方面取得了长足的进步,营造了良好的县域教育生态,推动了教育事业的科学发展。

2020 年,浙江省向各县(市、区)以"三维质量"评价体系为基准发布了三维质量报告单,对各地教育的协调发展以及教育公平状况进行了简明的说明,对于推动区域教育优质均衡发展具有重要意义。"三维质量"评价体系包括结构型质量、过程型质量和结果型质量。结构型质量主要反映区域内教育资源的配置情况、各类教育的发展协调性以及教育发展的可持续性;过程型质量主要反映学校的教育教学生态,每学期监测一次,便于学校自身与学校之间的比较,同时过程型质量评价以"低利害"为原则,只反映学校问题,提供相应的研讨机制,不计入学校教育质量考核;结果型质量是以结构型质量和过程型质量为基础的,因此结果型质量评价所反映的就是学生全方位的发展和变化。①

浙江省"三维质量"教育评价能取得如此成绩,主要原因有如下几方面:一是省内经济发展水平较高、区域内经济发展较协调,开展了省级统筹与区域试点相结合的教育评价改革;二是对"教育质量""教育质量评价"等概念的理解结合了浙江省的区域教育特点,提出了有针对性、有特色的教育质量评价理念;三是重视教育质量管理机制的建构,从问题调研与经验推广两方面来改进教育质量管理;四是借鉴教育质量综合评价监测的技术和方法,成立浙江省中小学教育质量监测中心,并且注重寻求高校的专业支持;五是教育质量评价体系建构注重生态意识,学生发展评价体系关注成长环境,同时积极探索第三方评价。

目前,虽然"三维质量"评价只是浙江教育系统内部评价改革的积极实验,但这一评价制度更重要的意义在于引导地方政府树立正确的教育政绩观和教育发展的"生态意识"与"结构思维",真正实现义务教育的优质、均衡和公平发展。

---

① 张丰、沈启正:《教育质量综合评价改革的浙江实践》,《基础教育课程》2020 年第 14 期。

(二)上海"中小学生学业质量绿色指标评价"

2010年,上海基础教育进入教育综合改革的"深水区",开启了"上海市中小学生学业质量绿色指标"的教育评价改革。十余年的教育评价改革,不断完善着"绿色指标评价"体系,使"绿色指标"从1.0版升级至2.0版,指标内容和评价机制不断完善,成为衡量上海市义务教育质量的标尺,客观且全面地反映着办学质量和进步程度。

"绿色指标"以多维度视角进行评价,在考查学业成绩的同时还关注着影响学业质量的其他因素,如师生关系、学习动力、学业负担等。同时"绿色指标"有着丰富多元的指标体系,包含学生学业水平指数、学生学习动力指数、学生学业负担指数、师生关系指数、校长课程领导力指数、学生社会经济背景对学业成绩的影响指数、品德行为指数、身心健康指数、历年进步指数等方面,每一项指数又包含详细的下一级指数,由此构成了一套多元的指标体系。[①]"绿色指标"实施综合评价,探索了多种评价方式,如学科水平测试、问卷调查、自我评价等,初步形成了以学业水平评价为基础,结合过程性评价与学习经历的综合评价方法。"绿色指标"以改进为指向,测评结果主要用于引导和改进学校所存在的问题,指向更科学有效的教育。

上海"中小学生学业质量绿色指标评价"的顺利开展并取得可喜的成果主要归因于以下几个方面:首先,上海市的"绿色指标"是国家教育体制改革试点项目,也是部市共建国家教育综合改革试验区的合作项目,绿色指标的先行先试是集全国专业之力、投入专项资金支持的一项教育评价改革;其次,上海基础教育在教育公平、教育质量、教育服务等方面都有较好的基础;最后,上海市属于省级行政区、直辖市、国家中心城市,其经济基础、政策优势、文化氛围、人才储备等各方面都处于优势地位。

浙江省和上海市都属于教育评价改革的先行区,有着丰富的教育评价改革经验,同时两地较高的经济发展水平也是推动两地教育改革的强劲动力。吸收借鉴两地教育改革中的开放性态度和先进性理念,有利于从更多

---

① 李淑莲,吴连涛:《中小学生学业质量综合评价体系改革分析——基于上海市"绿色评价"的实践探索》,《教学与管理》2016年第25期。

维度关注学生的学业发展和综合素质发展,进而用更科学有效的方式促进教育质量的提升。两地在先进教育评价理念引领和科学教育监测的基础上努力建构健康有活力的区域教育生态,这种对教育生态的整体关注也是值得思考和学习的宝贵经验。但同时需要思考的是,省级或市级指导意见对教育评价指标的确定性建构是否在一定程度上压缩了学校自主制定教育评价指标的空间,是否在一定程度上忽略了地区间、学校间的差异和特色。

(三)借鉴意义

浙江和上海两地关于基础教育质量评价改革的成功经验,对河南省"双评"改革具有重要的借鉴意义。

第一,"双评"的整体建构既要立足河南省教育现实基础,也要有超越现实的长远眼光,使"双评"工作的开展具有较好的延续性。"双评"在实施过程中,需要一定的经济基础作为支撑,从指标的确定到测评问卷的调查,再到现场的观察、资料查阅等,都需要财政上的支持。所以"双评"体系的整体建构首先要考虑省内经济发展的实际情况,合理规划落地过程中的各项工作,确保工作的高效性、经济性。充分考虑省内教育现实并不等于局限于当前条件的限制,在"双评"的整体构建中也要有长远的教育眼光、有科学的教育理论支撑,助力"双评"促进河南省基础教育又好又快地发展。

第二,"双评"的内容构成既要有微观层面的具体指标体系,又要有反映宏观层面的省域内城乡教育均衡、教育公平、公办民办教育协调等状况的评价指标。上海市的"绿色指标"2.0版,注重评价内容的细分和具体化;而浙江"三维质量"教育评价体系中的"结构型质量"和"结果型质量",则更注重区域内教育各方面的协调发展。河南是人口大省,学子众多,"双评"内容的每一处细节都关乎每一个学子的健康成长,需要谨慎考虑;同时河南省域内各地区教育的协调发展也是一项重要工作,"双评"的宏观维度指标对省域内各地区教育的协调发展同样具有重要作用。

第三,"双评"的实施过程既要真切关注学生成长,又要善用评价带动教学、学校管理等方面的提升。"绿色指标"中对学生动力、学业负担、身心健康、师生关系等指标的关注充分显示教育评价理念对学生幸福成长的重视,同时“绿色指标”的推广为各级教育行政部门和学校的管理工作提供了重要参考。

第四,“双评”的质保机制既要有政策保障,又要寻求专业力量的支持。首先,各教育行政机构要牵头构建区域内实施“双评”的良好教育生态环境;其次,建立“双评”这一评价本身的质量保障机制;最后,积极牵头与高校中的专业团体合作,获取更专业化的资源支持,同时也可与第三方机构合作,增加评价的公平性、客观性。浙江在教育评价体系改革中,温州、宁波等地在成立自身的教育评估机构外,还积极寻找第三方机构进行合作,以促进教育评价技术的提升,提高评价结果的客观性和利用率。

第五节　统筹优化“双评”改革的政策建议

百年大计,教育为本。2022 年,我国颁布了《义务教育课程方案和课程标准(2022 年版)》,中共中央、国务院印发的《关于深化教育教学改革全面提高义务教育质量的意见》《深化新时代教育评价改革总体方案》等文件,就如何培养具有核心素养的综合人才,扭转唯分数、唯名次的评价体系,建立富有时代特征、彰显中国特色、体现世界水平的教育评价体系,提出了具体的要求。结合河南省“双评”实际情况,提出以下政策建议。

一、以党委政府为责任主体,持续推进“双评”落地

(一)完善党对教育工作的全面领导

习近平总书记强调,各级党委要把加强对教育工作的全面领导当成重要职责,把教育改革发展纳入议事日程,党政主要负责同志要熟悉教育、关心教育、研究教育。为实现这一目标,提出以下改革措施:一是健全领导体制。各级党委要各司其职、各负其责,责任精确落实到人。各部门紧紧跟随党委统一领导,履行好把方向、管大局、作决策、保落实的职责,把立德树人作为教育第一要务,重点关注学校思想政治建设,坚决克服短视行为和功利化倾向。二是完善工作机制。教育工作要到实际中去,到学生中去,党委政府主要负责同志要深入一线调研,扎根一线,了解一线真正存在的问题,各

级党委政府定期针对问题进行研究探讨。党委政府要牢牢把握学校思想政治教育这条"生命线",为师生上思政课。同时,在年终述职报告中,进行有关教育工作开展状况的汇报。

(二)完善政府履行教育职责评价

义务教育是国家依法统一实施的所有适龄儿童、少年必须接受的教育,政府必须保障每位适龄儿童、少年接受教育的权利,提高国民素质。从内容和方式两个方面提出改革举措:在评价内容上,考核政府全面贯彻党的教育方针、落实立德树人根本任务和保障教育事业优先发展战略地位的情况,考核义务教育阶段所有适龄儿童、少年接受教育情况,考核"双评"工作目标确定、方案制定、工作进展状况,特别考核农村地区教育评价体系改革、教育质量提升状况;在评价方式上,关注政府工作结果的同时,也要关注其努力程度及进步发展,采用国家层面评价内容和指标进行评价的同时,也要结合当地实际,制定更加细化的评价体系,对各地区政府工作进行科学评价。

(三)加强督查和监管力度

首先,政府教育工作内容信息公开,设立教育督查部门对政府工作进行监督,建立教育政策实施追踪制度,持续跟进政府工作,杜绝出现政策仅发布无落地的现象。其次,建立举报制度,与教育密切相关的主体均可对政府工作进行监督,督促有关"双评"的政策意见落到实处。再次,重视评价结果的应用。鼓励党委政府根据当地实际情况,针对当地教育工作存在的关键性问题,探索适合自身发展的教育评价模式,调动各地党委政府改革积极性和创造性,并将典型案例和所获经验在河南省范围内进行推广。最后,坚决纠正政府片面追求升学率倾向。《深化新时代教育评价改革总体方案》明确提出"三不得一严禁"①,强化问责机制,发现教育生态问题突出、造成严重社会影响的,依规依法问责追责,保证"双评"政策落地实施。

---

①三不得一严禁:不得下达升学指标或以中高考开学率考核下一级党委和政府、教育部门、学校和教师,不得将升学率与学校工程项目、经费分配、评优评先等挂钩,不得通过任何形式以中高考成绩为标准奖励教师和学生,严禁公布、宣传、炒作中高考"状元"和升学率。

二、以育人为根本,持续推进学校"双评"改革

(一)保证育人方向,聚焦立德树人

在新课改思想引领下,教育工作者们普遍具有改变教学方式的意识,但是,在长时间以高考成绩定成败为导向的固化思维影响下,在无更新配套教育评价体系的情况下,学校教育处于"失焦"状态,甚至出现重新变回以分数为"焦点"的趋势。党委政府和各级各类教育部门要牢牢抓住立德树人总焦点,正确挥动德育指挥棒,做好教育评价的总舵手。从外部及时督查,从学校内部自查自纠,采用结果评价、过程评价、增值评价、综合评价等多种评价方式,全方位、全过程对学校立德树人成效进行评价。

(二)建立针对性、差异化的评价体系

新课改指出,要为每一位适龄儿童、少年提供适合的学习机会,把握学生身心发展的阶段特征,注重幼儿园、小学、初中、高中各学段之间的衔接,体现不同学段目标要求的层次性。针对学前教育,重点评价幼儿园科学保教、规范办园、安全卫生、队伍建设、克服小学化倾向等五个方面的情况。针对幼小衔接阶段,紧密结合新课改要求,科学评估学前教育结束后学生在健康、语言、社会、科学、艺术等领域的发展水平,关注小学一至二年级课程学习设计活动化、游戏化、生活化水平。关注学校综合实践课程的开展状况,学科的思想方法和探究方式的学习状况,新课改背景下学习环境与方式的变革状况形成"做中学""用中学""创中学"的良好课程氛围。

(三)规范评价制度建设

教育评价部门应及时公示评价内容、方法以及结果,并进行相应解释,接受学校的监督。对评价结果存有异议者,可向教育评价部门进行反映、申诉和举报。教育督查部门要加强评估工作的督查评估,全面了解相关工作组织与实施进展情况,及时纠正评价工作中的问题,并提出相应的改善措施。

三、以育人为评价导向,推进教师评价改革

(一)厘清教师评价内容

把教师师德师风评价放在首位,强化师德建设,以师德师风表现作为教师评价的首要标准,严肃查处违反教师职业道德的行为,对出现严重师德师风问题的教师,探索实施教育全行业禁入制度。《深化新时代教育评价改革总体方案》强调,评价从是否认真履行教育教学职责入手,引导教师上好每一节课、关爱每一个学生。要树立正确激励导向,突出教育教学实绩,重视教师发展性评价,克服唯分数、唯升学率的评价倾向,充分激发教师教书育人的积极性、创造性。

(二)优化教师评价方法

取消以考分排名评价教师的方法,建立多元评价主体队伍,建立由督学、教育科研人员、校长、教师及学生组成的高水平且相对稳定的评价队伍,关注教师教育过程、教学成果的同时,关注其发展水平和工作水平的进步程度。对教师进行发展性评价,激励教师不断提高自身综合素质。以学生工作经历作为中小学教师职称晋升必要条件,取消以工作时长作为职称评定限制条件,取消以职称高低分配绩效办法,完善教师绩效考核制度。同时,向乡村义务教育学校、县城高中教师倾斜。

四、以促进德智体美劳全面发展为导向,推进学生评价改革

(一)聚焦核心素养,面向未来

新颁布的义务教育课程方案和课程标准的一个显著特征是"素养导向",学校的课程建设、教学改革和评价升级,都应围绕培养学生核心素养进行,根据新课改要求,学生培养应从认知型育人向实践型育人"变轨",突出学科思想方法和探究方式的学习,加强知行合一,倡导做中学、用中学、创中学,以学生的学习能力、创造能力作为评价指标。同时,"各门课程用不少于10%的课时设计跨学科主题学习",学校应培养具有学校特色的"主题课程群",进一步培养学生的综合实践能力,学生评价也应从此方面着手。

（二）完善德智体美劳评价体系

针对德育，"国无德不兴，人无德不立"，各级各类部门应将德育评价放在首位，建立科学、可测量的德育评价体系，明确德育评价方法，根据不同年龄阶段学生的身心特点，科学设计德育目标要求。针对智育，根据新课改要求，智育评价要关注综合课程建设、综合课程科目设置情况，重视学生在真实情境中运用知识解决问题的能力，重视课程协同育人功能发挥情况。针对体育，新课改中体育与健康"异军突起"，占到了总课时的 10%~11%，根据不同学段学生身心发展的特点，分学段提出相应的体育评价方法。针对美育，由新课改加大体育课程课时量可以预测，美育也将迎来新一轮改革，进一步明确美育评价目标、内容和执行要求，将学生艺术能力、参与艺术实践活动等情况纳入学业评价体系。针对劳动教育，根据新课改要求，在关注学生校内劳动情况的同时，关注学生走出校门、走入社区开展社会实践活动情况，关注各学校开展体育锻炼、艺术活动、科学探究、班团队活动情况，关注劳动教育"落地"实施状况。

（三）线上线下相结合，建立信息化评价平台

应建立信息化评价平台，学校上传学生学习照片、视频、学习作品及证书，平台将数据自动保存、归类和统计，并将学生学习状态精准推送给每一位家长，家长登录平台实时查询学生在校表现，与教师及时沟通，实现有效家校合作。根据平台对学生学业水平的定量化描述，教育者可从学生、学科、班级、课程设计等不同视角了解教育教学效果，及时调整教学行为，不断提高教学质量。同时，教育者可将每一个指标、每一个数据信息与社会关注的教育问题、现象建立联系，科学有效地进行学生评价，提高自身研究能力。

五、转变社会用人价值导向，推进用人评价改革

（一）社会应树立新时代育人观

相关部门加强科学教育观宣传，引导全社会关注教育评价改革，严厉查处、坚决问责各类媒体炒作中高考升学率和中高考"状元"的行为，弘扬新时代育人观。媒体及网络传播媒体应与时俱进，积极学习新课改相关政策，加

大对科学教育理念和改革政策的宣传解读力度,坚持正确价值观导向,营造良好的教育氛围。

(二)社会应确立正确用人导向

用人观是育人观的结果导向,破除各单位标准单一、过度重视文凭学历等不合理用人观,在招聘中按照岗位需求合理制定招考条件、确定学历层次,在招聘公告和实际操作中不得将毕业院校、国(境)外学习经历、学习方式作为限制性条件。建立以品德和能力为导向、以岗位需求为目标的人才使用机制。用人单位建立重实绩、重贡献的激励机制,坚持按劳取酬、按岗定薪、优劳优筹,激励职工继续学习、终身学习、不断进取。

(三)重视农村地区教育评价观转变情况

相较于城市,农村"唯成绩""唯学历"的传统教育评价观念更加根深蒂固,教育观念转变更加困难。针对这一问题,可采用线上教育与线下宣传相结合的方式推进教育观念革新,广泛运用社会媒体,通过学校教育、社区宣传、政策讲解、广告投放等手段在生活中对人们的意识进行潜移默化的影响,助力"双评"在县域及以下地区的顺利开展。

【推进河南省基础教育"双评"改革工程】

★持续推进党委和政府教育工作评价机制改革

改革党委和政府教育工作评价,推进科学履行职责,引导各级党委政府对教育工作的全面领导。持续完善政府履行教育职责评价,从内容和方式两个方面提出改革举措:在评价内容上,考核政府全面贯彻党的教育方针,落实立德树人根本任务和保障教育事业优先发展;在评价方式上,推进国家层面评价内容和评价指标的落实,同时结合当地实际,完善更加细化的评价体系。加强督查和监管力度,建立教育政策实施追踪制度。建立举报制度,与教育密切相关的主体均可对政府工作进行监督。重视评价结果的应用。

★推进学校评价机制改革

积极推进学校评价机制改革,采用多元评价主体、多重评价方式对学校进行评价,帮助学校树立正确育人观,建立科学的评价体系,落实立德树人根本任务。建构具有针对性、差异化的评价体系,关注地区、学校和学生的差异,体现不同学段目标要求的层次性、适宜性。推进规范评价制度建设。推行公示制度、申诉制度、评估制度的建设。

★推进教师评价机制改革

推进教师评价改革,强化师德师风建设,把教育教学实绩作为评价的重点,树立正确激励导向,突出教育教学实绩,重视教师发展性评价,克服唯分数、唯升学率的评价倾向。科学制定学生工作评价标准,以学生核心素养发展状况为评价标准,全面真实评价教师。改进教师评价方法,取消以考分排名评老师的评价方法,建立新型教师评价标准。

★推进学生评价体系改革

推进学生评价改革,聚焦以学生核心素养为导向的评价改革,充分发挥核心素养在学生评价中的指挥棒作用,完善"五育并举"的学生评价体系。

★推进用人评价项目改革

推进用人评价改革,坚持正确价值观导向,营造良好教育氛围。积极推动单位树立正确用人观,促进人岗相适。促进平等就业,杜绝"唯学历""唯名校"的用人导向,建立以品德和能力为基础、以岗位需求为目标的人才使用机制。

附录一 | 典型案例

案例1:创新实施"三定一聘"改革,盘活用好教师资源

一、案例主题

教师是教育事业的"第一资源"。为了加强新时代教师队伍建设,提振教师队伍精气神,青岛市教育局坚持目标导向、问题导向、需求导向、效益导向,在全市中小学范围内创新实施"三定一聘"(定工作岗位、定工作量、定工作职责,全员参与竞聘)改革,在不过多增加要素投入的前提下,用改革的办法盘活教师资源存量,把教师这个"第一资源"配置好、发展好。立足教师队伍整体超编的现状,打破传统"三定"管理中"定编制"的旧办法,突出教师工作量的评价和权重,全面推行定工作岗位、定工作量、定工作职责"新三定",在阳光公平的氛围下组织全员竞聘。

二、背景与起因

近年来,教师待遇和社会地位不断提高,社会各界对教师队伍的道德品行、能力素质、责任担当提出了更高的期待。从青岛实际看,通过在师德师风建设、面试前置招聘、梯队建设培养、轮岗交流锻炼、临聘教师管理等方面狠下功夫,在良好的制度体系和较高的薪酬水平保障下,教师职业吸引力显著提升,教师专业成长渠道更加畅通,全市教师队伍整体上相对优质,社会认可度较高。但受制于体制机制等方面的原因,教师自主生长、自主发展的

内生动力不足,有的教师出现"职业倦怠"现象,突出表现在职称问题解决后工作劲头降低、学习动力不足、自主更新知识的愿望变弱,顶部教师的个体活力得不到有效激发,成为提高教师队伍精气神的瓶颈。围绕如何提高教师个体活力,青岛市教育局以新时代教师队伍建设改革为统领,以教师个体为支点,研究实施教师"三定一聘"改革,通过体制机制大刀阔斧地调整,激发每一名教师的工作积极性。

三、主要做法与经过

(一)改革实施的三个阶段

1. 试点实践阶段

以问题为导向,确定"三定一聘"改革调研方案,赴国内先进城市学习经验做法,并赴区市和学校一线开展调研,了解学校、教师的关切和需求。按照试点先行、稳妥推进的原则,研究形成初步改革方案后,多次召开区市和学校管理人员、教师座谈会开展论证,选定部分学校作为试点单位开展实践模拟,有效避免了改革"闭门造车"和"水土不服"的问题。

2. 制度成型阶段

在充分调研论证、试点实验的基础上,完善改革制度文件,并反复征求市相关职能部门意见。2019 年 6 月,教育部门联合人力资源和社会保障部门共同出台《全市中小学校"三定一聘"工作指导意见》。采取全市范围整体推进、中小学校全员参与的模式,在全市 13 万余名教职工中部署开展定工作岗位、定工作量、定工作职责和全员竞聘工作。

3. 改革落地阶段

2019 年暑假期间,按照全市统一部署,各中小学依照"按需设岗、竞聘上岗、按岗聘用"的原则,以学校为单位,全面实施"三定一聘"改革,制定工作岗位竞聘方案,按程序开展全员竞聘工作,建立岗位能上能下的人事管理体制。至 2020 年暑假,全市中小学全面完成了"三定一聘"改革。原则上各学校以三年为一个周期,也可根据学校的实际需要,每一年或每两年开展新一轮"三定一聘"工作。

(二)改革落地的三大举措

1. 增压力

进一步明确学校教职工岗位数量及岗位职责,以完成基本工作量和工作实绩作为考核评价的主要依据,教职工达不到基本工作量要求的低聘职称岗位等级,促使教职工满负荷从事教育教学工作,做到履职尽责保量。一是重新定工作岗位。各学依据本校教职工编制数、课程方案周总课时数和工作岗位结构比例,测算确定本校的工作岗位总量,明确每一个具体工作岗位的名称。二是重新核定工作量。按照省定标准核定教师周课时量,高中(含中职)一般不低于 10~14 节、初中不低于 10~16 节、小学不低于 12~18 节,教师岗位兼职管理(含教辅等)工作的,课时量不得低于教师岗位课时量标准的三分之二。三是明确工作职责。各学校根据设定的工作岗位,确定每一个工作岗位的岗位属性、职责范围、目标任务等,作为教职工竞聘上岗以及对教职工绩效考核的重要依据。

2. 提动力

以落实中小学教师年度平均工资水平不低于当地公务员年度平均工资水平政策要求为契机,积极争取上级支持,2019 年全市核增奖励性绩效工资 6.8 亿元。将教师绩效工资的增量部分交给学校自主分配,教师薪酬待遇和工作量、工作业绩、岗位职责挂钩,实现多劳优劳厚酬。一是在普通教师岗位上,完成基本工作量可全部拿回按照国家规定标准核定的奖励性绩效工资,超出基本工作量的,发放超工作量津贴。二是在班主任工作岗位上,班主任津贴提高至人均每月 1000 元。三是在中层及以上干部岗位上,参照班主任津贴确定岗位补贴。四是在党政负责人岗位上,执行校长职级制工资,不再参与学校绩效工资分配,突出了绩效工资向基层一线和重要岗位倾斜的鲜明导向。

3. 激活力

学校在定工作岗位、定工作量、定工作职责的基础上,按照事业单位竞争上岗工作相关规定,制定本校竞聘方案,经教代会研究通过后全员竞聘,把所有细节"晒"在阳光下,让每一位老师参与进来,由校长安排岗位转变为教师自主竞聘岗位。在全员竞聘过程中,教师与教师之间进行竞争,对于落聘人员,通过转岗低聘、待岗培训、解聘等措施进行安置,促使每一名教师明确自己想干什么、能干什么、还缺什么,促进教师岗位认同感和责任感的确立。

四、主要成效

(一)激发了队伍内生动力

通过实施"三定一聘"管理改革,完善了"按需设岗、竞聘上岗、按岗聘用"的教职工岗位管理机制,有效落实了岗位能上能下的人事管理体制。竞聘上相应岗位的教师均达到满工作量,不同工作岗位执行不同的薪酬待遇,体现职责、成效、收益统一,教师在岗工作积极性大大提高,自主生长、自主发展的内生动力提高,在学校中的存在感和价值感增强,同事融合度越来越高。充满活力的队伍更具吸引力,2020年,全市引进教育部直属院校公费师范生282名,占河南省公费师范生生源的70%。新招聘教师中,80%是教育部直属高校公费师范生、"双一流"高校毕业生及高技能人才。

(二)营造了良好教育生态

首轮改革,全市共有132名教职工被"低聘",在全市中小学教职工中,虽然仅占比0.1%,但对在岗工作积极性不高的教师带来的思想触动十分明显,起到了"一池春水起波浪"的效果。通过自主选岗、全员公平竞争的方式,每一名教师处在平等的位置上,既是管理者,也是被管理者,教师自我发展的动力得到保护和释放。2020年全年,全市4个集体、19名个人获得国家级荣誉称号,1名教师入选国家级教学名师,39名教师入选新一批齐鲁名师工程建设人选。全市共拥有名师、名校长、名班主任工作室297个,国家级、省级名师名校长领航工作室12个,国家"万人计划"教学名师3人,齐鲁名师名校长152人,省特级教师261人,数量位居全省第一。

(三)凝练了改革有益经验

国务院教育体制改革领导小组《教育体制改革简报》推广青岛市"深化教师队伍管理改革"经验做法。青岛市"三定一聘"改革经验在2020年全国中小学教师管理研修班作典型发言。山东省教育厅网站刊发《青岛市中小学整体推进"三定一聘"工作》,改革经验获山东省教育厅厅长邓云锋同志肯定,并在全省推广。以"三定一聘"改革为核心的全面深化新时代教师队伍建设改革项目列入全省教育系统 2019 年度"教育局长突破项目"。《中国教育报》《山东教育报》《大众日报》等媒体宣传报道。青岛市连续两年在教师队伍建设第三方评价中位居全省第一名。

五、启示与思考

教师不是饭碗、不是差事,也不仅仅是职业,教书育人应该是富有创造性、从中可以获得精神愉悦和自我提升的活动。教师队伍出现活力不足的问题,主要是体制机制方面的原因,与收入分配体制、个人成长空间、团队文化和氛围都有重要关系。作为教育行政管理者,应该正确处理改革、发展、稳定的关系,直面体制机制的壁垒,抓住岗位薪酬这个"牛鼻子",运用结构性改革和资源优化配置的创新手段,有效解决教师工作分配和收入分配不科学、不公平、不合理的问题,促进教师资源的合理配置,发挥教师资源的最大效益。实践证明,创新实施"三定一聘"改革,是盘活用好教师资源的有效途径。下一步,青岛市将以落实《中共中央国务院关于全面深化新时代教师队伍建设改革的意见》为总抓手,以深化改革、激发活力为着力点,不断完善改革制度体系,推出更多的教师队伍建设改革"青岛模式"和"青岛方案"。

(本案例根据山东省教育厅官网相关内容整理)

案例 2:跨学科作业设计 Then and now

一、作业设计目标:学科核心素养细化

核心素养是课程育人价值的集中体现,是学生通过课程学习逐步形成的适应个人终身发展和社会发展需要的正确价值观、必备品格和关键能力。英语课程要培养的学生核心素养包括语言能力、文化意识、思维品质和学习能力等方面。核心素养的四个方面相互渗透、融合互动、协同发展(表1)。

表1 人教版英语六年级下册第四单元核心素养

核心素养	课程标准	核心素养的落实
语言能力	能理解常见词语的意思,理解基本句式和常用时态表达的意义;能读懂语言简单、主题相关的简短语篇,获取具体信息,理解主要内容 在听或看发音清晰、语速适中、句式简单的音视频材料时,能获取有关人物、时间、地点、事件等基本信息;能根据图片,口头描述其中的人或物 能围绕相关主题,运用所学语言,与他人进行简单的交流,语音、语调基本正确;在书面表达中,能围绕图片内容或模仿范文,写出几句意思连贯的话	在本单元中,能听、说、读、写和运用 dining hall,grass,gym,ago,go cycling,ice-skate,badminton 等词汇;在语境中恰当运用句型以及相关词汇谈论或描述环境、人物的今昔变化;学生能够通过图片、教师语言引导、跟读、自读、小组合作等方式,介绍环境、人物以及生活的今昔变化并能在实际情景中准确熟练地运用
思维品质	能从不同角度辩证地看待事物,学会换位思考 能识别、提炼、概括语篇的关键信息、主要内容、主题意义和观点	积极思考,勇于探索,灵活运用新知,正确看待变化
文化意识	能在人际交往中,尝试理解对方的感受,知道应当规避的谈话内容,适当调整表达方式,体现礼貌、得体与友善	在交流人物的今昔变化时,注意表达方式,体现礼貌、得体与友善
学习能力	能积极参与课堂活动,注意倾听,大胆尝试用英语进行交流 能在学习活动中与他人合作,共同完成学习任务	在课堂活动中,积极参与交流讨论,大胆表达周围事物的变化

二、整体教学流程透视（图1、图2）

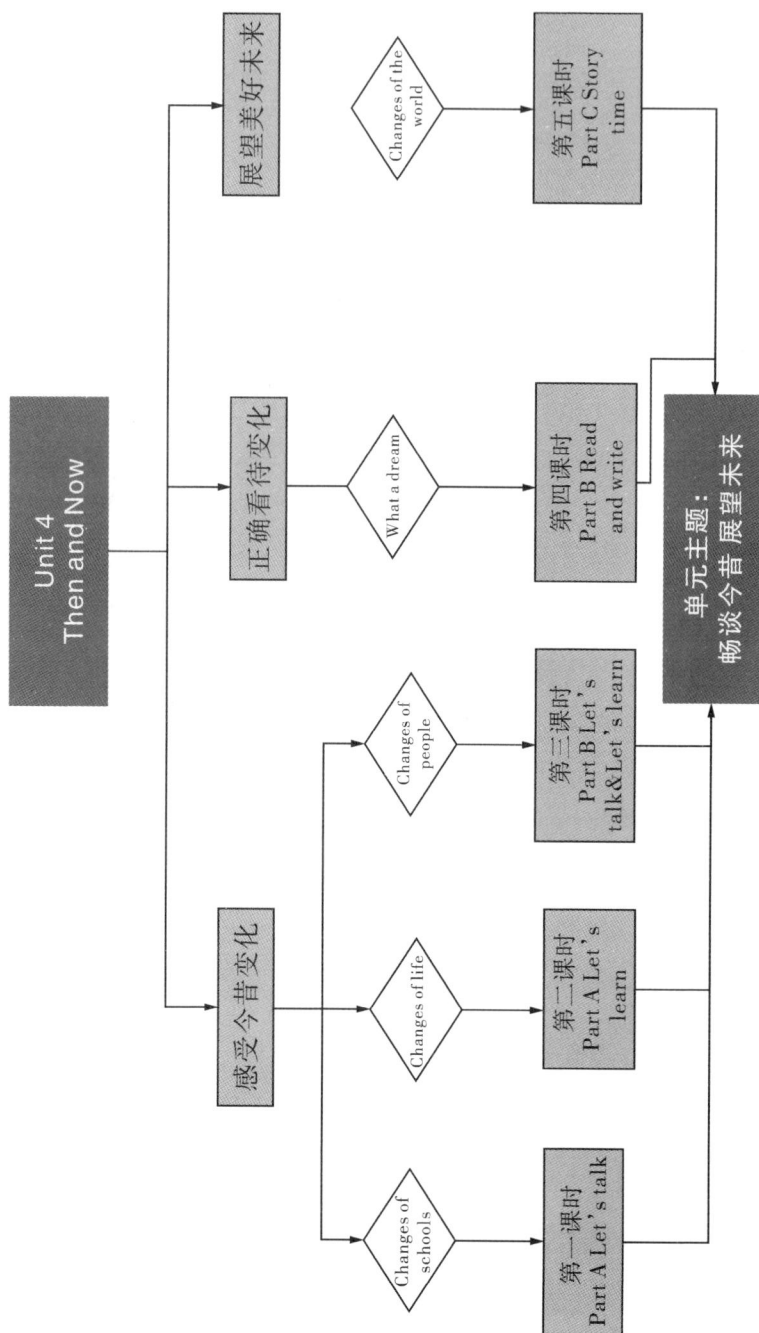

图1 人教版英语六年级下册第四单元主题

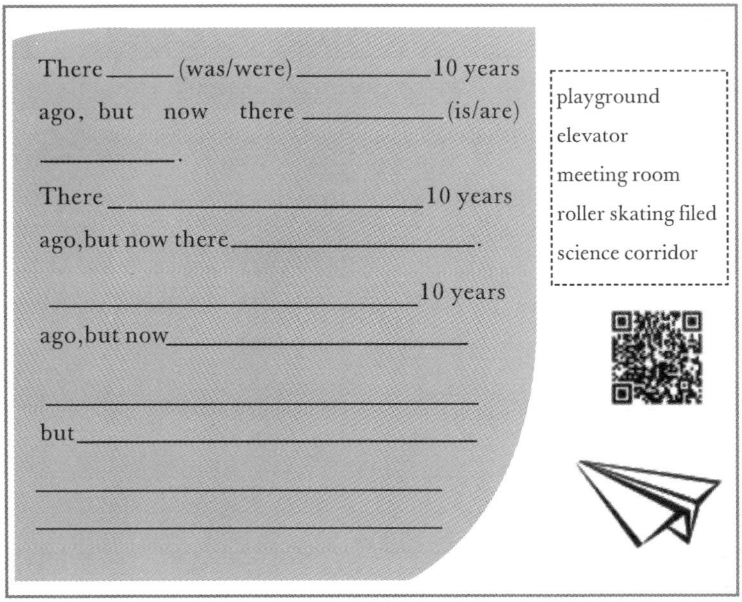

There _____ (was/were) _____ 10 years ago, but now there _____ (is/are) _____.

There _____ 10 years ago, but now there_____.

_____10 years ago,but now_____

_____

but_____

_____

_____

playground
elevator
meeting room
roller skating filed
science corridor

图2　人教版英语六年级下册第四单元教学课时任务单

三、作业具体内容设计

2021 年是郑州大学实验小学(以下简称"实小")建校十周年,同时也是建党百年。但因受新冠肺炎疫情影响,说好的校庆却迟迟不能得以实"十"绽放。2022 年,学生们即将告别母校,这六年也是和实小的十年高度重合的六年。本单元以"毕业季——实光留影"为单元作业的主情境,设计课时作业,亦借此作为自己的"毕业纪念册"!

任务一　扫描二维码,查阅十年前的老照片,感受实小日新月异的变化!

任务要求:根据所给提示写出至少三处变化。

设计意图:第一课时主要为感受学校的变化,笔者在设计作业时结合学校实际情况,提供直观的图片,为学生搭建层层递进的书写脚手架,帮助学生深入理解核心句型,以便顺利完成该任务。笔者在设计该作业时,充分考虑学生实际学习情况,针对不同层级的学生提出不同的要求,让每个学生都有所获!

表2 "毕业季——实光留影"作业评价标准

评价项目	☆	☆☆	☆☆☆	学生自评	教师评价
书写规范美观					
单词拼写正确					
句子语法得当					
思考角度多维					

任务二 实小设施的完善也给我们的学校生活带来了改变,正是这些改变让我们在实小度过的每一天充实而有意义!实小需要你这样感同身受的代言人!

任务要求:在任务一的基础上,运用核心词汇,结合学校实际,根据问题提示撰写代言稿,然后以文字、视频或其他形式发布到班级圈,实名为实小代言!

设计意图:第二课时主要为感受生活的变化。结合学生实际情况,学校生活是学生的主旋律,因此笔者在第一课时作业设计的基础上,设计"我为实小代言"的课时作业。在具体的语境中掌握核心词汇的形和义,在为实小代言的同时表达对母校的爱!

表3 "我为实小代言"作业评价标准

评价项目	☆	☆☆	☆☆☆	学生自评	教师评价
语言正确规范					
代言形式新颖					
气氛渲染到位					

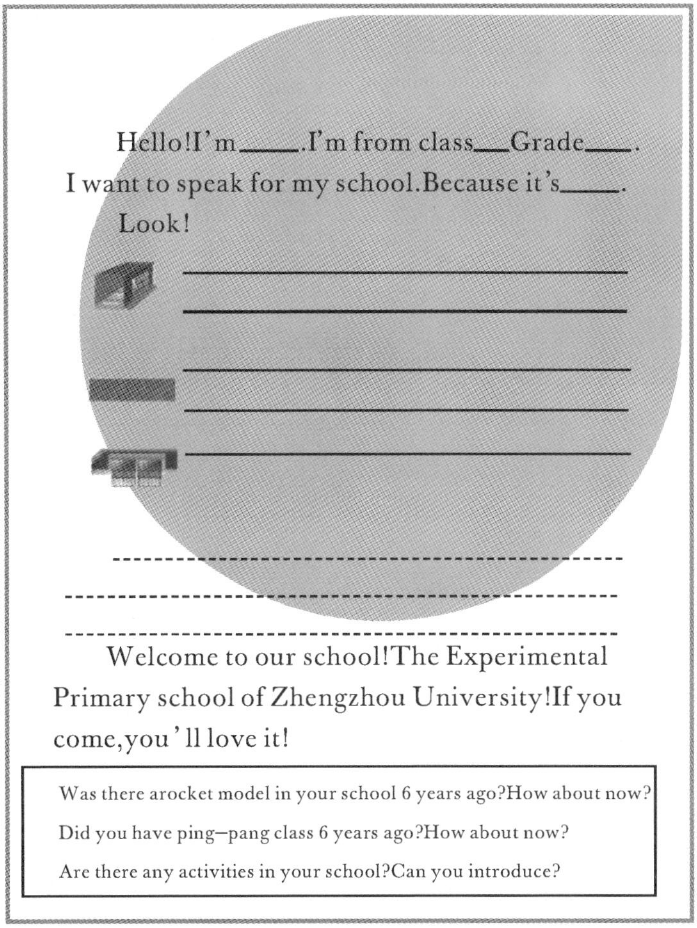

Hello!I'm _____.I'm from class____Grade____.
I want to speak for my school.Because it's_____.
Look!

_____

_____

_____

_____

- -
- -
- -

Welcome to our school!The Experimental
Primary school of Zhengzhou University!If you
come,you'll love it!

Was there arocket model in your school 6 years ago?How about now?

Did you have ping-pang class 6 years ago?How about now?

Are there any activities in your school?Can you introduce?

图 3　"我为实小代言"撰写模板

任务三　六年的实小学习时光,你一定成长了很多。回忆一年级的自己,外貌的改变清晰可见,本领的增长你是否有所感知? 喜好有没有发生变化? 请为你的朋友留下一份纪念吧!

任务要求:①选取一张你最喜欢的照片;②填写表格;③根据表格,完成毕业纪念册。

设计意图:学生在四、五、六年级分别学习过有关人物的外貌、性格、能力等方面的表达,笔者通过设计表格帮助学生从多方面思考,培养了学生的思维能力。

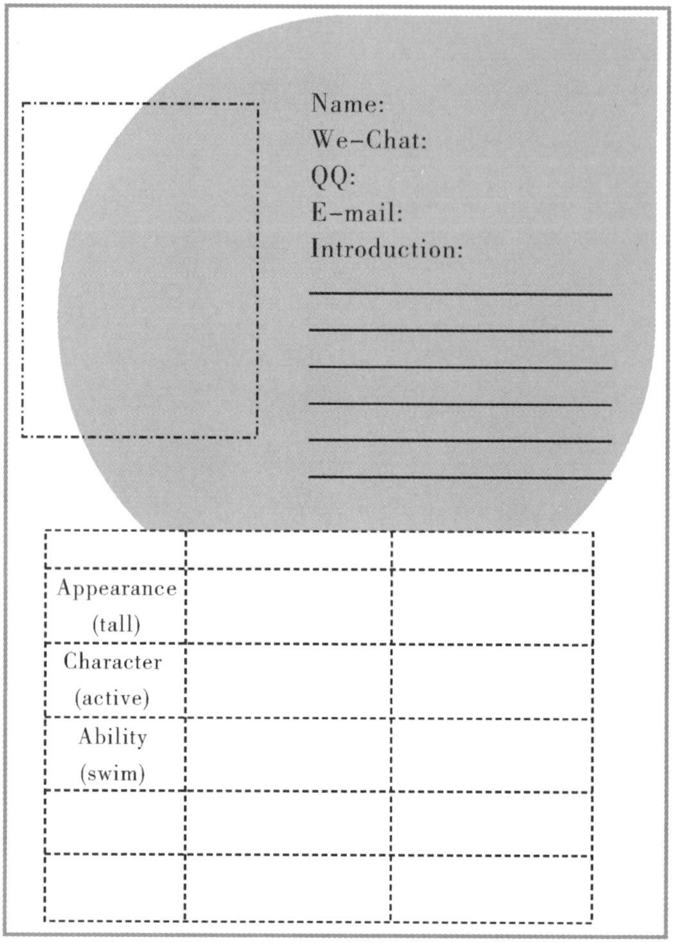

Name:
We-Chat:
QQ:
E-mail:
Introduction:

Appearance (tall)		
Character (active)		
Ability (swim)		

图 4　毕业纪念册撰写模板

表 4　毕业纪念册评价标准

评价项目	☆	☆☆	☆☆☆	学生自评	教师评价
书写规范美观					
单词拼写正确					
句子语法得当					
思考角度多维					

任务四 即将毕业了,童年的时光一定是回味无穷的! 扫描二维码,阅读绘本,感受童年的快乐!

任务要求:看一看、听一听、读一读、写一写。完成阅读任务单。

设计意图:该课时是一节读写课,通过阅读课外绘本,在阅读中通过回答问题继续练习扫读、跳读、细读等阅读技能。笔者设计问题:If you feel worried,what will you do? 引导学生通过适当的方式缓解压力,保持阳光健康的心态,体现了本单元的育人功能。

图 5 绘本阅读任务单

表 5 绘本阅读课评价标准

评价项目	☆	☆☆	☆☆☆	学生自评	教师评价
主题鲜明,表达准确					
图文并茂,有设计感					
分工明确,合作默契					

任务五 周围的一切变化都是为了美好的未来,但目前的环境问题不容小觑。保护环境,人人有责,请以小组为单位,制作"保护环境"的主题海报!

设计意图:本课时笔者设计小组合作完成环保主题海报的作业,紧扣该课时的故事内容,凸显本单元的文化意识,在完成作业的同时,学生需要搜集、整理资料,明确目标、制订计划,联系实际、大胆创新,从多方面培养学生的学习能力。

表6 "保护环境"主题海报评价标准

评价项目	☆	☆☆	☆☆☆	学生自评	教师评价
主题鲜明,表达准确					
图文并茂,有设计感					
脱离课本,内容创新					
分工明确,合作默契					

四、作业质量效果评估

(一)作业设计与实施评估报告

语言作为人类交流的工具,需要通过口头表达和书面表达两种途径来实现它的交际功能。作业设计主要分为三大类,第一类是模仿练习作业,主要包括口语模仿和书写模仿;第二类是拓展阅读作业;第三类是实践操作作业。

第一类作业主要体现在第一、二、三课时,侧重基础练习。六年级全体学生有82.3%的学生能够根据语言提示规范书写,但其中也有少量的语法错误和拼写错误,也有少部分学生的作业不美观,还有23.6%的学生能够从更多的角度进行思考。

第二类作业是一篇课外阅读,篇幅较长,词汇量较大。六年级全体学生有63.6%的学生能够借助图片读懂绘本内容,完成阅读记录单。实施过程中发现部分学生能够根据上下文推测生词、猜测大意。学生表示读完绘本后，深刻体会到了童年的快乐，虽然现在有成长的烦恼，但只要通过正确的方式排解，依然还要保持阳关健康的心态。

第三类作业学生在完成时兴趣较高，完成作业前，小组内合理分工，积极搜集资料，准备所需物品，在具体完成作业的过程中，也有争执和矛盾点，经过协商基本能完成该作业。这类作业也折射出学生的合作能力还有待加强。

(二)作业设计质量和实施效果的反思深刻

笔者设计该单元作业，结合教材单元编写的特点，从课前、课堂、课后三类作业的职能出发综合设计作业，期待在巩固学生已有知识、技能的基础上，引导学生构建完整的知识结构，让学生在掌握知识迁移的方法中，提高解决问题的能力。

(1)单元作业重视学科内容知识的统整，构建起知识之间的内在结构。从目标看，单元作业是一个相对完整的过程，强调了从单元这个整体出发设计作业。

(2)强调知识的逻辑性和应用性是单元作业的内核。让学生用亲身感受来获取知识或加深对知识的理解、运用。

(3)该单元作业强调注重学生对学习过程的全程参与和全力体验，但是在实践过程中，我们发现不同学生面对此类作业的心理各不相同，完成作业的质量也参差不齐。

具有实践性、整合性、合作性和一定挑战性的单元作业，有利于激发学生的斗志，减轻学生的作业负担，提高学生的作业兴趣；有利于学生情感、态度和价值观的形成、改变与完善；有利于提高学生的素养和能力，为学生的终身学习和终身发展打下基础。

本单元以"畅谈今昔展望未来"为主题，围绕"感受今昔变化""正确看待变化""展望美好未来"三个子主题，从学校、自我、环境三方面的变化整体设计单元作业，同时探索实践跨学科融合。第二课时作业"我为实小代言"，通过诗歌创编、视频录制、歌曲律动等多种作业形式来为母校代言，尝试英语学科和音乐学科、信息技术学科的融合；第三课时作业"我的毕业纪念册"，设计英语式的同学录，从语文学科"难忘的小学生活"迁移到英语学科；

第五课时作业小组设计环保主题海报,提供评价标准,引导学生注意版面设计、色彩搭配、主题突出等,实现英语和美术学科的融合。

(本案例由郑州大学实验小学杨成林、赵莉提供)

案例3:长周期实践型作业 "和小蒜苗一起成长"

一、作业背景

南阳市第四完全学校坚持实施"慧"教育,通过"一条主线三项计划",落实"全面育人"。一条主线,即课堂教学改革这条主线;三项计划,即博学读书计划、弘毅健康计划、笃行实践计划,三项计划分别对应中国学生核心素养发展纲要的三个方面,分别是文化基础、自主发展、社会参与。历时一个多月的长周期实践型作业"和小蒜苗一起成长",就是落实弘毅健康计划和笃行实践计划的载体。

二、作业理念

通过这次长周期实践作业,让不同年级的学生带着不同的任务在坚持中学习探究和表达。

与植物亲密接触,孩子们投入希望,付出劳动,享受收获,从这个过程中以不同的观察、记录方式获得认知、情绪、社交及创意方面的发展,从而改善性格,提高心理品质,感受长周期实践型作业和学科作业的不同收获,这是"和小蒜苗一起成长"的作业主旨。

在种植活动中,落实了"弘毅健康计划"和"笃行实践计划",实现了两项计划在"全面育人"理念下的有机统一。在这次长周期实践性作业中,全体教师实施"慧"教育,当"慧"老师,用心培育全面发展的"慧"少年。

三、作业规划

俗话说:"白露种葱,寒露种蒜。"2022年二十四节气的寒露到来之时,第四完全学校小学部开展了"和小蒜苗一起成长"活动,活动历时一个多月。结合不同学段学生的心理特点,同样的种植,学校设计了不同侧重形式的实践作业。新建学校因为没有五年级,这项活动只在一至四年级进行。

一年级:对话绘本。二年级:感叹号日记。三年级:数字档案。四年级:小问号思维导图。

四、作业实践

一年级作业:对话绘本

一年级通过小蒜苗种植,完成长周期绘本作业"我和小蒜苗的对话"。目的是通过对小蒜苗的培养、观察和对话交流,引导孩子们感受生命的成长,学会关爱生命,感受多种情绪体验。

班主任组织统一采购了小蒜苗的培养器皿,指导学生进行蒜苗水培,将小蒜苗带到教室窗台上与孩子们朝夕相伴。

在老师的引导下,小蒜苗成为孩子们眼里被照顾的宝宝。从白白胖胖的蒜头娃娃,到苗壮成长的青青蒜苗,孩子们换水、晒太阳,一下课就来摆弄观察。为迟迟长不高的瘦蒜苗担忧,为忘记给小蒜苗换水而愧疚,天天巴望着小蒜苗快点长大,可真是操碎了心啊!

课间,一年级走廊里的小蒜苗被百般宠爱。小朋友们一下课就来看望蒜苗宝宝,课间走廊处处都有匆忙换水的忙碌身影,孩子们每天都要和小蒜苗说说心里话,还会给小蒜苗理理发——剪去发黄的叶子。

绘本对话作业伴随整个活动过程,把心目中的小蒜苗画下来,把想对小蒜苗说的话写下来。有字不会写怎么办? 有拼音,孩子们觉得小蒜苗是他们的好朋友,它能听懂的。

二年级作业:感叹号日记

二年级的长周期作业是"感叹号日记"。感叹号,包含着观察发现中的惊喜。活动要求孩子们每天培育观察小蒜苗,记录下围绕小蒜苗发生的故事。目的在于引导学生以小蒜苗为媒介,学会发现生活中的美好,培养积极心态。

孩子们细心呵护自己的小蒜苗,给蒜苗扶正、浇水、观察、测量,小蒜苗每天给孩子们一点欣喜、一份希望! 绿色的蒜苗成了班级里靓丽的小风景!

"感叹号日记"记录下围绕小蒜苗的喜怒哀乐。"大蒜的胡须原来是它的根!"袁宇彤为新的发现而喜悦。"植物的生命力真的非常顽强。"这是王展由衷的感悟。"掐了以后重新长出来的新蒜苗比以前更壮实,就像人一样,只有经历了磨难、挫折,才会更加坚强!"李宇明说,"要学习小蒜苗的精神,不怕困难,在困难中更加坚强。"周辰馨为泡烂的大蒜而伤心;王嘉佑为蒜苗的生长而兴奋;朱景州总结出种植中让大蒜没有臭味、不坏掉的方法是要把蒜皮剥干净,少放水……孩子们有写有画,体会成长,收获满满。

三年级作业:数字档案

三年级的长周期作业是"为小蒜苗建立数字档案",目的在于提高学生认知能力,用数字认识世界,对世界的认识由模糊到精确,由感性到理性。

学生先在家里自己培育大蒜。孩子们去超市选种子、剥外衣、种小蒜,此次要求孩子们可以采用土培或者水培两种方式,自由选择。大家将自己所种的小蒜苗带到班级,每天精心照料自己的小蒜苗。

在老师的引导下,孩子们为小蒜苗建立数字档案。每天在记事贴上记录自己的小蒜苗长了多高,发了几片芽,长出了几厘米的根须,晒了多少次太阳,自己想对小蒜苗说的话,以及自己在种植过程中的困惑和感悟。

小蒜苗一天天地长高,孩子们一天天地记录,终于,孩子们的数字档案建立起来了。

四年级:小问号思维导图

四年级的长周期实践作业是"小问号思维导图",目的在于激发学生好奇心,培养思维能力,学会大胆假设,小心求证。孩子们在老师的引导下假设土培、水培两种都可以种蒜,土与水谁的力量大呢?是谁让蒜瓣长得快、长得壮?种下后就是耐心地等待,满满的期待,每日的悉心照看,更有根据长周期任务而进行的不停地追问与思考,用水杯换水,用小勺子松土,用直尺量它们的身高……两天没换水为什么发臭?土培为什么没有水培长得高?为什么有的蒜苗尖变黄了?为什么同样是土培,你的长得比我的壮……大胆假设,小心求证,问题引发思考,思考驱动探究,上网查、问家长、问菜农……一个个疑问得到了解答,原来世界如此奇妙!再将自己的答案绘制成思维导图并与同学交流讨论。

五、作业点评

作业,绝不只是学生获得知识的工具,还是学生熟悉技能,掌握思维的方法,是体验情感,解决真实问题的重要路径。在坚持中学会探究与表达,是"和小蒜苗一起成长"这个长周期实践作业的突出特点。案例以"小蒜苗种植"项目为载体,不同的年级有不同的任务,不同的任务带来不同的探究,不同的探究产生不同的体验,不同的体验呈现出不同的表达。由此可以总结出长周期作业的以下几个特点。

(一)长周期作业重坚持,是培养学生恒心毅力的载体

本案例中的小蒜苗种植作业历时一个多月,长时间做同一件事,是培育学生坚持不懈的品质的最佳载体。对同一事物长时间的持续观察才会有新的发现,小学语文的习作单元首先要学习的就是观察,连续观察是观察的重要方法之一,这项非学科的长周期实践作业也是对学科教学的有效补充。二年级的"感叹号日记"就是例证,为三年级习作单元观察习作要素的学习做了很好的铺垫。

(二)长周期作业重实践,是培养学生解决问题能力的载体

画蒜苗的生长,记观察中的发现,数蒜苗的叶片,量蒜苗的长度,想水培与土培的区别,这些都是基于任务驱动下的实践,在这个过程中,各个年级的学生都在小蒜苗种植的过程中面对着意外,会诞生"怎么办"的困惑,叶片黄了怎么办?大蒜忘换水了怎么办?蒜头泡烂了怎么办?每个孩子还会产生疑问,会诞生"为什么"的困惑,为什么教室里充满异味?为什么种植的水会发臭?这些问号伴随在种植的过程中激发着孩子们去探究。

(三)长周期作业重体验,是培育学生积极情感的载体

长周期作业按类型分可以分为积累型长周期作业,如循环日记;表现型长周期作业,如童话剧表演;探究型长周期作业,"和小蒜苗一起成长"就属于此类型。长周期作业要有吸引学生、让学生愿意为此付出努力的设计;要注意长周期中相关知识的管理,建立系统性学习;还要设计出层层递进的探究进程。教师提供与学生能力和心理相匹配的学习任务群,长周期作业中要突出师生、生生、亲子间的合作,让作业成为陪伴孩子情感体验的美好旅程。

(本案例由南阳市第四完全学校张亚丽、刘娟娟提供)

案例4:发达国家课后服务的典型做法

一、日本中小学课后服务的先进做法

日本的课外托管教育政策主要体现在文部科学省制定的《放学后儿童计划》和厚生劳动省制定的《放学后儿童综合计划》两个文件中,其核心内容是文部科学省主管的"放学后儿童教室"和厚生劳动省主管的"放学后儿童俱乐部"。前者以全体小学生为主要对象,提供安全的活动场所,通过地方居民的参与,开展学习和体育、文化、艺术活动,并提供与居民交流的机会,一般在小学、公民馆、儿童馆等地点实施。后者以双职工家庭未满10周岁的儿童为对象,提供放学后合适的安全和活动场所,助其健康成长,一般在保育院、学校等实施。

(一)明确职责

日本课后延时托管服务的运行机制为"自上而下、各司其职",遵循国家主导、都道府县推行、市町村为主体、学校与教师配合、家长参与、社会支持的原则。2007年以来,文部科学省与厚生劳动省先后颁布《放学后儿童计划》《推进"放学后儿童计划"中相关部门与学校的密切合作》《利用闲置教室实施"放学后儿童计划"》《放学后儿童综合计划》等法律法规,并且制定宏观政策和规划;都道府县教育厅成立"推进委员会"制订本地区实施计划并监督推行;市町村教育委员会成立运营委员会管理具体事务。

(二)服务目的

日本在《课后儿童健全育成事业的设施及运营标准》中指出,课后服务的目的是"以家长由于工作等原因日间不在家的小学生为对象,在与家庭及社区等协作下,帮助儿童发展自主游戏及生活的能力,提高儿童的自主性、社会性及创造性,培养基本的生活习惯,以实现其健全育成"。

(三)服务时间

"放学后儿童俱乐部"每年至少开放250天,而"放学后教室"则根据地方情况每日或定期开放。这两个计划都是安排在每天放学后的下午3点到

5 点,也有的"放学后儿童俱乐部"根据托管儿童的情况延迟到下午 6 点。

(四)场所要求

日本"放学后儿童教室"联合社区内的可利用资源,借用学校的场地条件开展课后服务;龟阜地区一般在小学运动场、体育场和社区中心,参加团休有培育会、老人会、民生委员会、大学生兴趣小组等。从地点上看,两个计划的实施地点都比较多样,大部分以小学的闲置教室为主要实施场地,根据条件也利用幼儿园、体育馆、儿童馆、公民馆等社区设施。

(五)费用来源

2007 年,日本出台了《关于放学后计划推进事业的国库经费辅助》,已经建立了与受益人一起分担托管费用的机制。"放学后儿童俱乐部"的运营成本中,家长负担 50%,其余 50% 由国家、县以及乡镇共同承担。

(六)师资安排

"放学后儿童教室"的师资以保育师、退休教师、志愿者以及非营利组织的相关人员为主,地方非营利组织的成员,部分地区存在无偿性质的志愿服务。"放学后儿童俱乐部"则由经过厚生劳动省审查被授予专门资格的"支援人员"担任,并对人员资质进行了规定(满足一项即可):①保育专员;②社会福利专员;③高中和中等教育毕业人员,同时从事 2 年以上的儿童福利事业;④拥有小学、初中、高中或中等教育的教师资格的教师;⑤在大学修完社会福利学、心理学、教育学、社会学、艺术和体育课程,成绩优秀并升入研究生院人员;⑥在大学专攻社会福利学、心理学、教育学、社会学、艺术、体育等课程并大学毕业人员;⑦在国外大学修完社会福利学、心理学、教育学、社会学、艺术和体育课程并毕业人员;⑧高中毕业,从事过 2 年以上的放学后儿童俱乐部工作,获得市町村长官的认可人员。

二、美国中小学课后服务的典型做法

(一)政策指导

美国学龄儿童托管教育的正式立法始于 20 世纪 80 年代,加利福尼亚州最先制定并试行了《学龄儿童社区托管法》(SACCCA)。1994 年,《改善美国学校》通过美国教育部 21 世纪社区学习中心的授权,为课外项目创建了一个联邦资助体系;1998 年,美国政府推行 21 世纪社区学习中心计划,并将其列入《初等和中等教育法》,这是美国全面推进课后服务的法律基础,对今后开展课后服务起到了指导性作用;2002 年《不让一个孩子掉队》重点强调各州和各地区要关注儿童的全面发展,越来越强调通过政策支持课后服务;2015 年《每个学生成功》对美国 21 世纪社区学习中心投入资金,对低收入家庭进行资金资助以及课后活动做了明确规定。

(二)资金保障

关于资金方面的保障,以美国 21 世纪社区学习中心推行的课后服务项目——"放学后项目"为例,资金来源主要有三方面:家长缴纳的费用,联邦、州和地方政府的拨款,基金会、商业组织、宗教组织和个人捐赠的资金等。

(三)场所标准

21 世纪学习中心在 2014—2015 年、2015—2016 年度评估报告中指出,美国 82%的社区学习中心都是以公立学校为基础建立起来的。1991 年对全国课后服务项目的研究发现,大多数课后服务项目(66%)是由非营利组织运营的,包括公立学校、社会服务机构、社区组织和相关团体。其中,公共图书馆是放学后项目的一大合作伙伴,直到 2001 年《不让一个孩子掉队》法案颁布之后,全国各地图书馆才开始向课后服务逐步开放。

(四)服务内容

在美国,课后服务的内容包括钢琴、舞蹈、电脑课程、俱乐部(童子军、男孩和女孩俱乐部)、有组织的体育活动和独立辅导。为学生提供各种活动,包括但不限于足球、电子游戏、乒乓球、工艺美术、旅行、滑冰、烹饪课和网球课程。美国 80%的课后教育项目包含体育活动,77%包含家庭作业辅导,72%包含小吃、饮料等饮食服务,72%包含阅读和写作活动,69%包含 STEM(science,technology,engineering,mathematics)教育,65%包含学术项目或学术社团,63%包含音乐或艺术活动,46%包含劳动技能发展(如合作能力、领导力和批判性思维的培养),45%包含亲子活动。

(五)师资配备

从美国 21 世纪社区学习中心 2015—2016 年的年度报告来看,从事课后托管服务的工作人员有学校教师、学校或非学校的教辅人员、大学生、课外中心运行人员、高中生、社区人员、家长、其他人员等几部分构成,其中学校教师(42%)、教辅人员(16.4%)、课外中心运行人员(8.7%)和大学生(8%)是师资主体。美国的"放学后项目"参与人员有学校教师、大学生与社会工作者,招募的时候很关注是否与专业对口问题。除此之外,还配备了学术联络员,起到沟通联合的作用。

(六)评估监督

在评估方面,美国"放学后项目"的评估主要由联邦教育部、放学后联盟(After-School Alliance)、全美放学后教育质量研究中心(National Center for Quality After School)等政府机构和专门的课后服务教育研究机构进行。其评估的机构涉及自我评估、政府评估与第三方评估。联邦政府教育部通过21 世纪社区学习中心的网站公布具体明确的拨款信息、政策、法规等一系列官方数据。第三方评估机构主要起到对具体数据进行公布与排名的作用。对于项目的评估主要是从数据分析入手,包括资料的收集与分析,资料收集涵盖财政状况、教师专业发展、计划运转情况、学生数量、学生成绩等方面;资料分析主要包括项目参与的实际情况、影响与问题等。

三、澳大利亚中小学课后服务的典型做法

(一)服务对象

澳大利亚的儿童保教机构分为全日托、家庭日托、课外时间托管、居家托管、临时托管等多种类型。课后服务主要面向小学或中学低年级阶段,提供服务的时间通常放在上学前、放学后、停课日或假期。

(二)经费来源

澳大利亚政府对儿童课后服务的财政补助由专项财政、经济补贴和税收补贴三部分共同组成。联邦政府主要负责课后服务机构前期的基本建设支出和组建成本,而各州则主要负责课后服务的运营费用,如机构设备设施

日常维护、机构教职员工的工资及培训费用等。澳大利亚专项财政支持课后服务的项目有三个,一是融合教育计划(inclusive education program)。此计划主要面向弱势儿童,让他们能享受优质的课后服务,并倡导儿童通过文化与社区参与的方式,减少弱势儿童备受排斥的现象,以满足儿童多样化的教育需求。政府通过投入专项资金,引进优质的课程资源,并帮助课后教育机构在专业上进行提升。二是专业发展计划(the professional program)。专业发展计划的资金用于支持课后服务机构的教师培训,提升教师的专业知识和能力,从而为儿童提供高品质课后服务。对于原住民聚居区,专业发展计划主要为原住民地区培养能胜任当地原住民教学的教师,并提升从事原住民课后服务机构教师的整体质量。三是经济补贴计划。自2017年7月起,澳大利亚废除了儿童托管补贴(child care benefit)和儿童看护退税补贴(child care rebate),以儿童托管津贴(child care subsidy)取而代之,并规定每年用在托管津贴的费用应保持在25亿澳元。

(三)场所要求

按照国家质量框架的要求,用于经营课后服务场馆必须符合相应的标准规范。以维多利亚州为例,在课后服务的场所的选择上有如下规定:应保障儿童活动所需要的室内室外空间的要求,提供每个儿童3.25平方米无障碍的室内活动场所;每个儿童7平方米无障碍的室外活动空间;户外空间必须提供足够的阴凉处,让孩子们有机会探索自然环境;能提供儿童可以随时休息的地方;无障碍卫生间设施;场所内有充足的加热、冷却、通风和采光条件;具有行政人员办公空间和进行私人对话的空间;房屋、家具和设备要清洁和安全。

(四)师资配置

为了保障课后服务的质量,澳大利亚对课后服务人员的规范要求表现在两个方面:一是课后服务的师生比应符合标准;二是课后服务机构员工的雇用流程格外严格。

根据2019年澳大利亚数据统计局(Australia Bureau of Statistics)的资料显示,课后服务机构的师生比不得高于1:15,在首都所在地堪培拉则更为严格,师生比的标准为 1∶11,户外运动例如集体远足时师生比不得高于1∶8,游泳时师生比不得高于 1∶5;并且规定从事课后服务的每两人中必须有一位教师拥有教师资格证书(包括管理人员、教辅人员、工勤人员和安保人员在内),以保证儿童接受高质量的课后服务。在雇用环节,通常需要经过以下流程:一是获得教师资格认证并注册(teacher qualifications and registration)。二是拥有急救资格(first aid qualifications)。课后服务机构必须拥有急救资格、心肺复苏资格、参加过过敏反应管理和紧急哮喘管理培训的人员,这些人员不一定属于课后服务机构的人员,但必须在课后服务机构运营期间做到随叫随到。三是进行儿童工作检查(working with children check)。课后服务机构一旦确定拟录用的人员,就应该对其进行各方面的审查。作为雇佣者,中小学课后服务机构的负责人应向拟应聘人员的推荐人或知情人了解情况,以了解他们已经掌握的知识和技能以及性格和品行等方面的情况。

(五)服务内容

澳大利亚政府认为,儿童参与课后服务应该成为学校教育和家庭教育的补充,目的在于提供儿童休闲、交往和学习的机会,课后服务的场所是儿童开发学习新技能,建立和维持与同伴和成人关系,是儿童产生归属感、存在感和获得成就感的场所。澳大利亚课后教育服务的内容丰富多样,以澳大利亚昆士兰州圣艾丹圣公会女子学校为例,学校为学生在课后服务提供包括阅读、运动、烹饪、手工、戏剧、音乐、舞蹈等 20 多项活动,在假期课后服务期间,还提供远足和露营项目,满足不同年龄儿童的兴趣和发展需求,以支持儿童社交、情感和生活技能的发展,鼓励儿童在安全、同情和支持的环境中成长和发展,鼓励合作、发展友谊和互相尊重。

(六)质量评估

澳大利亚儿童教育和护理质量管理局(Australian Children Education & Care Quality Authority)是由国家资助,支持全国质量标准的执行和管理机构,以确保全国学龄儿童托管和课后服务质量的一致性。2010 年,澳大利亚联邦和各州联合颁布了《早期儿童教育与看护国家质量框架》(*National Quality Framework for Early Childhood Education and Care*),这一框架对涉及澳大利亚实施儿童课后服务的组织机构、师资队伍、服务资金、服务场所、服务活动形式与内容等做了详细规定。2017 年,澳大利亚儿童教育和护理质量管理重新修订《国家质量标准》(*National Quality Standard*),该标准包含教育计划与实施、儿童健康与安全、物质环境、人员配置、与儿童的关系、与家庭及社区的合作关系和领域及服务管理七个领域和四十个基本要素,并详细规定了各领域的目标和结果。澳大利亚儿童教育与看护质量管理局对课后服务实施循证评估(evidence-based evaluation),并严格规定实施循证评估的实施步骤和评估分级。

(本案例根据刘明月的文章《日本儿童课后服务政策分析及启示》、都晓的文章《"双减"背景下的课后服务研究述论》、杨文登的文章《美国课后服务循征评估研究》等整理)

案例 5:上海市提升学校课程领导力项目

上海市教委在 2010 年颁布《上海市提升中小学(幼儿园)课程领导力三年行动计划(2010—2012)》,此后学校课程领导力提升成为上海市推动课程改革实施的重要策略。

一、上海市提升学校课程领导力的实施状况

课程领导力是以学校课程文化建设,课程的设计与开发、组织与实施、管理与评价等为载体,以提升学校的课程教学质量,促进学生、教师、校长、课程、学校文化的发展为目标,在学校的课程改革探索与实践行动中体现出来的教育思想、教育哲学以及课程理解、规划、执行、管理、评价以及创造等方面的能力。课程领导力的主体是以校长为核心、教师为基础的课程领导共同体。上海市分阶段推进课程领导力项目:第一轮项目研制了《项目指南》,以学校课程计划、学科建设、课程评价和课程管理为主要突破口;第二轮项目结合国家教育综合改革,设置课程方案、课程设计、课程实施、课程管理、课程评价等模块为重点研究内容,关注课程思想力、设计力、执行力和评价力。上海市从管理、内容、团队、活动、评价等五个方面提出"PDCA 管理"

"焦点问题攻关""合作研究机制""课程领导评价""5P研修模式(图6)"等学校课程领导力提升的运作模式。

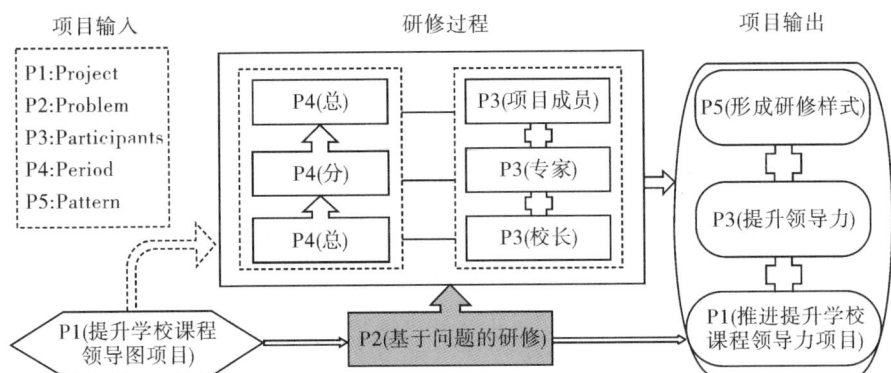

图6　上海课程领导力研修"5P"模式

二、上海市提升学校课程领导力的实施经验

重视理论模型和操作指南的整体建构。整合领导力特质理论、后现代课程理论、"输入—过程—输出"质量模型等,构建了课程思想力、课程设计力、课程执行力、课程评价力的上海模型,形成了课程领导力各指标的评价标准、工具以及评估手册。

完善课程设计核心领域的专业指导。在学校课程计划编制、德智体美等关键领域和学科单元教学设计等课程教学的核心领域,厘清性质、内涵与特征,形成设计规格。

打造"大兵团""共同体"协同攻关的行动范式。形成了行政人员、理论工作者和一线教师分工合作的"大兵团"协同攻关范式,使各个研究群体都能发挥各自优势,相互取长补短。探索了行政部门自上而下的引领指导与一线学校自下而上的实践创新有机结合的运行机制,整合教育行政、教育研究人员和教育实践人员多方力量构筑了支持保障体系,为集多方人员智慧共同实践与推动一项重大改革提供了很好的范例。提炼目标、任务、时间与"可视化"工具相结合的项目管理办法,有效整合各方力量,提高工作效率。

为学校提供课程领导力提升的实践途径。形成了"背景分析+需求调研

→顶层规划+模型设计→分段推进+专家指导+展示交流→提炼总结"的行动研究路径,开发与大规模行动研究相配套的"可视化"工具和流程,以实践中注重"如何做"的问题为指向,引导学校结合子项目实践,提升学校课程领导力。

在郑州市、江苏省、北京市、上海市四个不同空间尺度和行政层级的区域课程改革案例中,各地因地制宜探索改革路径,在课程规划、课程建设、课程改革项目推进、课程管理、课程领导力提升等方面给河南省课程改革深入推进提供了有益的借鉴。

(本案例根据金京泽的文章《学校课程领导力提升的"上海经验"》整理)

案例6:江苏省以课程基地建设推动基础教育课程改革

自2011年起,江苏省在全省中小学及幼儿园全面启动课程基地建设工程,以此作为推进江苏基础教育课程改革的主要载体,其中高中课程基地建设成效最为显著。江苏省以价值认同凝聚上下系统共识,以政策工具驱动省域整体联动,以专业指导凸显改革综合效应,以理性精神实现科研全程支撑,以协同机制突出聚合各方力量,将课程基地打造为新课程改革深入实施的钥匙。

一、江苏省课程基地建设状况

江苏省课程基地是以创设新型学习环境为特征,以改进课程内容实施方式为重点,以增强实践认知和学习能力为主线,以提高综合素质为目标,促进学生在自主、合作、探究中提高学习效能,发掘潜能特长的综合性教学平台。截至2021年,江苏全省585所普通高中已建省级课程基地504个,全省九分之一的幼儿园、小学、初中建成课程基地1801个;全省中小学每年新增课程基地140个左右,形成了"点线面体"的全覆盖,课程基地建设已经从试点走向全面和普及。课程基地通过"课程细分+基地呈现",提高校长和教师的课程意识和课程能力,突破了课程改革发展瓶颈;通过整合跨学科、课内外、校内外等多种方式,积极开发课程资源,优化国家课程实施,开发特色校本课程,丰富拓展地方课程,形成了国家基础课程、超学科专题学习课程和跨学科综合学习课程的有机统一,形成立体丰富的高中课程体系。课程基地及其丰富的课程资源,打开了高中教育多样特色的新视界。

二、江苏省课程基地建设经验

省级层面的制度保障和经费支持。江苏省将课程基地建设列为教育科学五年规划 1 号课题,教育厅和财政厅联合发文,每年差额遴选 50 个左右建设项目,按照省列计划、组织培训、以校为本自下而上逐级申报、省级组织专家答辩、确定立项名单、下达专项经费、提供过程性指导、省级调研、检查视导验收等流程,每个项目经费按省、市、校 1∶2∶3 配套。

注重课程基地建设的指导督查。江苏省先后成立省课程基地建设指导委员会、省课程基地建设指导中心和九大类课程基地学科联盟,分别从宏观统筹、专业化建设、学校实践交流引领三个层面,定期抽调行政、学术与实践三个领域的专家,对课程基地进行督导检查,奖优惩劣。

聚合协同多方力量。课程基地建设以省域工程和学校项目为抓手,形成省市县校上下联动,行政科研实践多方协同、整体运行,教育财政社会联手支持、多元共进的合力,调动各层级类型课程改革主体的主动性和创造力。

以项目化建设规范课程基地发展。设定主题教学环境创设、核心教学内容模型建构、人机人境互动平台建设、跨学科融合、教师专业发展中心建设、学生实践创新路径探索六大内容模块,促进课程基地建设的规范化和多样化。

(本案例根据朱卫国的文章《加强课程基地内涵建设 全面促进学校文化创新》整理)

案例7:河南省郑州市推进课程教材改革的探索实践

郑州市聚焦核心任务、建构工作机制、开展系统行动,推进国家课程有效实施,探索地方课程发展,完善校本课程建设,在课程教材改革上持续发力,推进课程教材改革。

一、郑州市基础教育课程改革实践状况

在五育并举课程体系建设上,持续开展学校课程建设奖评比活动,引导区域在五育并举课程规划、课程实施及校本课程建设等方面形成典型样本。在"双新"(普通高中新课程新教材)示范区、示范校建设方面,推进高中新课程新教材改革,开展普通高中新课程新教材实施教学展示活动,服务全省,辐射全国。在校本课程建设上,郑州市加强区域课程资源开发与运用,开发黄河生态文化、红色郑州、禅武少林等特色校本课程。在课程资源开发上,建成"学在郑州"学生学习平台,包含名师课堂、名师资源、名师答疑三大功能板块,已开放和待开放的课程录像1万余节、各类资源2万余条,参与在线答疑的值班名师1000余人,平台依托郑州市大数据中心管理局政务云,可承载120万用户同时在线免费使用。

二、郑州市基础教育课程改革经验

强化课程能力建设。郑州市将校本教研作为推动课程教材改革的推手,持续17年召开校本教研工作推进会,年初发布研究主题、年中开展研究实践与培育研讨、年末进行成果展示与经验分享,形成了顶层设计与校本实践结合、主题研究与教学日常结合的校本教研机制。举行校长专题研讨、主题报告、会议交流等活动,提高校长课程领导力。

规范校本课程管理,建立课程评审机制。加强校本课程建设,完善校本课程审查、管理、备案工作机制。持续开展"优秀校本课程""把灾难当教材主题教育课程"等主题评选活动,促进校本课程有效建设。坚持以评比标准为导向,以参评过程为培育,以评比结果为样本,以评促建,以评促改,以评

促研,让评选成为发现种子、深度研究的起点。

重视区域资源的课程化开发。在落实省级课程基础上,结合课程改革需要、学校发展需求、区域资源现状,开展市域课程探索实践。融合区域资源,研发"地理实践力"主题课程;开发《研学郑州实用手册》。开展创客教育,形成"创客跟我来"系列有形成果。推进劳动教育,进行中小学 12 年一体化劳动课程研发。建设中小学心理健康教育区域课程,形成一体化生涯教育课程、学生发展指导课程。

(本案例根据姬文广的文章《课程的本质和意蕴》整理)

案例 8:山东潍坊市中考改革的实践探索

根据《中共中央国务院深化新时代教育评价改革总体方案》《中共中央国务院关于深化教育教学改革全面提高义务教育质量的意见》《中共中央办公厅国务院办公厅印发〈关于进一步减轻义务教育阶段学生作业负担和校外培训负担的意见〉的通知》《国务院办公厅关于新时代推进普通高中育人方式改革的指导意见》等文件精神,潍坊市聚焦"双减"要求,制定《深化高中阶段学校考试招生制度改革实施方案》,多元评价促五育并举。2021 年年底,山东省教育厅委托第三方开展"双减"成效大样本调查,潍坊市各项数据均处在领先位置。潍坊市的中考改革,落实了立德树人和"双减"要求,提高了育人质量,促进了学生的全面发展和个性成长,对其进行分析,总结其经验,可为河南省深化中考改革提供参考和借鉴。山东潍坊市中考改革的实践探索与启示有以下几方面。

一、考试政策

(一)科目设置

在初中学业水平考试(考查)科目中,语文、数学、英语(含听说能力测试)、物理(含实验操作)、化学(含实验操作)、道德与法治、历史、地理、生物、体育与健康、信息技术 11 科为考试科目,生物(实验操作)、劳动教育、美育(含音乐、美术)等科目为考查科目。取消七年级地理、生物,八年级语文、数学、英语、物理、道德与法治、历史提前考试,保障学生初中、高中知识学习的有效衔接。八年级学生参加地理、生物考试,九年级学生参加上学期信息技术考试,对成绩不满意或因故未参加考试的考生,可在九年级下学期再次参加考试,并以各科最好成绩作为最终成绩。

(二)成绩呈现方式

继续采用等级评价、等级呈现方式。在此基础上,参考山东省新高考录取办法,细化语文、数学、英语科目成绩等级,等级数量由五个增加到八个,即在原来 A、B、C、D、E 五个等级的基础上,增加 A+、B+、C+ 三个等级,凸显基础学科的重要性区分学科学习难易程度,进一步激发学生学习动力,引导改进初中教学。其他科目等级划分数量保持不变。

语文、数学、英语每科 150 分(英语含听说测试 40 分),划分为八个等级,由高到低分别用 A+、A、B+、B、C+、C、D、E 呈现,各等级分别占考生实考人数的 5%、10%、15%、20%、20%、15%、10%、5%(由高到低按累计比例划分,下同);物理、化学每科 110 分(每科含实验操作技能 10 分),道德与法治、历史、地理、生物每科 100 分。以上科目分别划分为五个等级,用 A、B、C、D、E 呈现,各等级分别占考生实考人数的 15%、20%、30%、20%、15%;体育与健康分值 100 分,实行过程性评价和终结性评价相结合,分为运动参与、体质健康测试、运动技能测试,按考生总分划定为 A、B、C、D 四个等级,各等级分数线分别为 90 分、75 分、60 分、60 分以下;信息技术分值 100 分,分 A、B、C、D 四个等级,按考生得分划分等级,各等级分数线分别为 90 分、75 分、60 分、60 分以下。

(三)普通高中录取办法

普通高中招生录取实行综合录取、特长录取方式。综合录取时,将学生有关科目分为三个组合,其中第一组合科目统一为语文、数学、英语、体育与健康、综合素质评价;第二组合科目由各高中学校从物理、化学、道德与法治、历史、地理、生物六科中确定四科,其他两科及信息技术、生物实验操作技能、劳动教育、美育为第三组合。各高中学校制定第三组合底线要求,达到底线要求的考生根据第一组合、第二组合科目成绩录取。以上方案经上级教育部门审定、备案后实施。特长录取主要衔接教育部高校"强基计划"招生,主要招收在数学、物理、化学、生物、信息学以及历史、哲学、古文字学等学科素养较高、有突出才能和表现的学生,在科技创新或其他方面有特殊才能的学生以及在艺术、体育方面具有特长的学生。在教育部门指导下,由高中学校自主招生。

为进一步拓宽学生成长成才的路径,让更多的学生通过职教高考(春季高考)考取高等学府,潍坊市在 13 所优质学校举办"职教高考班"试点。确定2021 年"职教高考班"总计招生 5058 人,"职教高考班"志愿与普通高中志愿同一批次参加录取。

二、评价方式

(一)完善学生评价机制,释放五育并举潜力

完善中考招生评价,建立"多次考试、等级表达、综合评价、多元录取"制度,优化考试科目设置、评价方式、成绩呈现等标准,将原先的五个呈现等级细化为八个等级,凸显基础学科的重要性。扩大普通高中招生自主权,采取特长录取与综合录取相结合,既有效减轻学生学业负担,又注重拔尖创新人才选拔培养。深化学生综合素质评价改革,建立"量表+标志性成果+基本"机制,将学生综合素质成绩纳入中考,与语文、数学、英语三科等值录取,引导学生德智体美劳全面发展。

(二)完善综合素质评价制度,促进学生全面健康成长

加强对学生劳动教育、美育考查及在校期间参与运动锻炼、理化生实验操作技能的过程性考查,减少学生突击训练,保障初中学校开齐开全课程、开足课时,促进学生体质健康水平和实验操作技能的提高。修订初中学生综合素质评价方案,建立"成长量表+标志成果+底线指标"相结合的评价机制。成长量表体现过程评价、标志成果导向综合评价和结果评价、底线指标规范基本育才要求和行为习惯。既有必答题,又有选择题,拓宽发展渠道,"多把尺子"促自信、助成长,不再聚焦单一的纸笔考试分数,有效缓解课业负担和考试压力。学生可以借助"双减"腾出的时间和精力,放心发展自身特长爱好,挖掘成长潜质。

(三)创新学校评价机制,引领学校五育并举立德树人

深化办学质量评价,印发《潍坊市县市区办学水平评价实施方案》,出台

学前教育、义务教育、普通高中、中等职业教育四类评价办法,以三年为一个评估周期,每年评价 1000 所学校(幼儿园)。深化课堂质量评价改革,制定《潍坊市基于课程标准的优质课堂评价标准》,持续开展基于课程标准的"教学评一致性"改进行动,坚持从"教与评""评与学"两个方面优化课堂教学策略,开展教师"说学习目标、说课堂评价、说教学活动"行动,有力巩固发挥课堂教学主渠道地位。深化课后服务评价,推出课后服务工作规范和 45 条实施细则,实施"作业时间、自主(社团)时间、微主题时间、家校交流时间"四个时段精准服务,打造学生素质教育"第二课堂"。深化规范办学评价,印发《潍坊市普通中小学规范办学行为实施细则》19 条,制定手机、作业、教学用书管理三个评价文件,突出对学生作业的质效评价,严控学生作业总量,提高作业育人质量。

三、案例点评

(一)完善科目设置,优化成绩呈现方式

山东潍坊市中考科目成绩采用等级评价、等级呈现方式,在此基础上,细化语文、数学、英语科目成绩等级,等级数量由五个增加到八个。此举凸显基础学科的重要性和学科学习的难易程度,减小了学生的考试心理压力,进一步激发学生的学习动力,保障学生初中、高中知识学习的有效衔接,为高考及终身发展奠基。

(二)过程性与终结性评价相结合,适当扩大中职学校规模

此举加强了对学生劳动教育、美育考查及在校期间参与运动锻炼、理化生实验操作技能的过程性考查,减少学生突击训练,保障初中学校开齐开全课程、开足课时。同时,通过职教高考考入相关高校,满足广大学子升入更高层次学府深造的需求,此举更好地引领义务教育学校育人方式变革,推动高中学校多样化、特色化发展,进一步提高教育质量。

相对于高考制度改革研究的繁荣,中考改革研究较受冷落。潍坊市以中考制度改革为突破口,扭转"唯分数、唯升学"倾向为主线,着力破解传统评价方式带来的一系列问题,稳步推进中考改革。潍坊市中考改革政策背后隐含了深刻的改革理念,值得认真学习。一是坚持"五育并举",遵循教育

规律和学生成长规律,使学、考、招有机衔接,培养德智体美劳全面发展的社会主义建设者和接班人。二是落实国家新的课程方案和课程标准,促进普通高中新课程新教材实施,不断扩大高中学校办学自主权,适应高考综合改革对人才培养的新要求,促进高中学校特色化办学,完善人才培养体系,加强拔尖创新人才选拔培养。三是给初中生成长提供更多跑道,形成了"多次考试、等级表达、综合评价、多元录取"的中考制度,变中考"筛选人才"为"发现人才",创新完善评价机制,为高考及终身发展奠基。四是聚焦"双减"要求,发展素质教育,促进学生全面而有个性发展,回应家长和社会期盼,办更有高度、精度、温度、力度的教育。五是加强宏观调控,改革体制机制,完善标准,规范程序,切实保障考试招生机会公平、程序公开、结果公正。并根据中央深化教育评价改革总体要求,适应国家人才培养需求,对接国家和省考试招生制度改革方向,深化完善考试政策。

(本案例根据《潍坊市深化高中阶段学校考试招生制度改革实施方案》以及山东省教育厅官网、潍坊日报相关内容整理)

案例9:山东省新高考选课走班制实施情况

一、山东新高考政策对考试科目与选课的规定

2016 年 3 月 9 日,山东省人民政府制定《山东省深化考试招生制度改革实施方案》。2018 年 3 月 23 日,山东省人民政府办公厅公布《山东省深化高等学校考试招生综合改革试点方案》。两个方案对新高考(夏季高考)科目和选课进行了如下规定:

考试科目:自 2017 年秋季高中入学新生开始,考生夏季高考考试成绩由统一高考的语文、数学、外语和考生选考的 3 科普通高中学业水平等级考试成绩组成。等级考试科目包括思想政治、历史、地理、物理、化学、生物 6 个科目。条件成熟时,可纳入技术(信息技术、通用技术)等科目。

选课走班:2016 年方案提出"要采取切实措施、加大经费投入,改善高中学校办学条件,强化师资队伍建设,提高学校的课程实施能力,满足学生个

性化选课和走班要求"。2018 年方案规定"各高中阶段学校要切实把学生培养工作落细落实,端正办学思想,加强教学管理,配齐配强师资,开足开好课程","加大投入,改善高中阶段学校办学条件,完善教师绩效考核机制"。

二、山东新高考政策背景下选课走班制的实践

以潍坊第一中学为例,管窥山东省高中选课走班制的实践推进方式。围绕选课走班分层教学,该校启动综合改革,经过 4 年多的努力,逐步形成了一套基本运行与保障机制。

(一)尊重选择、全面走班

采用"复合式、全走班"走班模式。"复合式"即行政班与教学班复合存在。行政班是根据学生的"6 选 3"情况搭配形成,实行"小班化"管理,每班不超过 30 人。教学班是根据学生对课程选择后重新优化组合形成,每班 40 人左右。每个学科都有单独的教学班,根据所有学生的不同选择,每个年级有 500 多个不同的教学班。"全走班"即满足全部学生全部学科全部分层分类选择需要。一是"6 选 3"共 20 种组合全部开放供学生自主选择;二是文化课学科全部实行分层分类教学;三是全部学生全部学科全部到相应的学科教室上课;四是所有学科都根据学生的选择,编入每一名学生的课表。

(二)统一思想、提高认识

自 2016 年年底开始,学校先后组织 22 批次 470 多人次到省内外考察学习,先后 16 次聘请省内外专家和名师来校解读指导新高考改革工作,与北京十一学校建立起对接交流学习机制,成立新高考改革宣讲团,创办《潍坊一中新高考信息快报》,加强宣传,促进沟通,统一思想,为深入研究和推进新高考改革提供思想保障。

(三)课程建设、提供载体

学校从 2018 年开始大力进行课程建设,组建项目组,采用"封闭研发和分散研发相结合、自主研发和专家指导相结合、整合校内资源和借鉴校外资源相结合"的策略,积极推进国家课程校本化实施和学校特色课程系统化开发。经过研发,已构建起"两大类别、四大系列"(基础、特色"两大类别",分层、分类、综合、特需"四大系列")的多元化、高选择性课程体系,为实施选课

走班、分层教学提供了必要且必需的课程支撑,为学生全面而有个性的发展提供了有效载体。

(四)生涯规划、引领指导

学校专门成立选课走班研究指导中心,设立咨询师、教育顾问和导师,建立选课指导团队和生涯规划教师团队,编制《学生选课走班指导手册》,制定了"一二三四五"工作策略和"五步选科法",对学生进行专业的生涯规划指导。

(五)调整结构、优化治理

学校逐步建立了以党建为统领、"四会一章程"为主要内容的治理结构。一是坚持学部主任负责制,由副校长兼任学部主任,降低管理层级,提高管理效益。各学部实行分布式领导,设置导师、主任导师、课程主管、考勤主管、自习主管等项目组,分工负责学部各项管理工作,扩大管理参与度。二是加强学术组织建设,设立学科主任,建立学术委员会、选课走班指导中心、课程中心、强基计划课程部、创新人才培养课程部等13个学术组织。三是构建科学的综合素质评价管理机制。修订完善《潍坊一中学生综合素质评价方案》,设立综合素质评价指导中心,成立教师与学生全员参与的学生综合素质评价团队,建设综合评价校本化电子管理系统。

(六)改进课堂、管控质量

在分层分类选课走班基础上,学校进一步开展"基于标准的学习和教学"课堂改进行动,聚焦学生个体,提高教学的精准性。建立大型测试命题专家库,成立教学质量分析评价中心,制定或修订《考试管理制度》《教学质量监控制度》《学校诊断制度》《教学质量分析评价办法》,加强质量监控,保障走班质量。

(七)丰富资源、满足需求

用三年多的时间,争取专项资金,将原来的实验室、办公室等进行改造,建成各类学科教室153间,各类功能室71间,满足高一、高二、高三3个年级选课走班教学需要。实验、图书等资源全部配置进学科教室。

(八)高端定位,建设智慧校园

学校投资1500万元建成智慧校园系统,包括电子班牌系统、选课系统、排课系统、监控系统、阅卷评价系统、过程性评价系统等,人工智能和大数据的充分运用,满足了选课走班分层教学的现实需要。

三、案例点评

学生获得成长。一是规划能力、适应能力、学习动力、学习生活效率、交际能力有了很大提升。二是特长发展,特别是奥赛、自招、机器人等创新人才培养方面成果显著。近年来在五大学科奥赛中获得金牌、银牌 16 枚,有70 余人获全国一等奖。学校组建的机器人战队,多次在国内和国际大赛中获得冠军。三是学业成绩突出。2020 年,在山东省首届新高考中,学校取得了突出成绩。

教师得到发展。选课走班分层教学后,新的教学组织结构的建立,为教师自动赋能,教师的发展动力被激发,越来越多的教师开始主动改变,走出舒适区,走出职业倦怠,开始"二次成长"。

社会广泛认可。家长对学校越来越理解,学校办学满意度逐年提升。2020 年,学校被授予全国文明校园荣誉称号。

(本案例根据侯宗凯、张年勇、张瑞江的文章《借力选课走班 转变育人模式》整理)

案例10:浙江省温州市教育质量"四维评价"模式

一、总体概况

2013 年,教育部颁发了《关于推进中小学教育质量综合评价改革的意见》,遴选了上海、浙江等 30 个省市作为试验区,从全国层面开启了我国全面探索教育质量综合评价的新阶段。同年,温州市建立温州市教育评估院,以第三方身份开展基础教育质量监测评价与学校评估工作,并用三年时间探索构建了中小学教育质量"四维评价"体系。

(一)构建"四维评价"指标体系

按照教育部、浙江省教育厅文件精神,结合温州实际,于 2013 年 10 月出台了《温州市中小学教育质量评价实施方案》,构建了包含 4 个维度 18 项指标的评价体系,简称"四维评价"体系。"四维评价"数据的分析涉及内容、层面和群体三个视角。内容包括品德行为、学业水平、身心健康和学习幸福感四个维度;层面从纵向角度,分全市、区域、学校和班级;群体从横向角度,分学生总体、各等第学生、学生性别、学校办学性质、学校办学规模等不同群体。"四维评价"体系把关注学生发展作为开展教育评价的重要监测点,建立全面、全程、全员的科学质量观,不仅关注对学生学业水平的评价,也关注对学生品德发展、身心健康和学习生活幸福感的评价。

(二)构建"四维评价"操作体系

从评价工具开发、测评数据分析、反馈指导改进三方面着手,构建了"四维评价"的操作体系。目前,评价工具开发主要包括学科监测工具的开发和各类调查问卷的开发;测评数据分析关注数据的整合与挖掘,寻找数据背后的深层次原因;评价的反馈指导改进,按照"现状分析—问题诊断—行动改进"的思路,基于县(市、区)数据,以县域为单位,召开中小学教育质量分析反馈会议,提出针对性的教育管理和教学改进建议。

(三)构建"四维评价"管理体系

建立市、县、校三级管理网络体系,切实加强教育评价队伍建设。采取专家引领、结对帮扶、专题培训、实践操作等方式不断提升评价队伍的专业化素养,形成了省、市、县共同参与的培训体系和质量评价专业队伍网络。建立市级评价改革试点学校制度,推动完善学校评价和自我监测评估机制,建立学业质量增值评价模型,完善教师多元评价体系,促进学校全面、可持续发展。从 2015 年开始,温州市确定首批中小学教育质量综合评价改革试点学校 37 所。

二、实施路径(图 7)

(一)监测准备:提升评价工具的科学性

①确定项目监测内容:围绕区域教育热点来设置。②明确工具开发流程:构建技术标准命制量具。③确定监测样本比例:根据目的性、科学性、代表性确定。

(二)实施过程

1.数据采集:方式趋向多样性

以计算机网络技术和电子扫描技术为依托,通过抽样监测与问卷分析相结合、分段要求和指标对应相结合、部门分工与协作合作相结合,结合调研和教学视导相结合等方式开展。

2.数据分析:架构趋向多维度

评价层面包含班级、学校、区域和全市,评价群体涉及学生总体、各等第学生、学生性别、学校办学性质、学校办学规模,评价内容包含品德发展、学业水平、身心健康、学习生活幸福感。

3.数据整合:挖掘趋向多角度

以品德行为、学业水平、身心健康和学习幸福感为内容,省测、中考与六年级监测三个项目进行分类整合,通过描述分析寻找三者之间的共性与差异,通过推断分析寻找学业质量与影响因素之间的相关关系。

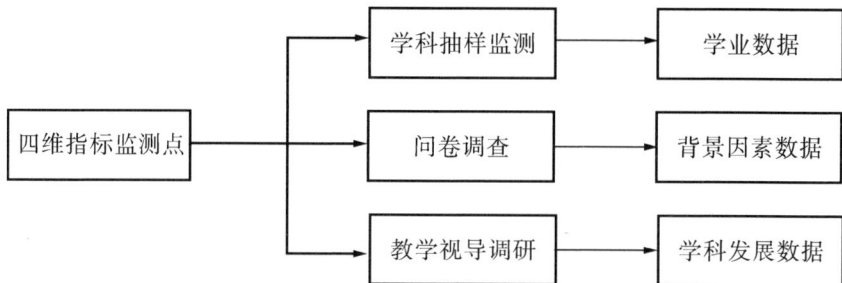

图7　温州市中小学教育质量"四维评价"体系实施路径

(三)监测结果的运用

1.反馈报告:立足客观实际来撰写

通过整合分析,确定主体框架,进行内容维度搭建,初步撰写报告,通过多次审核与讨论,定稿发布最终报告。

2.反馈模式:凸显个性化与实效性

第一步:改变过去一次性终结性打包反馈数据的做法,以项目为单位按时段将基础数据反馈到各县(市、区),确保数据使用的时效性。

第二步:改变过去只在评价专业人员内部进行反馈的做法,召开由市教育局党委全体领导、所有处室(单位)负责人参加的质量分析反馈专题会议,让教育行政领导能通过大数据实证分析,了解温州教育的现状、存在的突出问题,为行政决策提供依据。

第三步:改变过去笼统召开市级层面分析反馈会的做法,一个县域一个县域地"送评价分析反馈到基层"。整合省、市各项质量监测结果,以问题为导向,根据各县(市、区)的不同数据,进行个性化分析,将区域整体教育质量状况和教学改进建议相结合,提出有针对性的教育管理和教学改进建议。

3.结果运用:重视监测诊断和改进功能

首先,提高政府决策的科学性,撰写形成各类市级教育监测报告20余份,为行政决策的科学性提供了依据。其次,实现质量评价与学校评估的有机整合,将质量监测纳入学校绩效评价指标体系之中。最后,提高教育教学有效性,指导县域、学校结合自身实际,学会读数据、用数据,挖掘数据背后的教育教学问题。

三、案例点评

温州市以学生发展为出发点,率全省之先在地市级层面制定《温州市中小学教育质量评价实施方案》,构建由学生品德发展、学业水平、身心健康和学习生活幸福感4个维度18项指标组成的"四维评价"指标体系,不仅关注学生学业水平评价,也关注学生品德发展、身心健康和学习生活幸福感评价,力图扭转重智育轻德育、重分数轻素养的教育质量观,着眼学生全面发展,引导学生坚定理想信念、厚植爱国主义情怀、加强品德修养、增长知识见识、追求生活幸福、增强综合素质。"四维评价"模式践行了先进的教育评价理念,促使评价从"育分"向"育人"转变,在一定程度上扭转了唯分数与唯升学的倾向,形成了科学的质量观。

(本案例根据赵桂芳的文章《构建四维评价体系　助推教育质量提升——浙江省温州市区域教育质量综合评价的探索与实践》整理)

案例11:江苏省盐城市大丰区城东实验初级中学学生综合评价

江苏省盐城市大丰区城东实验初级中学着力推进"自主自律式"的教育方式,实施"做最好的自己,摘闪耀的星星"学生综合评价,拟定了文明礼仪、守纪规范、言行诚信、安全卫生、学习进步、阳光体育六方面的"摘星"标准,通过星级目标预设,达成民主、公开、透明的评比效果,激励学生人格自尊、行为自律、班务自理,形成了自主教育、自我激励、自我完善、自主成长的良好教育氛围,引导不同层次的学生畅享成长的快乐。

一、评价内容与标准

学校遵循"没有最好,只有更好"的发展观,认为评价的真正目的不只是为了证明办学成果,更是为了促进学生不断地发展;应该多几把尺子评价学生与班集体,把有个性发展的学生、有特色的班集体评出来。学生和班集体在这种"只有更好"的评价激励下,会不断地追求,不断地探索和攀登。以"文明礼仪之星"的评价标准为例,要求学生做到以下内容。

(1)说文明话,办文明事,做文明人,谦恭礼让,有良好的文明礼仪习惯。

(2)尊敬老师,孝敬长辈,体贴父母,不顶撞,不发脾气,虚心接受教导;能主动关心他们,帮助他们做力所能及的事;同学间团结互助,正常交往,真诚相待,不说谎,不叫侮辱性绰号,不欺侮同学;能服从任课老师、班主任或其他老师的教导。

(3)自尊自爱,注重仪表。服装、发型应端庄大方,整洁利落,符合中学生的身份特点,不佩戴任何饰物,不留长指甲,不染指甲,不焗染头发,男生不留长发,女生不化妆、不烫发。不穿休闲短裤或运动短裤(体育课除外),不准穿拖鞋。

(4)校园内坚持说普通话,处处使用礼貌用语"请、您好、谢谢、对不起、没关系、再见"等。主动关心和帮助残疾人等需要帮助的人,富有爱心,经常做好事。

二、评价实施方式

以学期为阶段,每月评比一次。遵循公开、公平、公正的原则,开展学生自评,小组互评,班委(班集体)评议,班主任审核,政教处审批,学校表彰。

(一)学生自评

星级学生的月度评比一般放在阶段检测或期中、期末考试后的班会时间进行。每个学生根据自身表现,对照《星级学生评比条件》进行自我评定,在认为符合标准的条件下,提出相关申请,自评达几颗星,再申报下一阶段争取几颗星。

(二)小组互评

开学初,每个班级按照班级人数,成立多个4~6人的互助互评小组。明确每个小组的小组长,小组长负责本组学生六个方面日常情况的详细记载。在学生自我申报的基础上,由小组成员对该生的申请进行集体评议、审核,确定评议结果(得到了哪几颗星、未得到的原因等)。考核依据为《班级日志》、小组长记载及考试的成绩等。

(三)班委(班集体)评议

各小组长依次汇报对本小组成员的初评意见,班委(班集体)评议,未能如愿评上某颗星的学生可以在班级申诉,其他同学也可以为他辩护;根据学生的申诉理由,全班学生再次予以评议,进行表决。

(四)教师审核

班主任根据学生平时六个方面的情况及《班主任工作手册》记载情况,综合审核并确认每月学生获星的结果,并将申报表及汇总表及时上交政教处。获得"六星学生"的由班主任审核,报年级分管政工主任审批确认后,由学校进行表彰奖励,在相关载体上进行表彰宣传。另外,"星级班级"有礼仪星、环保星、节能星、荣誉星、秩序星和诚信星,由各班在月初申报。每月底,由政教处牵头各年级组,根据各班当月的常规考核结果予以评定,颁发流动锦旗。"星级宿舍"评比每月进行一次,由政教处、宿舍管理员根据宿舍常规考核情况,评定每个宿舍的星级,连续获得特定星级的宿舍逐次升星。

三、案例点评

"做最好的自己,摘闪耀的星星"实践活动,虽为学生评价的一部分,但在一定意义上也表明了学生评价的方式与方法。本次实践活动有益于帮助学生优化人生底色,坚持育人的本真价值,通过"做最好的自己,摘闪耀的星星"这一过程,从而践行引领孩子们自主教育、自我激励、自我完善、自主成长的良好教育氛围,让人格自尊、行为自律、班务自理在每个孩子的心中生根发芽;推动了学生综合发展,鼓励孩子们通过某一方面的优势实现自我激励,以点带面,走向更全面的成长;改变了教师的育人目光,使教师切实践行"五育并举",自觉改进教学行为,从而形成更适合学生多维成长、向阳生长的教育生态,为育人质量评价提供了实践案例。

（本案例根据董汉文的文章《做最好的自己 摘闪耀的星星——学生综合素质评价实践案例》整理）

附录二 ｜ 调查问卷

"基于'双减'的基础教育高质量发展研究"调查问卷(样例)

　　您好！感谢您在百忙之中参与本次问卷调查。这是一项"基于'双减'的基础教育高质量发展研究"的调查问卷,您的回答对基于"双减"的河南省基础教育高质量发展具有非常重要的参考价值,请您按照自己的感受和真实情况填写,不需要有任何顾虑,我们会对您所提供的信息严格保密,请放心作答。衷心感谢您的支持与合作！

一、"双减"背景下教师队伍水平提升的调查问卷(样例)

(一)基本情况

1.您的姓名：　　　　　　　2.您的工作单位：

3.您的任教学科：　　　　　4.您的职称：

5.您的性别：A.男　　B.女

6.您的教龄：A.3年及以下　　B.4~6年　　C.7~15年　　D.15年以上

7.您的学历：A.中专及以下　　B.大专　　C.大学本科　　D.硕士及以上

8.您的学校所在地：A.城区(市区)　　B.镇区(县城和镇)　　C.乡村(乡和村)

(二)职业认同(请依据实际情况选择合适的达成程度)(矩阵单选题)

题项	完全不符合	比较不符合	一般符合	比较符合	完全符合
9. 教师工作对人类社会和个体发展具有重要作用					
10. 教师是社会分工中最重要的职业之一					
11. 没有爱就没有教育					
12. 作为一名教师,我时常觉得受别人尊重					
13. 从事教师职业能够实现自己的人生价值					
14. 我能够认真对待职责范围内的工作					
15. 我关心别人如何看待教师这一职业					
16. 我能够与时俱进地改进教育教学方法以适应社会发展					
17. 良好师德是作为教师应首要具备的					

(三)课堂教学(请依据实际情况选择合适的达成程度)(矩阵单选题)

题项	完全不符合	比较不符合	一般符合	比较符合	完全符合
18. 我能够基于教学目标、整合学科知识、联系学生生活和社会实际经验进行教学方案设计					
19. 我承担了(或承担过)学科及同门类学科(如人文类学科:语文、历史、美术、音乐等)两门及以上的学科					

续表

题项	完全不符合	比较不符合	一般符合	比较符合	完全符合
20. 我能够有效地利用不同学科知识、学科资源进行跨学科教学					
21. 我能够常态化应用信息化教学手段					
22. 我能够把信息化教学手段与教学内容深度融合					

二、"双减"背景下的作业建设调查问卷（样例）

1. "双减"工作到这个阶段,您觉得哪个环节需要攻坚? （可多选）

A. 作业建设　　　　　　B. 课后服务　　　　　　C. 考试改革

D. 家校社协同育人　　　E. 其他

2. 您认为影响作业建设的最主要环节是? （可多选）

A. 作业管理制度　　　　B. 作业设计与研究

C. 作业布置及反馈　　　D. 作业督导及评估

E. 其他

3. 贵校围绕作业建设制定了哪些相关制度? （可多选）

A. 作业设计指导制度　　B. 作业时长督查制度

C. 作业质量评价制度　　D. 家校合作制度

E. 作业展示交流制度　　F. 其他

4. 贵校由谁制定作业管理办法?

A. 上级制定　　　　　　B. 专职校长制定　　　C. 中层制定

D. 教师制定并汇总　　　E. 其他

5. 贵校作业管理的内容有哪些? （可多选）

A. 作业时长　　　　　　B. 作业总量　　　　　C. 作业类型

D. 作业公示　　　　　　E. 作业批改　　　　　F. 作业评价

G. 作业反馈　　　　　　H. 作业效果达成度　　I. 其他

6. 贵校是如何加大作业管理力度的？（可多选）

    A. 公开作业投诉电话   B. 明确作业公示要求

    C. 提高教师作业设计的意识和能力   D. 强化作业交流展示

    E. 加大作业反馈评价力度   F. 其他

7. 贵校怎样组织学习河南省《义务教育阶段 15 个学科作业设计与实施指导意见》？

    A. 全体教学管理者、任课教师集中学习

    B. 只组织教学管理者集中学习   C. 只组织任课教师集中学习

    D. 没有组织集中学习   E. 发在群里个人自学

    F. 其他

8. 您认为河南省《义务教育阶段 15 个学科作业设计与实施指导意见》提出的关键任务是什么？（可多选）

    A. 高度重视作业设计与实施工作   B. 严格落实学校管理主体责任

    C. 加强作业设计与实施指导   D. 强化区域管理责任

9. 针对河南省《义务教育阶段 15 个学科作业设计与实施指导意见》提出的学校加强作业全过程管理,作为一名教学管理人员,您认为哪些环节亟待突破？（可多选）

    A. 作业来源   B. 作业设计   C. 作业布置

    D. 作业批改   E. 作业分析

    F. 作业反馈   G. 作业辅导

10. 作为学生家长,您知道学校学科作业要求的时长吗？（可多选）

    A. 大致了解   B. 不太清楚具体要求

    C. 学校没有明确要求   D. 学校明确要求并进行监管和反馈

    E. 其他

11. 您知道本校学科作业要求的作业总量吗？（可多选）

    A. 大致了解   B. 不太清楚具体要求

    C. 学校没有明确要求   D. 学校明确要求并进行监管和反馈

    E. 其他

12. 您所在学校作业设计的差异性体现在哪些方面？（可多选）

A. 教师设计水平 　　　　B. 学生水平 　　　　C. 学科重视度

D. 学校要求力度 　　　　E. 其他

13. 您所在学校作业设计的难度如何？

A. 专家指导乏力 　　　　B. 作业设计教研不够深入

C. 教师专业能力不足 　　D. 教师重视程度偏低

E. 家长参与缺位 　　　　F. 其他

14. 教师设计作业的目的是什么？（可多选）

A. 巩固学习知识 　　　　B. 提高学习能力 　　　C. 反馈教学效果

D. 有效预测学情 　　　　E. 评估学习成效 　　　F. 加强习惯养成

G. 其他

15. 贵校制定作业设计培训制度了吗？

A. 已制定，非常完善 　　B. 已制定，仍需完善

C. 正在制定 　　　　　　D. 没有制定

三、中小学课后服务体系构建的调查问卷（样例）

1. 您让孩子参加学校课后服务主要是因为：（多选题）

A. 无法准时接送孩子 　　　　　　B. 家中无人辅导作业

C. 孩子能在学校得到更全面发展 　D. 对校外培训机构不满意

E. 学生作业可以在学校完成 　　　F. 可以减轻家长负担

2. 您孩子参加的校内课后服务几点结束？

A. 17：00 　　　B. 17：30 　　　C. 18：00 　　　D. 18：30

3. 您希望课后服务结束时间在哪个时间？

A. 17：00 　　　B. 17：30 　　　C. 18：00 　　　D. 18：30

4. 您的孩子参加课后服务后有什么变化？（多选题）

A. 孩子能在学校完成家庭作业 　B. 培养了孩子兴趣爱好、发展了特长

C. 孩子学习成绩有所提高 　　　D. 没有太大变化，对孩子帮助不大

5. 老师和您沟通过孩子课后服务的情况吗？

A. 有 　　　　　　　　B. 没有

6.您希望参与课后服务的老师是：

A.学校教师最好　　　　　　B.聘请校外第三方(辅导)机构为主

C.志愿者为主　　　　　　　D.多方师资结合较好

7.学校当前提供的课后服务主要包括哪些内容？（多选题）

A.做作业　　　　　　　　　B.自主阅读

C.体育运动　　　　　　　　D.艺术

E.科普活动　　　　　　　　F.娱乐游戏

G.拓展训练　　　　　　　　H.社团兴趣小组活动

I.观看适宜儿童的电影　　　J.其他

8.您希望学校提供的课后服务应该包含哪些内容？（多选题）

A.做作业　　　　　　　　　B.自主阅读

C.体育运动　　　　　　　　D.艺术

E.科普活动　　　　　　　　F.娱乐游戏

G.拓展训练　　　　　　　　H.社团兴趣小组活动

I.观看适宜儿童的电影　　　J.其他

9.您对校外机构进校开展课后服务活动的态度：(多选题)

A.欢迎　　　　　　　　　　B.签订保障协议后欢迎

C.有些担心　　　　　　　　D.不欢迎

10.您对校外机构进校开展课后服务的主要顾虑是：(多选题)

A.教育质量可能存在问题　　　　B.费用太高

C.师资素质不高　　　　　　　　D.诚信问题

11.关于课后服务适当收费,您认为合理吗？

A.合理　　　　　　　　　　　　B.不合理

12.结合河南省情况,您认为参与课后服务教师合理的收入应为每次/学时多少元？

A.25~30　　　　　　B.30~35　　　　　　C.35~40

D.40~45　　　　　　E.50元以上

13.您认为当前学校课后服务存在的最大问题是什么？（多选题）

A.内容形式单一　　　　B.活动场地不足　　　C.师资不足

D.收费过高　　　　　　E.质量有待提升

14.您对目前课后服务工作的整体评价是：

A.非常满意　　　B.比较满意　　　C.一般　　　D.不太满意

四、2022 年河南省基础教育课程教材教法改革调查问卷(样例)

(一)课程教材改革现状调查

1. 您是否知道国家、地方、校本三级课程的设置?

A. 非常了解　　　B. 知道一点　　　C. 不太了解　　D. 从未关注

2. 您所在学校开设了下面哪些课程?(多选题)

A. 语文　　　　　B. 数学　　　　　C. 外语　　　　D. 道德与法治

E. 科学　　　　　F. 体育　　　　　G. 音乐　　　　H. 美术

I. 综合实践活动　J. 劳动

3. 下列课程中,您所在学校有专任教师的是:(多选题)

A. 语文　　　　　B. 数学　　　　　C. 外语　　　　D. 道德与法治

E. 科学　　　　　F. 体育　　　　　G. 音乐　　　　H. 美术

I. 综合实践活动　J. 劳动

4. 您所在学校开设了下列哪些课程?(多选题)

A. 省情　　　　　B. 生态环境教育　C. 礼仪　　　　D. 心理健康

E. 书法艺术　　　F. 新科技教育　　G. 生活经济教育

H. 安全教育　　　I. 绿色证书　　　J. 均无

5. 您所在学校开设的课程中有专任教师的是:(多选题)

A. 省情　　　　　B. 生态环境教育　C. 礼仪　　　　D. 心理健康

E. 书法艺术　　　F. 新科技教育　　G. 生活经济教育

H. 安全教育　　　I. 绿色证书　　　J. 均无

6. 您希望开设的课程有:(多选题)

A. 省情　　　　　B. 生态环境教育　C. 礼仪　　　　D. 心理健康

E. 书法艺术　　　F. 新科技教育　　G. 生活经济教育

H. 安全教育　　　I. 绿色证书　　　J. 均无

7. 下列课程中,内容亟须更新的有:(多选题)

A. 省情　　　　　B. 生态环境教育　C. 礼仪　　　　D. 心理健康

E. 书法艺术　　　F. 新科技教育　　G. 生活经济教育

H. 安全教育　　　I. 绿色证书　　　J. 均无

8.您所在学校开设校本课程的情况是：

A.形成体系　　　　B.开设较多　　　　C.开设较少　　D.从未开设

9.您所在学校印制校本课程教材或成册资料的情况是：

A.正规出版　　　　B.编辑成册　　　　C.零散资料　　D.从无印发

10.您所在的市县级教育行政部门对校本课程教材或成册材料是否进行过核查？

A.从不　　　　　　B.有时　　　　　　C.经常　　　　D.总是

11.您所在的学校是否及时引导教师主动学习课程与教学的相关知识？

A.从不　　　　　　B.有时　　　　　　C.经常　　　　D.总是

12.您所在的学校是否带领教师对课程进行评价和改进？

A.从不　　　　　　B.有时　　　　　　C.经常　　　　D.总是

13.您所在的学校是否为教师提供学习机会,提高课程开发能力？

A.从不　　　　　　B.有时　　　　　　C.经常　　　　D.总是

14.新课程实施以来,您的课程教学思想转变情况是：

A.很大　　　　　　B.有一些　　　　　C.与原来基本一样

15.您在教学中对学科课程标准的关注程度是：

A.很关注　　　　　B.一般　　　　　　C.偶尔关注　　D.从不关注

(二)课程教法改革现状调查

1.学校的教育理念是否成熟、系统,具备可推广性？

A.是,应该大力推广　　　　　　　B.较成熟,仍在完善

C.不太成熟,探索中　　　　　　　D.尚未成型

E.不清楚

2.学校是否做到由应试教育向全面育人的转变？

A.是,已做到　　　　　　　　　　B.正在发生积极转变

C.已有初步规划,还未正式启动　　D.无规划,无行动

E.不清楚

3.学校是否做到坚持五育并举,加强学生发展指导？

A.是,已做到　　　　　　　　　　B.正在发生积极转变

C.已有初步规划,还未正式启动　　D.无规划,无行动

E.不清楚

4.学校教研团队是否有自己一套行之有效的教学方法体系？

A.是,体系完善　　　　　　　　B.已成型,正在完善

C.探索中　　　　　　　　　　　D.无体系,无行动

E.不清楚

5.学校是否组织教研团队专门研究教学方法改革？

A.是,已做到　　　　　　　　　B.正在积极行动中

C.已有初步规划,还未正式启动　D.无规划,无行动

E.不清楚

6.学校教研团队是否借鉴国内外先进教法改革经验、成果完善自身体系？

A.是,经常学习借鉴　　　　　　B.偶尔学习借鉴

C.已有学习计划,还未正式启动　D.无规划,无行动

E.不清楚

7.在教学过程中,是否融入了学科核心素养？

A.是,已做到　　　　　　　　　B.正在发生积极转变

C.已有初步规划,还未正式启动　D.无规划,无行动

E.不清楚

8.在教学过程中,是否融汇学科内容,实现大单元教学设计？

A.是,已做到　　　　　　　　　B.正在发生积极转变

C.已有初步规划,还未正式启动　D.无规划,无行动

E.不清楚

9.在教学过程中,是否主动为学生创设情境,鼓励学生合作、探究式学习？

A.是,已做到　　　　　　　　　B.正在发生积极转变

C.已有初步规划,还未正式启动　D.无规划,无行动

E.不清楚

10.在教学过程中,是否融入跨学科、学科融合的教育理念？

A.是,已做到　　　　　　　　　B.正在发生积极转变

C.已有初步规划,还未正式启动　D.无规划,无行动

E.不清楚

11. 在教学过程中,是否主动为学生创设情境,帮助学生在项目化学习任务的引领下实现深度学习?

A. 是,已做到 　　　　　　　　B. 正在发生积极转变

C. 已有初步规划,还未正式启动 　D. 无规划,无行动

E. 不清楚

12. 在教学过程中,是否不断探索、学习先进方式方法,提升教育教学质量?

A. 是,已做到 　　　　　　　　B. 正在发生积极转变

C. 已有初步规划,还未正式启动 　D. 无规划,无行动

E. 不清楚

13. 学校是否专门组织过新课标的学习培训,您对新课标的了解掌握情况:

A. 很好 　　　　B. 较好 　　　　C. 一般

D. 较差 　　　　E. 不清楚

14. 学校日常教学过程中现代信息技术(计算机、多媒体、大数据、人工智能和网络通信等)的利用情况:

A. 很好 　　　　B. 较好 　　　　C. 一般

D. 较差 　　　　E. 不清楚

15. 学校是否落实了强化课堂主阵地的要求?

A. 是,已做到 　　　　　　　　B. 正在发生积极转变

C. 已有初步规划,还未正式启动 　D. 无规划,无行动

E. 不清楚

五、"双减"背景下新中考改革调查问卷(样例)

1. 您认为初中毕业升学统一考试的科目设置、考试形式和考试结果的表达应如何设计?请将您的答案直接写在表格中,填写①②③……(考试方法:①表示"纸笔考试",②表示"现场测试",③现场测试(纸笔考试)+平时成绩,④平时成绩。考试形式:①表示"闭卷",②表示"开卷"。考试结果表达:①表示"分数",②表示"等级"。)

科目设置	语文	数学	外语	物理	化学	生物	道德与法治	历史	地理	体育与健康	音乐	美术	信息技术	实验操作
考试方法														
考试形式														
结果表达														

2. 您认为是否应该将英语口语纳入初中毕业升学统一考试？

A. 纳入　　　　　　　　　　　B. 不纳入

3. 您认为将英语口语纳入初中毕业升学统一考试的不利因素是：

A. 不便于组织　　　　　　　　B. 评分不客观

C. 教师素质不高　　　　　　　D. 城乡教育水平差异较大

E. 其他

4. 您认为应如何运用综合素质评价的结果？

A. 作为学生毕业的依据之一

B. 作为高中阶段学校招生投档线或入围条件

C. 采用差额投档、在成绩相同的情况下，按综合素质评价结果择优录取

D. 折算成"分数"后，计入高中阶段学校录取总分

E. 其他

5. 您认为哪些因素影响综合素质评价结果作为高中阶段学校录取的依据？

A. 评价指标设置不科学，区分度不高，操作性不强

B. 评价程序不严谨，不能保证公平公正

C. 组织管理不完善，存在虚评现象，不能保证对学生的完整、准确评价

D. 其他

6.您认为学生综合素质评价的结果是否以电子档案的方式管理？

A. 是　　　　　　B. 否

7.您对目前学生综合素质评价的看法：

A. 能有效全面地评价学生,有利于鼓励学生个性化发展

B. 评价标准尚不完善,具体效果尚待观察

C. 流于形式,并不能真正体现学生的真实水平

D. 对学生要求过高,压力过大

E. 本校未开展学生综合素质评价工作

F. 其他

8.您认为普通高中招生方式应该有：

A.统一招生　　　B.分配生招生　　　C.学校自主招生　　D.其他

9.您认为普通高中分配生的比例应为：

A.50%　　　　　　B.70%　　　　　　C.100%　　　　　　D.其他

10.您认为哪些普通高中学校可以参与自主招生？

A.具有体育、美育方面特长的学校

B.其他学科(除体育、美育)有特长的学校

C.所有普通高中　　　D.示范性普通高中

E.其他

11.关于本校劳动教育、综合实践活动课程开展,您的评价是：

A.较好　　　　　　B.一般　　　　　　C.很少　　　D.没有开展

12.关于本校体育、音乐、美术课程开展,您的评价是：

A.较好　　　　　　B.一般　　　　　　C.很少　　　D.没有开展

13.您认为影响你们学校体育教育的不利因素是：

A.无不利因素　　B.师资缺乏　　　C.设施器材缺乏

D.活动场地不足　E.观念因素

14.您认为影响你们学校音乐、美术教育的不利因素是：

A.无不利因素　　B.师资缺乏　　　C.设施器材缺乏

D.无专门教室　　E.观念因素

15.您认为影响你们学校劳动教育的最大不利因素是：

A. 无不利因素　　B. 师资缺乏　　　C. 设施器材缺乏

D. 活动场地不足　E. 观念因素

16.您认为中招加入美育考试科目对您所在学校学生素质提升是否有帮助？

A. 有很大帮助　　B. 有一定帮助　　C. 帮助不大　D. 没有帮助

17.您觉得目前您所执教的科目在中考中的分数占比是否合理？

A. 分数占比过高　　　B. 分数占比合理

C. 分数占比过低　　　D. 当前未列入考试科目

18.问答题:您对河南省中考改革措施有什么建设性意见？

（说明:为了研究工具的持续完善,在此展示的调查问卷仅系局部样例）

附录三 | 访谈提纲

基于"双减"政策的教学质量提升问题访谈提纲

[指导语]

尊敬的＊＊校长：

今天的访谈是河南省教育科学研究院因课题研究需要组织的一次学术活动,目的是更好地落实"双减"政策、持续改进课堂教学、全面提升育人质量。谈话不涉及对您的个人评价,不影响您的个人声誉。非常感谢您拨冗接受访谈！期待听到您的深度见解、独到观点和宝贵建议！

[访谈提纲]

一、您认为目前学校课堂教学存在的主要问题有哪些？请分别举例说明。

二、您认为造成课堂教学问题的主要原因是什么？请针对问题分别说明。

三、您认为课堂教学应该在哪些方面加以改进或加强,以适应"双减"的需要？

四、您认为学校在提升课堂教学质量方面应该有怎样的支持和引领？

五、您认为全面提升课堂教学质量需要在哪些方面加以改进或加强？(比如教师能力提升、教研科研引领、教育技术支持、政策引导激励、经费条件保障、家长有效参与等)

"双减"背景下的作业建设访谈提纲(教研员)

[指导语]

您好！今天的访谈是一次学术调研活动,目的是更好地落实"双减"政策、持续改进作业建设工作、全面提升育人质量。访谈不涉及对您的个人评价。希望听到您的深度见解、独到观点和宝贵建议!

[访谈提纲]

一、作为教研部门,你们在作业建设方面采取了哪些好的做法? 出台了哪些深受学校和老师认可的好办法? 取得了哪些成效?

二、作为教研员,您如何落实"减总量,调结构"的要求?

三、针对学校层面的作业管理,教研部门应该如何发挥指导和引领作用?

四、对基层学校作业建设方面,教研部门给予了哪些帮助和支持?

五、您认为目前影响作业建设的最主要因素是什么? 您下一步想采取什么方式来改进这种局面?

六、教师的作业设计能力,是作业建设的关键一环,您前期做了哪些有益的尝试? 下一步还准备采取哪些措施提升教师这方面的能力?

七、就您负责的学段和学科,您认为好作业的关键特征是什么? 设计路径是什么? 作业类型和典型作业样式可以是什么?

八、在作业建设工作开展过程中,您遇到的最大困难是什么? 您是如何解决的?

九、您希望上级部门给予哪方面的帮助和支持?

十、您理想的作业建设,应该在哪些方面达到什么样的效果?

十一、关于通过作业建设促进"双减",您在未来一年内还会采取哪些有效措施?

基础教育课程教材教法改革访谈提纲

尊敬的老师：

您好！为推进河南省基础教育高质量发展，深入了解河南省课程教材教法改革现状，更好地服务教育教学，现对相关工作情况进行调查。邀请您参与本项调查，请认真阅读每个题项，并依照实际情况答题。本访谈匿名进行，您提供的所有信息和答案仅供研究。

第一部分：课程教材

一、您的教学过程中是如何解读教材的？请从备课、上课、听评课等环节举例说明。

二、您所在的学科教研组是如何组织教科书研究活动的？请举例说明。

三、您认为学校在开足开齐国家课程方面存在什么问题？原因是什么？有何建议？请举例说明。

四、您所在的学校在课程综合化、跨学科教学等方面做的工作是什么？存在哪些困惑？请举例说明。

五、您所在学校地方课程实施情况是怎样的，对此您有何建议？请举例说明。

六、"双减"政策实施以来，您所在学校的校本课程建设情况是怎样的，对此您有何建议？请举例说明。

七、(仅小学回答)您所在的学科在严格按课程标准零起点教学方面存在哪些困难？原因是什么？应采取哪些措施？请举例说明。

第二部分：教学方法

一、学校的教育理念是什么？如何体现在日常的课堂教学当中？

二、学校现在的主要教学方法有哪些？针对"双减"新形势的积极变化有哪些？

三、针对课堂教学改革，学校有哪些具体的做法？

四、学校是否组织教研团队专门研究教学方法改革？有哪些具体举措？

五、学校在教学方法改革研究过程中，取得了哪些物化成果？

六、学校是否组织教师进行了作业设计研究？

七、目前学校课堂教学过程中存在的主要问题、困难有哪些，是如何针对性解决的？

八、目前学校教师们在课堂教学过程中存在的普遍困惑有哪些，是如何针对性解决的？

九、学校在对外交流过程中，是否学习引进了先进的教学方法、经验，都有哪些？

十、在教学方法改革方面，学校希望教研部门组织哪些形式、什么内容的活动以促进教学方法的全面提升改进？

"双减"背景下的中考改革访谈提纲

此次访谈不是对您进行评价,也不会对您的工作产生任何影响,仅作为开展中考改革研究的用途。基于访谈内容形成的研究成果为教育行政部门出台有关政策提供咨询参考,请客观、真实表达您的想法和建议。

一、根据《关于进一步推进高中阶段学校考试招生制度改革的实施意见》文件要求,将艺术(音乐、美术)、信息科技以一定分值计入中招录取总成绩。

(一)结合河南省实际,您对艺术(美术、音乐)、信息技术科目纳入中招考试科目有什么看法和认识?(比如:如何考、考什么、谁来组织考等)

(二)您认为艺术(美术、音乐)、信息技术科目考试成绩应计入中招统一考试科目(分值)还是作为综合素质评定(等级)呈现?如何计入或呈现更加科学?

二、综合素质评价是对学生全面发展状况的观察、记录和分析,是培育学生良好品行、发展个性特长的重要手段。

(一)贵校在学生思想品德、学业水平、身心健康、艺术素养和社会实践五个方面的评价内容和要求是如何细化操作的?

(二)综合素质评价体系怎样才能客观真实、方便有效,在招生录取中真正发挥作用,从而促进学生全面健康发展?

三、根据《关于进一步推进高中阶段学校考试招生制度改革的实施意见》文件要求,普通高中分配生比例不得低于当年学校招生计划的50%。

(一)若要加大普通高中分配生比例,结合河南省实际,您认为增加至多少比例?

(二)普通高中分配生指标如何科学合理分配到校?

四、结合河南省实际,您认为在中职学校办综合高中班,探索中职学校与优质高中联合培育人才新模式是否可行?

五、您对目前中考改革还有哪些宝贵的建议?

新高考选课走班制和生涯规划教育访谈提纲

一、教育行政管理人员的访谈提纲

(一)您对河南新高考政策是否了解呢?

(二)您所在地区教育主管部门针对新高考开展了哪些准备工作?

(三)您所在地区高中开展生涯规划教育情况如何呢?

(四)您觉得您所在地区的高中开展新高考改革将面临哪些问题?

二、高中校长的访谈提纲

(一)您所在学校为新高考改革做了哪些准备工作?

(二)您所在学校的师资力量目前的基本情况是怎样的?

(三)您所在学校的办学经费近三年的情况是怎样的?

(四)您所在学校的大班额情况是怎么样的?

(五)您所在学校的基础设施建设(教室、教学设备、教学软硬件资源)的情况?

(六)您所在学校开设生涯教育课了吗?您觉得开设和实施生涯教育课的困难是什么?

(七)您对选课走班制了解吗?您认为河南省实行选课走班制面临哪些困难?应该如何克服呢?

三、高中教师(班主任)的访谈提纲

(一)您对河南新高考政策是否了解呢?

(二)您认为目前固定的行政班教学管理模式有哪些利弊?

(三)您了解过选课走班制这种教学模式吗?

(四)您是否为学生们讲解过关于专业发展或职业发展的知识?

四、高中学生的访谈提纲

(一)您对新高考改革政策有所了解吗?

(二)您认为目前的固定行政班上课有哪些利弊?是否能够满足您的选课需求或个性发展?

(三)您目前是否接受过生涯规划指导?您觉得目前生涯教育课的效果如何?应该如何改进呢?

新高考综合素质评价访谈提纲

一、高中校长的访谈提纲

(一)您了解新高考改革背景下的"两依据、一参考"吗？

(二)您了解新高考改革实施后综合素质评价的作用吗？

(三)您学校实施综合素质评价了吗？

(四)您知道新高考改革实施后高中如何进行综合素质评价吗？

(五)您认为新高考改革背景下高中综合素质评价实施困境及原因是什么？

(六)您认为有效落实高中综合素质评价需要哪些保障条件？

二、高校的访谈提纲

(一)您了解新高考改革的"两依据、一参考"吗？

(二)您觉得综合素质评价纳入高校招生对高校有什么意义？

(三)您所在高校预计如何参考使用学生综合素质信息与评价？

(四)您认为高校招生录取如何参考综合素质评价？

(五)您对高中主体有什么期许？高中高校应该如何来合作？

(六)您认为高校大规模招生中参考综合素质评价存在哪些问题和困境？

(七)您认为高校如何能够有效地参考综合素质评价？

三、家长的访谈提纲

(一)您了解新高考改革实施后高中要进行综合素质评价吗？

(二)您认为综合素质评价纳入高校招生有必要吗？

(三)您认为综合素质评价实施后会面临什么问题？

(四)您对综合素质评价的实施有什么看法、有什么顾虑？

参考文献

[1]毛杰,余孟孟."双减"之下,教育向何处去？[J].新课程评论,2022(6):7-14.

[2]中华人民共和国教育部. 2020 年全国教育事业发展统计公报[EB/OL]. (2021-08-27)[2021-11-15]. http://www. moe. gov. cn/jyb_sjzl/sjzl_fztjgb/202108/t20210827_555004. html.

[3]余晖."双减"时代基础教育的公共性回归与公平性隐忧[J].南京社会科学,2021(12):145-153,170.

[4]周序,付建霖."双减"背景下如何实现课堂教学的应教尽教[J].中国教育学刊,2021(2):1-5.

[5]张熙,高翔."双减"背景下省市级减负政策工具选择研究:基于政策工具和减负类型双维度的分析[J].基础教育,2021(5):21-30.

[6]刘蝶.小学全科教师跨学科教学能力指标体系建构研究[D].西南大学,2020 年.

[7]申继亮,王凯荣.论教师的教学能力[J].北京师范大学学报(人文社会科学版),2000(1):64-71.

[8]中华人民共和国教育部. 关于印发《幼儿园教师专业标准(试行)》《小学教师专业标准(试行)》和《中学教师专业标准(试行)》的通知[EB/OL]. (2012-09-13)[2022-04-15]. http://www. moe. gov. cn/srcsite/A10/s6991/201209/t20120913_145603. html.

[9]杨小微,张权力.教学质量改进的再理解与再行动[J].课程 · 教材 · 教法,2016(7):17-24.

[10]谢翌,杨志平.大作业观:主要内涵与实践路径[J].课程·教材·教法,2022(1):10-17.

[11]王月芬.高质量学校作业体系建构的价值与策略[J].中小学管理,2021(10):9-13.

[12]教育部基础教育司义务教育高质量基础性作业体系建设项目组.学科作业体系设计指引[M].北京:教育科学出版社,2022.

[13]纪俊男.法国:致力于提供人人可负担的课外托管[J].上海教育,2016(11):38-41.

[14]代俊,庞超.澳大利亚儿童课外看护教育服务与启示[J].外国中小学教育,2012(7):18-22.

[15]杨文登.美国课后服务循证评估研究[J].比较教育研究,2021(8):64-70,112.

[16]顾艳丽,罗生全.中小学课后服务政策的价值分析[J].教育科学研究,2018(9):34-38.

[17]徐杨.小学课后服务学生满意度研究:以成都市S小学为例[D].成都:四川师范大学,2020.

[18]刘馨.小学生课后校内托管服务现状调查研究:以石家庄市为例[D].石家庄:河北师范大学,2017.

[19]陈灿宇.小学生校内课后服务政策执行的问题与对策研究:以湖南省长沙县S小学为例[D].长沙:湖南师范大学,2021.

[20]吴开俊,孟卫青.治理视角下小学生课后托管的制度设计[J].教育研究,2015(06):55.

[21]闫佳坤.略论课后托管新模式:以长春市"蓓蕾计划"为例[J].南昌教育学院学报,2018(01):37-38.

[22]蒋冬梅,王璐,梁思琳."弹性离校"可行性路径探寻[J].教学与管理,2019(7):44-46.

[23]程龙.国外基础教育课程改革研究:进展与展望[J].基础教育课程,2019(17):24-32.

[24]李凯.走向核心素养为本的英国基础教育课程改革:一种课程结构

视角的评述[J].外国教育研究,2018(9):80-92.

[25]张胜,王光明.加拿大不列颠哥伦比亚省新一轮基础教育数学课程改革评价及启示[J].比较教育学报,2021(2):167-176.

[26]徐兆兰,陆洋.美国普通高中的课程设置及其启示:以美国华盛顿州为例[J].基础教育课程,2018(3):48-53.

[27]何珊云,周子玥.法国普通高中课程多样化改革:国家方案与学校行动[J].全球教育展望,2020(11):21-41.

[28]王茵.将素养融入课程:来自芬兰课程改革的经验[J].世界教育信息,2018(1):64-66,71.

[29]李凯.走向核心素养为本的英国基础教育课程改革:一种课程结构视角的评述[J].外国教育研究,2018(09):80-92.

[30]柳绪池.美国中小学教学法及改革特点[J].基础教育(重庆),2005(2):54-55.

[31]北京师联教育科学研究所.教学方法的基本原理与各国教学方法改革[M].北京:学苑音像出版社,2004.

[32]缪苗,许明.澳大利亚教学专业国家标准框架述评[J].外国教育研究,2005(10):76-80.

[33]崔允漷,雷浩.中国基础教育课程改革的70年历程:从规范为先的教学体系到育人为本的课程制度[J].人民教育,2019(22):50-52.

[34]汪丽梅.我国教学方法改革的历程、经验与方向[J].教学与管理,2010(1):5-7.

[35]陈旭远.新一轮基础教育课程改革的基本理念[J].现代中小学教育,2001(7):5-6.

[36]冯川钧.中考制度改革的现状、问题及对策分析[J].教学与管理,2017(21):118-121.

[37]赵景辉,张旭.新中考改革背景下"指标到校"探究[J].上海教育科研,2017(12):19-23.

[38]郑程月.我国考试招生政策演进研究(1977—2017):以高考、中考为例[D].天津:天津师范大学,2018.

[39]蔡歆,赵艳平,张理智.北京市中考改革政策对中小学的影响及对策建议[J].北京教育学院学报,2017(1):7-14.

[40]王淑晓.MBTI理论在个性化职业生涯规划教育的应用(案例分析)[J].出国与就业(就业版),2012(6):99-100.

[41]陈才凤.新高考背景下走班制班级管理研究:以诸城市A中学为例[D].青岛:青岛大学,2021.

[42]程思远.新高考背景下普通高中生涯教育现状调查研究[D].济宁:曲阜师范大学,2021.

[43]张东."绿色评价"扭转传统教育质量观[N].中国教育报,2013-06-19(2).

[44]徐倩,薛婷彦.评价,何以绿色?上海市中小学学业质量"绿色指标"综合评价10年之探[J].上海教育,2021(31):26-31.

[45]张丰,沈启正.教育质量综合评价改革的浙江实践[J].基础教育课程,2020(14):5-13.

[46]孙河川,刘文钊,郝妍.芬兰教师课堂评价指标在中国的可行性研究[J].中国教师,2011(19):73-76.

[47]李勉,刘春晖.国家义务教育质量监测:素质教育实施的制度突破口[J].中国教育学刊,2016(12):19-22+28.

[48]韩斌.五育并举,多元评价,促进师生发展:开展深化新时代教育评价改革的思考和实践[J].广东教育(高中版),2022(5):71-72.

[49]张灵.国外教师教育发展的历史沿革及经验启示[J].河南职业技术师范学院学报(职业教育版),2006(3):41-43.

[50]刘慧芳,丛英姿.国外部分发达国家中小学教师资格认定制度及启示[J].当代教育科学,2008(8):59-60.

[51]段晓明.简介英国教师的"个人专业发展计划"[J].外国中小学教育,2004(10):16-18.

[52]史自词,李永涛.澳大利亚中小学课后服务的发展之路和基本经验[J].比较教育学报,2022(1):67-80.

[53]张亚飞.主要发达国家中小学课后服务研究[J].外国教育研究,

2020(02):59-69.

[54]上海市教育委员会.关于印发上海市义务教育课后服务工作指南的通知[EB/OL].(2022-02-16)[2022-05-08]. https://www. shanghai. gov. cn/gwk/search/content/f90de00dbede4c37a8a51c96ba4341a3.

[55]合肥市人民政府办公室.关于印发合肥市中小学生课后服务工作实施方案的通知[EB/OL].(2022-09-29)[2022-05-08]. https://zwgk. hefei. gov. cn/public/1741/105481203. html.

[56]赵婷.新中国成立以来基础教育课程改革的历程、经验及启示[J].重庆第二师范学院学报,2021,34(6):100-104.

[57]江苏省教育厅.关于高考综合改革背景下加强普通高中教学组织管理工作的意见[EB/OL].(2019-08-09)[2022-05-02]. http://jyt. jiangsu. gov. cn/art/2019/8/9/art_58358_8672032. html.

[58]褚清源.郑州课改:在奔跑中调整姿态[N].中国教师报,2021-03-31(014).

[59]教育部.关于加强和改进新时代基础教育教研工作的意见[EB/OL].(2019-11-25)[2022-05-02]. http://www. moe. gov. cn/srcsite/A06/s3321/201911/t20191128_409950. html.

[60]师闻.中招体育总分由70分提高至100分 新政从今秋入学初一学生开始实施[J].河南教育(教师教育),2021(11):1.

[61]国务院.关于深化考试招生制度改革的实施意见[EB/OL].(2021-09-03)[2022-4-18]. http://www. gov. cn/zhengce/content/2014-09/04/content_9065. htm.

[62]樊未晨.新高考改革的变与不变[N].中国青年报,2021-08-09(005).

[63]姜英敏.韩国高中入学制度改革刍议[J].比较教育研究,2014(11):69-73.

[64]上海市教育委员会.关于2022年本市高中阶段学校招生工作的若干意见[EB/OL].(2021-12-29)[2022-04-18]. http://edu. sh. gov. cn/xxgk2_zdgz_rxgkyzs_03/20211229/8e35d5f326cc45f8995d66d2b53289e5. html.

[65]广州市教育局.广州市初中学业水平考试语文数学英语道德与法治历史物理化学等科目考试实施方案(试行)[EB/OL].(2020-11-11)[2022-04-18].http://jyj.gz.gov.cn/yw/tzgg/content/post_6907114.html.

[66]裴娣娜.浙江省深化普通高中课程改革的主要举措及其创新[J].人民教育,2018(Z3):16-21.

[67]靳培培,刘亮.新高考背景下综合评价招生公平的困境与突破策略[J].当代教育论坛,2020(4):10-16.

[68]中华人民共和国中央人民政府.深化新时代教育评价改革总体方案(2020-10-13)[2022-04-20].http://www.gov.cn/zhengce/2020-10/13/content_5551032.htm.

[69]雷振海,褚清源,王占伟,刘亚文.评价育人的"郑州答卷"[N].中国教师报,2020-11-25(001).

[70]刘志军,徐彬.教育评价:应然性与实然性的博弈及超越[J].教育研究,2019,40(5):10-17.

[71]李凌艳,蔡静,郑巧.美国国家基础教育质量监测制度设计及启示[J].比较教育研究,2016(5):43-49.

[72]张林静.国际基础教育质量监测述评[J].石家庄学院学报,2012(4):87-91.

[73]李淑莲,吴连涛.中小学生学业质量综合评价体系改革分析:基于上海市"绿色评价"的实践探索[J].教学与管理,2016(25):76-78.

[74]龙红霞.新中国成立70年基础教育教师队伍建设的成效及展望[J].中国教育学刊,2019(10):68-72.

[75]李安琪,洪明.教师队伍建设的国际趋势:基于2018年OECD《有效的教师政策》报告的分析[J].外国教育研究,2019(10):15-30.

[76]王定华.新时代我国教师队伍建设的形势与任务[J].教育研究,2018(3):4-11.

[77]刘鹂.论教师教育者教学能力要素、结构与特征[J].课程.教材.教法,2016(9):95-101.

[78]朱永新.处理好"双减"五对关系 促进基础教育高质量发展[J].人

民教育,2022(1):22-26.

[79]陈玲,张婧,刘静."双减"政策下如何促进优质教师资源在线流动:教师持续参与课外在线辅导教学服务意向的影响因素分析[J].现代远程教育研究,2022(2):11-20.

[80]赵德成."双减"政策背景下学生学业评价问题的若干思考[J].课程.教材.教法,2022(1):140-146.

[81]司晓宏,王桐."双减"之下:教育焦虑现象的纾解与治理[J].中小学管理,2021(10):39-41.

[82]周丏晓,刘恩山.从美国ACOP课堂教学质量评估系统看对有效教学的追求[J].外国教育研究,2020(5):103-118.

[83]中共中央,国务院.深化新时代教育评价改革总体方案[EB/OL].[2020-10-13](2022-05-02)http://www.gov.cn/zhengce/2020-10/13/content_5551032.htm.

[84]季玟希.韩国"双减"政策失败述评[J].比较教育学报,2022(1):41-53.

[85]陈先哲."双减":中国教育改革新起点[N].光明日报,2021-09-28(14).

[86]项贤明.七十年来我国两轮"减负"教育改革的历史透视[J].华东师范大学学报(教育科学版),2019(5):67-79.

[87]张丰.学习设计与作业设计:融汇"教""学"全过程[J].人民教育,2019(23):47-51.

[88]刘辉,李德显.中小学作业设计变革:目标确认、理念建构及实践路径[J].当代教育论坛,2022(1):97-108.

[89]张黎,曹湘洪.基于核心素养的作业设计研究[J].教学与管理,2020(21):98-101.

[90]汤瑾.构建新型作业体系的区域性探索[J].中小学管理,2021(10):21-23.

[91]赵强,王丽丽,何玉鸿."双减"背景下义务教育阶段课后服务实施困境与突破策略[J].教育理论与实践,2022(8):3-6.

[92]周洪宇,齐彦磊."双减"政策落地:焦点、难点与建议[J].新疆师范大学学报(哲学社会科学版),2022(1):69-78.

[93]晋银峰,孙冰冰,张孟英.中小学课后服务的历程、问题与展望[J].教育科学研究,2021(11):5-10.

[94]杨清溪,邬志辉.义务教育学校课后服务落地难的堵点及其疏通对策[J].教育发展研究,2021(Z2):42-49.

[95]中共中央办公厅,国务院办公厅.关于进一步减轻义务教育阶段学生作业负担和校外培训负担的意见.[EB/OL].(2020-07-24)[2022-04-16].http://www.moe.gov.cn/jyb_xwfb/gzdt_gzdt/s5987/202107/t20210724_546566.html.

[96]教育部办公厅.关于做好中小学生课后服务工作的指导意见.[EB/OL].(2017-03-02)[2022-05-08].http://www.moe.gov.cn/jyb_xwfb/gzdt_gzdt/s5987/201703/t20170304_298204.html.

[97]教育部.关于全面深化课程改革落实立德树人根本任务的意见.[EB/OL].(2014-03-30)[2022-04-08].http://www.moe.gov.cn/srcsite/A26/jcj_kcjcgh/201404/t20140408_167226.html? pphlnglnohdbaiek.

[98]教育部.教育部等九部门关于印发中小学生减负措施的通知.[EB/OL].(2018-12-28)[2022-04-16].http://www.moe.gov.cn/srcsite/A06/s3321/201812/t20181229_365360.html.

[99]河南省教育厅办公室关于印发义务教育阶段15个学科作业设计与实施指导意见的通知.[EB/OL].(2022-02-11)[2022-4-16].http://jyt.henan.gov.cn/2022/02-15/2399208.html.

[100]中共中央,国务院.中国教育现代化2035.[EB/OL].(2019-02-23)[2022-04-10].http://www.gov.cn/zhengce/2019-02/23/content_5367987.htm.

[101]王坦,高艳.现代教学方法改革走势新探[J].教育研究,1996(08):66-69.

[102]李庆丰,张慧.新中国成立70年大学教学方法改革的发展历程[J].北京教育(高教)2019(10):37-41.

[103]赵鑫,李森.我国教学方法研究70年变革与发展[J].课程·教材·教法,2019(3):14-21.

[104]高天明.二十世纪我国教学方法变革研究[D].兰州:西北师范大学,2001.

[105]顾小清.当现实逼近想象:人工智能时代预见未来教育研究[J].开放教育研究,2021(1):4-12.

[106]戴永.国外教学策略研究的回顾及其启示[J].黑龙江高教研究,2020(4):91-97.

[107]白彦茹.国外中小学教学方法改革述评[J].黑龙江教育学院学报,1996(1):18-20.

[108]新华社.绘制新时代加快推进教育现代化建设教育强国的宏伟蓝图:教育部负责人就《中国教育现代化2035》和《加快推进教育现代化实施方案(2018—2022年)》答记者问[J].人民教育,2019(5):14-18.

[109]范树成.美国中小学的教学方法及其改革的特点[J].外国教育研究,1999(1):23-27.

[110]冯启高.日本基础教育的特点及改革举措探析[J].河南科技学院学报,2020(10):13-18.

[111]张家军,鲍俊威.中小学教学改革实验70年的回顾与展望[J].2019(9):63-70.

[112]成尚荣.地方课程的发展检视与时代再建构[J].课程·教材·教法,2020(4):4-9.

[113]金京泽.学校课程领导力提升的"上海经验"[J].全球教育展望,2020(9):92-102.

[114]董泽华,周文叶,崔允漷.如何知道教师落实学科核心素养情况?:美国中小学教师实施课程标准调查述评[J].全球教育展望,2017(12):35-47.

[115]项贤明.基础教育课程改革如何从理念转化为行动:基于我国70年中小学课程改革历史的回顾与分析[J].课程·教材·教法,2019(10):41-51.

[116]刘学智,张振.改革开放40年基础教育教材制度改革的回顾与展望[J].课程·教材·教法,2018(8):27-33.

[117]程红艳,孙永敏.中考制度改革的现实困境与突围之策[J].全球教育展望,2021(3):63-74.

[118]贾炜.以中考改革为契机,进一步促进义务教育优质均衡发展[J].上海教育科研,2018(6):1.

[119]许英男,王家宏.体育中考政策执行的制约因素与改进对策[J].体育学刊,2022(1):91-97.

[120]胡德鑫.论新高考改革的价值意蕴、制度困境与未来进路[J].教育科学研究,2021(4):18-23.

[121]王卉.新高考改革形势下走班制的问题反思[J].当代教育论坛,2019(4):16-22.

[122]王爱芬,雷晓.新高考改革背景下高中生涯规划教育及其实现路径[J].教育理论与实践,2018(1):33-37.

[123]张治,刘小龙,徐冰冰."新高考"背景下综合素质评价结果应用的研究:以上海市综合素质评价实践为例[J].教育发展研究,2019(17):8-14.

[124]陈玉琨.教育评价学[M].北京:人民教育出版社,1999.

[125]丁玉祥.初中生综合素质评价实施典型问题及其解决[J].中国教师,2021(1):33-36.

[126]李勉,罗良.《义务教育质量评价指南》的实践意义、实施策略与注意问题[J].人民教育,2021(10):41-44.

[127]刘志军,徐彬.综合素质评价:破除"唯分数"评价的关键与路径[J].教育研究,2020(2):91-100.

[128]聂玉翠.第四条道路:芬兰基础教育质量评价体系研究[D].济南:山东师范大学,2018.

[129]宋乃庆,郑智勇,周圆林翰.新时代基础教育评价改革的大数据赋能与路向[J].中国电化教育,2021(2):1-7.

[130]尹后庆."绿色指标"评价:引领教育转向内涵发展:上海市"绿色指标"的背景与内涵[J].中小学管理,2013(7):4-6.

[131]曾文婕,李永强,张超.评价促进儿童学习的实践探索:以重庆市巴蜀小学校为例[J].中国教育学刊,2019(12):15-19.

[132]张志勇.以正确的教育政绩观推进教育评价改革[J].中国教师,2021(1):19-22.

[133]周洪宇.建设高质量教育体系 迈向教育发展新征程[J].民主,2020(12):9-11.

[134]窦桂梅.基于学生全面发展的评价改革[J].人民教育,2021(05):36-40.

[135]王晓倩.基础教育课程评价改革廿年研究(1999—2019)[D].开封:河南大学,2020.

[136]河南省人民政府.关于印发河南省"十四五"教育事业发展规划的通知[EB/OL].(2022-01-21)[2022-04-21].https://www.henan.gov.cn/2022/01-21/2386257.html.

[137] Kwok-chi Lau. A Critical Examination of PISAs Assessment on Scientific Literacy. International Journal of Science and Mathematics Education. 2009(7):1061-1088.

后　记

　　从 2022 年年初揭榜领命到暑假前完工复命,而后又转化为书稿交付出版社,200 多个日日夜夜,我们废寝忘食、团结协作、数易其稿,终于如期完成了《基于"双减"的基础教育高质量发展研究》,并即将呈现于广大读者面前。本书系根据中共河南省委书记楼阳生的批示列入河南省委深改委 2022 年度重点改革任务的重大工程研究成果。在研究过程中,河南省人民政府副省长宋争辉、教育厅厅长毛杰等领导多次过问并予以方向性指导,河南省教育厅基础教育处、学生处等职能处室予以大力配合,河南省基础教育教材与教学发展中心、郑州大学、河南大学等单位予以鼎力支持。整个项目由河南省教育科学规划与评估院成光琳院长牵头负责,组织省内 58 位专家学者共同完成。

　　本书由成光琳、周宝荣负责全书撰写方案的制定、框架结构设计、具体写作指导和审稿通稿。全书各部分撰稿者如下:第一章绪论由成光琳、周宝荣、徐万山、韩和明撰写,其中相关研究与概念界定的内容由方渊渊、康海洋根据各章内容整合;第二章"双提"中的师资水平内容由王运召、康海洋、熊芳玉、卢政伟、马婉芳、赵晓鹏撰写,教学质量内容中的课堂教学部分由徐万山、侯洁、周燕华、尚师想、石明晶、李冰、潘玉红撰写,作业建设部分由周宝荣、姬文广、毛利丹、王海燕、刘娟娟、尤瑞琦、赵秋娟撰写,课后服务部分由韩和明、晋银峰、方渊渊、刘亚楠、王俊娣、牛芳鹏、牛保华撰写;第三章"双改"由李海龙、陈保新、刘俊凯、鲍聪晓、张琳、汪豪浩、贺现峰、陈连孟、许少凡、齐利利、王永玉、贾银蕾、杨进伟撰写;第四章"双考"中的新中考部分由成光琳、刘丹丹、全志贤、胡明晖、巩丛欢撰写,新高考部分由杨光钦、罗志敏、刘亮、靳培培撰写;第五章"双评"由王振存、乔运超、郭姝含、张香丽、杨晓婷、史康莉、朱金瑞、王思敏、孙家琪撰写。在成书过程中,徐万山、韩和明、刘丹丹、方渊渊参与了全书的通稿工作,尤瑞琦参与了局部规范性修改工作。

在书稿交付之际,我们怀着一颗感恩的心,对关心支持本书出版的各位领导表示感谢! 对参与项目研究的各位专家表示感谢! 对撰写过程中参阅的文献作者表示感谢! 对参与书稿整理的各位同仁表示感谢! 也向郑州大学出版社的领导和编审校人员表示感谢!

本书可能会在突出主题的情况下有所疏漏,甚至由于时间紧迫造成错讹之处也在所难免。在书稿付梓之际,我们怀着一颗忐忑的心,恳请各位同仁和广大读者朋友批评指正!

"基于'双减'的基础教育高质量发展"项目组

2022 年 12 月 20 日